国家社会科学基金项目资助

套取挪用科研经费行为的刑法规制研究

——兼论科研经费运行机制的完善

刘 科 著

中国人民公安大学出版社
群 众 出 版 社
·北 京·

图书在版编目（CIP）数据

套取挪用科研经费行为的刑法规制研究：兼论科研经费运行机制的完善/刘科著．—北京：中国人民公安大学出版社，2019.12

ISBN 978-7-5653-3857-1

Ⅰ.①套… Ⅱ.①刘… Ⅲ.①科技经费—挪用资金罪—研究—中国 Ⅳ.①D924.354

中国版本图书馆 CIP 数据核字（2019）第 289012 号

套取挪用科研经费行为的刑法规制研究

——兼论科研经费运行机制的完善

刘 科 著

出版发行：中国人民公安大学出版社
地　　址：北京市西城区木樨地南里
邮政编码：100038
经　　销：新华书店
印　　刷：北京泰锐印刷有限责任公司

版　　次：2020 年 1 月第 1 版
印　　次：2020 年 1 月第 1 次
印　　张：8.25
开　　本：880 毫米×1230 毫米　1/32
字　　数：223 千字

书　　号：ISBN 978-7-5653-3857-1
定　　价：32.00 元

网　　址：www.cppsup.com.cn　www.porclub.com.cn
电子邮箱：zbs@cppsup.com　zbs@cppsu.edu.cn

营销中心电话：010-83903254
读者服务部电话（门市）：010-83903257
警官读者俱乐部电话（网购、邮购）：010-83903253
法律图书分社电话：010-83905745

目　录

内容摘要

近年来，针对科研经费的违法犯罪行为频频见诸报端，其中既有在一个课题中报销某地单程火车票 1500 余张的匪夷所思的行为，也有院士级别的“学术大佬”因套取科研经费“包二奶”被举报，进而锒铛入狱的学界奇闻。中纪委公布的 7 名教授贪污挪用科研经费 2500 万元的案件更是将科研经费领域的违法犯罪推向社会公众的视野，科研人员迅速被“污名化”。科研经费领域的腐败到底有多严重？科研经费领域腐败的主体是否主要是科研人员？按照贪污罪追究科研人员套取科研经费的刑事责任，理论依据何在？在被公认为“迫不得已”的科研经费管理体制下，司法机关追究科研人员的刑事责任是否具有合理性？如何将涉案科研人员从实体和程序上予以出罪？如何完善“买酱油的钱不能用来买醋”的弊端重重的科研经费运行机制？国务院《关于改进加强中央财政科研项目和资金管理的若干意见》和中共中央办公厅、国务院办公厅《关于进一步完善中央财政科研项目资金管理等政策的若干意见》发布后，完善科研经费管理的顶层设计还有哪些至今难以“落地”？如何促使这些措施尽快“落地”？这些都是本书重点研究的内容。

本书分为五章，对以上问题逐步展开研究。

第一章是科研经费领域违法犯罪行为概述，主要研究科研经费的含义及其种类，科研经费领域违法犯罪行为的类型与特征，与相关术语的区分，以及如何对科研经费领域违法犯罪现象进行客观评价等。本章有以下结论：其一，科研腐败（学术腐败）、科研不端、科研失范、学术不端等术语与科研经费领域的违法犯罪既有相同点，也有不同点。其二，科研经费领域的违法犯罪问题确实比较严重，但在各类课题依托单位中，“高校是科研经费腐败重灾区”并没有证据支持，各类企业科研经费领域腐败可能更为严重；相对于科研人员，科研管理人员实施的科研经费违法犯罪同样严重。国家在科研经费领域的反腐败不应该仅仅盯着高校、科研院所及其科研人员。其三，社会公众、新闻媒体对科研经费领域腐败问题的诸多负面评价（如“科研腐败每年毁掉两个三峡工程”“科研经费如何变成教授的零花钱”等），有民意不够理性的因素，也与新闻媒体报道不够客观（部分媒体为博取眼球效应，用个案中的特殊情节，如养“小三”而贪污科研经费、院士贪污科研经费等来描述科研经费领域中的违法犯罪问题）甚至以讹传讹（如“60%的科研经费均被贪污或者挪用”）密切相关，因而是不公正、不客观的。其四，事实上，科研人员实施的套取挪用科研经费行为，更多的是科研经费体制机制不健全所致，即制度因素是导致科研经费领域违法犯罪频发多发的主要原因。

第二章是套取挪用科研经费行为定性中的疑难问题。科研经费领域的违法犯罪活动多种多样，但以套取挪用科研经费行为最为常见，法律适用争议也最大。当前，司法机关对于一些涉案金额巨大、影响恶劣的科研人员以贪污罪追究了刑事责任。然而，科研人员是否具有贪污罪的主体身份以及划拨给课题依托单位后的科研经费是否还属于公共财产等贪污罪认定中的疑难问题，存在重大争议，需要深入论证。

在涉及贪污罪认定的各种争议中，本书的基本观点是：其一，承担财政拨款课题的科研人员具有贪污罪的主体身份。在课题制中，科研活动具有广义和狭义两种属性，科研人员从事的科研活动本身（狭义上的科研活动）并不具有从事公务意义上的管理性，但是对科研进行的管理活动（广义上的科研活动，除了狭义上的科研活动外，还包括对科研经费的管理和科研活动的组织活动，如课题组成员的选任、外协单位的监督等）具有公务意义上的管理属性，属于从事公务。理由是：我国有关科研经费的管理规定赋予了课题组负责人监督管理科研经费的职责；在科研经费的使用（报销）流程中，课题组负责人实际履行管理科研经费的职能；课题组负责人对于科研经费的管理职能是课题依托单位的科研经费管理职能的具体化或者表现形式，两者并不矛盾；否定课题组负责人对科研经费的核销等活动具有管理属性会造成不合理现象；我国大陆和台湾地区对贪污罪的主体（公务员或者国家工作人员）的解释方向不同、贪污罪与诈骗罪的刑罚轻重存在倒置问题，因而我国台湾地区对科研人员从事公务性质的否定不值得大陆借鉴。现有的司法判决普遍混淆了“双肩挑”人员基于行政职务对本单位进行的行政管理职能与作为课题组负责人对课题组进行的管理职能，致使理论界疑窦丛生。其二，划拨到课题依托单位的科研经费可以成为贪污罪的犯罪对象。在目前的科研体制下，科研经费并非科研成果的“对价”，财政拨款的科研经费，即使划拨至课题依托单位的账户，处于课题依托单位的管理之下，也并没有改变科研经费的性质，其仍然属于公共财产的范围，既不属于课题组个人所有，也不属于课题依托单位所有。科研人员虽然作为项目的负责人或参与人员，但其拥有的只是科研经费的使用权而非所有权。其三，在国务院《关于改进加强中央财政科研项目和资金管理的若干意见》颁布以前，套取挪用科研经费情节、危害一般且非担任行政职务的课题组负责人一般不具有违法性认识错误的避免可能性，因而阻却责任。但套取数额巨大、情节比较恶劣或者担任行政职务的科研人员具有违法性认识的可能性，因而不能阻却责任。其四，本书主张“有罪说”并不意味着主张追究套取挪用科研经费行为的刑事责任。如第四章所述，本书主张对套取挪用科研经费行为不按照犯罪处理，即予以出罪，既包括实体法上的出罪，也包括程序法上的出罪。运用出罪措施，足以把国务院《关于改进加强中央财政科研项目和资金管理的若干意见》颁布以前的绝大多数套取挪用科研经费行为出罪化。

第三章是科研经费犯罪刑事责任追究比较研究。我国大陆及台湾地区、韩国和美国，近些年来都存在一定程度的套取挪用科研经费行为，也都依法追究了刑事责任。当然，由于套取挪用科研经费行为的复杂性、科研领域的特殊性，在追究刑事责任过程中，理论上存在不少争议，实践中存在不同做法。

在科研经费犯罪刑事责任追究中的争议问题比较与借鉴方面，对于我国大陆的启示是：其一，无论如何，套取挪用科研经费行为均可以构成犯罪，只不过构成犯罪的具体罪名不同。因此，那种认为科研经费属于科研人员所有，因而套取挪用科研经费行为不构成任何犯罪的观点，至少从比较研究的角度来看是不正确的。其二，我国大陆适用贪污罪追究套取科研经费的刑事责任，而美国、韩国和我国台湾地区则适用诈骗罪追究套取科研经费的刑事责任。我国大陆和台湾地区对贪污罪的主体（公务员或者国家工作人员）的解释方向不同，在两者可能适用的罪名体系中，贪污罪、诈骗罪的刑罚轻重存在倒置问题。因此，在认可科研经费不属于科研人员所有的前提下，盲目借鉴我国台湾地区等的规定，否定科研人员的贪污罪主体身份，只能招致更为严厉的诈骗罪的刑法评价，这对于本来就遭受不公正待遇的我国大陆的科研人员来说无疑是雪上加霜。

在科研经费犯罪刑事责任追究的结果比较与借鉴方面，我国台湾地区、韩国、美国的刑事处理结果非常“轻缓”：美国根据和解协议结案，涉案人员以支付罚款的方式替代了刑事责任；我国台湾地区对于涉案人员统一以缓起诉处理，暂缓期满没有其他违法事实的，则视同没有追究刑事责任；韩国虽然追究了科研人员的刑事责任，但只对涉案人员适用缓刑。通过这种轻缓的处理，科研人员虽然受到一定的处罚，但人身自由并未受到限制、剥夺，美国和我国台湾地区甚至没有犯罪记录，科研人员的科研生命得以继续。

反观我国大陆，对于涉案科研人员几乎都适用了 10 年以上的重刑，都被“双开”，获释后能否从事科研工作，尽管在法律上没有明确的禁止性规定，但基于我国科研单位大多属于国有的现状，这些涉案人员继续从事所属领域科研工作的可能性微乎其微。可以说，我国大陆对于涉案科研人员不但要在肉体上加以监禁，而且要在科研生命上判其“死刑”。

同样是套取挪用科研经费行为，处理结果却大相径庭：一个轻缓、一个严苛，对比鲜明。显然，域外的轻缓做法值得我国借鉴。尤其是在我国科研经费管理体制弊端重重，有相当一部分套取挪用科研经费案件属于“迫不得已”的情况下，更应当对套取挪用科研经费行为从宽处理。从宽处理的具体措施包括：积极探索套取挪用科研经费案件的出罪机制，对于该类案件不按照犯罪处理；即使对于情节非常恶劣的涉案科研人员必须定罪处罚，量刑也应当适度轻缓，尽量不采取监禁刑，并扩大减刑、假释的适用范围；等等。

第四章是套取挪用科研经费行为的出罪思路。对于科研人员套取科研经费行为，学术界的基本倾向是将其非犯罪化（出罪）。但是在具体出罪路径和范围上明显存在两种思路：实体上的出罪思路和程序上的出罪思路。本书认为，实体上的出罪思路只能解决部分科研人员的出罪，或者只能解决罪名的适用，而不能彻底解决套取科研经费案件的出罪问题。程序上的出罪思路具有理论依据和实践依据，但需要纳入法治轨道。

对套取挪用科研经费行为予以出罪的根本原因是追究刑事责任不符合社会公共利益。具体理由是：我国科研经费运行机制中存在根本性的缺陷，即在预算中缺乏科研人员的劳动报酬，无法有效补偿科研人员的劳动价值，只强调科研人员的义务，而没有贯彻责、权、利的统一，这是对套取挪用科研经费行为予以出罪处理的根本原因；对涉案科研人员追究刑事责任，短期来看可能导致相关领域科学研究的停滞，影响国家的科技进步乃至某些领域的国家安全，长期来看有损于我国基础科技的发展和创新型国家战略的实现。

在出罪机制的具体设计方面，本书主张：（1）在实体法上的出罪思路中，对科研经费的公共财产属性作限制解释，将横向科研经费和基于政府购买服务而设立的纵向课题经费从公共财产中排除出去，以解决套取挪用该部分科研经费行为的出罪问题；计算套取科研经费数额时应适当扣除科研人员的应得劳动报酬以及其他合理开支；运用违法性认识错误理论，将国务院《关于改进加强中央财政科研项目和资金管理的若干意见》颁布之前的部分套取挪用科研经费行为予以出罪化。（2）在程序法上的出罪思路中，将各种出罪措施纳入法治轨道，如提高“罪轻不起诉”中罪轻的标准（如提高到我国台湾地区“刑事诉讼法”中规定的“死刑、无期徒刑或者最轻本刑为3年以上有期徒刑以外之罪”），从而使得“罪轻不起诉”可以适用于绝大多数由于公共政策原因而需要做出罪处理的案件。即使由于部分情节非常严重的套取科研经费案件（如套取数额高达上千万元、套取科研经费用于非法活动等）无法适用“罪轻不起诉”而只能定罪处罚，也可以通过修改我国刑法中的赦免制度等途径将构成犯罪的套取科研经费行为从程序上不按照犯罪处理。

第五章是我国科研经费运行机制存在的问题及其完善。在国务院《关于改进加强中央财政科研项目和资金管理的若干意见》颁布前，我国科研经费运行机制存在诸多问题，如科研经费监管机制运转不畅、科研经费管理体系单一、科研经费预算中无法体现人力资本价值等。在党中央、国务院和各级课题发布单位的高度重视下，尤其是在本文件发布以后，有关部门分别从顶层设计和具体操作等层面进行了一系列的改革，如扩大项目依托单位的管理权限、设立科研助理等。应该说，科研经费管理中“过细过死”、“重物轻人”等问题有所改善。

尽管如此，我国科研经费运行机制中固有的一些矛盾依然存在；一些政策措施在决策层面虽然已经清晰、明确，但仍需要进一步的落实、细化；还有些问题涉及事业单位管理体制改革等深层次体制机制问题，有待进一步改革与完善。

根据调研反馈的结果，我国科研经费运行机制需要进一步改革与完善的地方在于：

其一，进一步完善报销程序，解决报销手续繁、程序多、时间长、难度大等顽疾。根据笔者的调研，国务院《关于改进加强中央财政科研项目和资金管理的若干意见》发布以来，报销制度烦琐、报销占用时间长、报销票据要求不合理等顽疾并未得到根本改变，甚至有愈演愈烈之势，引起广大科研人员的严重不满。完善的途径包括：（1）完善公务卡的使用管理规定。在坚持“原则”上使用公务卡的情况下，完善“例外”不使用公务卡的规定，制定针对“例外”情形的补救措施，并简化“例外”的报销程序。积极寻求公务卡的替代措施，允许使用银行卡、信用卡或者第三方支付工具进行支付。（2）简化对报销票据的要求，剔除一些对票据报销的不合理规定。当前，很多课题依托单位对于报销票据完整性、合法性的要求达到了吹毛求疵的程度，致使科研人员叫苦不迭。课题依托单位应当变管理者为服务者，充分理解、高度重视科研人员的难处，尽快解决票据遗失、票据开具不规范、无法开具票据等情形的报销问题。（3）简化报销程序，提高报销效率。在调研中，大多数受访者都反映现在的报销程序更加苛刻、效率更低，如报销中需要层层签字，致使程序拖沓、效率低下，小额经费报销成本过高等。针对该问题，可以探索小额经费支出的包干制，让课题组负责人完全行使签字权并承担签字的主体责任，取消课题依托单位负责人的审批制度等。（4）规范科研助理制度，防范化解科研助理制度的潜在风险，坚决避免科研助理领导课题组、科研人员再次沦为行政管理的“小媳妇”等课题制实际运行中的扭曲现象。

其二，改革和完善科研人员劳动补偿机制。短期来看，如果坚持采用以绩效奖励代替劳务费制度的解决思路，就必须提高绩效奖励的力度，避免绩效奖励成为鸡肋。长期来看，需要建立与完善科研人员的劳动补偿制度，使得科研人员的劳动付出与其贡献基本相匹配。

其三，遵循“付费者决定”原则，完善横向科研经费管理模式。尊重科研规律，尊重“付费者决定”原则，在横向科研项目中，对于差旅费标准、劳务费标准、是否使用公务卡、是否实行政府采购等问题，尊重课题委托单位的意见，按照科研合同的约定来管理使用横向科研经费，不应直接套用纵向科研经费的管理规定。

第一章 科研经费领域违法犯罪行为概述

科研经费的使用主体是科研人员，而科研人员作为社会上的精英群体，本应与科研经费领域违法犯罪行为保持绝缘。然而，即使在美国、德国、英国、韩国、我国台湾地区等世界上科技文化比较发达的国家和地区，科研人员实施的针对科研经费的违法犯罪行为也都屡见不鲜。身居象牙塔的科研人员何以会套取挪用科研经费，令局外人士迷惑不解；种类繁多、花样百出的套取挪用科研经费行为，对于局内人士来说也令人瞠目结舌。因此，科研经费是什么，其运行机制如何，科研经费领域的违法犯罪行为具有什么特征，严重程度到底如何，这些都是研究套取挪用科研经费违法犯罪中的一些基本问题，需要深入研究。

第一节 科研经费概述

对于科研人员来说，科研经费并不是一个陌生的专业词汇。我国科研经费种类繁多、类别各异，加上科研经费运行机制中存在各种各样的变异因素，这些都对科研经费领域违法犯罪的认定以及相应的刑事对策产生重大影响。因此，研究科研经费领域的违法犯罪现象，有必要先行厘清科研经费的含义、种类等基本情况。

一、科研经费的含义

顾名思义，科研经费就是用于科学研究的资金。科研经费并非一个法律术语，不同的主体在界定科研经费时往往需要根据自己的需要进行界定，因而并没有统一的科研经费的定义，甚至使用的名称都不统一。百度百科认为，科研经费泛指各种用于发展科学技术事业而支出的费用。科研经费通常由政府、企业、民间组织以及各种基金会等通过委托方式或者对申请报告的筛选来分配，用于解决特定的科学和技术问题。[①] 360 百科对科研经费的解释也是大同小异。国家统计局负责统计全国每个年度的科研经费支出等情况，但其并没有对科研经费的含义进行界定，甚至没有使用科研经费这个术语，而是使用了研究与试验发展（R&D）经费这个比较专业的术语。[②] 中共中央办公厅、国务院办公厅在一系列文件中则使用了“项目资金”的表述（如中共中央办公厅、国务院办公厅《关于进一步完善中央财政科研项目资金管理等政策的若干意见》），“项目资金”实际上就是指科研经费。

科学技术是第一生产力，世界上大多数国家和地区都非常重视对科研经费的投入，科研经费占国家或者地区 GDP 的比重可以反映一个国家或者地区对科研的重视程度以及科研发展水平。

二、科研经费的分类

基于不同的目的，国家、社会主体（如公司、企业、基金会等）和个人会设立不同类别的科研项目，并配置性质不同的科研经费。不同的科研经费种类对科研经费领域违法犯罪行为的性质认定具有一定影响，因而值得深入研究。

（一）纵向科研经费与横向科研经费

这是学术界最为熟悉的基本分类。但是，何谓纵向科研经费，

---

① 百度百科，http://baike.baidu.com/link? url = pQbO4XZZ6q04UQCg5tO-MlrgNZMHsBMAqATXLuzQzGJiggCtyAUfKWOL2vEMF81CAZE_uitN9EWpXWaFkHpvDq，2017 年 8 月 31 日访问。

② 研究与试验发展（R&D）经费是指全社会实际用于基础研究、应用研究和试验发展的经费支出，包括实际用于研究与试验发展活动的人员劳务费、原材料费、固定资产购建费、管理费及其他费用支出。

何谓横向科研经费，学术界并无统一认识，各科研单位也有不同的认定标准。

有学者从纵向科研经费与横向科研经费功能区分的角度提出，纵向科研经费主要指财政性拨款，是国家或科研单位的预算资金。纵向科研经费按来源不同可分为中央财政科研经费拨款、地方财政科研经费拨款，具体包括：国家、省自然科学基金及社会科学基金，国家科技支撑计划、"973"项目及"863"项目，军工项目，省部产学研项目，省市科技攻关项目等；由上级主管部门下拨的自主科研经费；由科研单位与企业、事业单位共同申报获批的科研项目经费，经有关部门批准或合同约定转拨到科研单位的项目经费；由科研单位财政预算安排的自主科研基金。纵向科研经费不具有创收性质，但对科研单位的长期可持续性健康发展，对科研单位的知识结构和人才储备具有重要的作用。横向科技活动经费（横向科研经费）① 是指通过与企业、事业单位的横向联合，积极发挥科研单位的科学研究实力，主动为社会、企业的经济发展和经济活动服务而获得的经费，具有社会投入的性质，属于科研单位的科技创收。一所科研单位获取纵向科研经费、横向科技活动经费的数量和质量的能力，反映了科研能力和科研队伍的整体水平，是科研单位科研水平和综合实力的具体体现。②

学术界在讨论科研经费问题时，时常专门论及横向科研经费的含义。例如，有学者指出，横向科研经费是课题组或个人与有关单

---

① 在与纵向科研经费术语相对的科研经费类别中，学术界通常使用横向科研经费术语，而该学者则使用了横向科技活动经费术语，本书认为该术语使用不够准确。如果采取该术语，则会产生以下问题：横向科技活动经费与横向科研经费是什么关系？横向科技活动经费是否包括用于人文社会科学的研究经费？这很容易产生分歧。从该术语的上下文内容来看，该学者所称的横向科技活动经费实际上就是指横向科研经费，故本书在同一含义上使用。

② 参见汤贺凤：《高等学校科研经费管理存在的问题及对策》，载《中国集体经济》2011 年第 7 期（下）。

位签订的科研服务合同，由对方单位按合同签约金额支付的费用。[①] 有学者认为，科研单位横向课题是指各级政府及职能部门、企业、事业单位、社会团体等委托研究的课题，横向科研经费是科研单位通过与合作方签订咨询服务、技术成果转让与协作等服务性项目而获得的，是科研单位科研收入的重要来源。[②] 还有学者提出，与财政拨款的纵向科研经费不同，横向科研经费是科研单位通过给企业、事业单位进行技术服务、技术支持、技术合作和科研成果转让等服务项目的收费中获得的，具有社会投资的性质，也是科研单位事业经费以外的重要经费之一。[③] 横向科研经费具体包括：(1) 科研单位科技产品专利权的转让。科研单位依赖自身人才和科技优势，研制出高精尖产品，并逐渐形成一定的生产规模，将其专利权转让给企业，其收入成为科研单位横向科研收入的主要部分。(2) 科研单位为企业解决某一个具体问题或难题而得到的回报。(3) 科研单位科技咨询收入等。

上述不同的分类存在一个共同特征，即按照科研经费的来源进行分类，纵向科研经费是来源于国家财政性拨款的科研经费，而横向科研经费是个人、企业或者其他社会组织提供的科研经费。但上述分类都未明确一个问题：虽然都是来源于企业、事业单位的科研经费，但是来源于国有企业、事业单位的国有资产的科研经费，究竟应认定为纵向科研经费还是横向科研经费？笔者认为，纵向科研经费与横向科研经费并非法律术语，当前也没有规范性文件进行明确界定，实践中各个科研单位往往根据本单位管理科研项目的实际

① 参见于晓娜、王园：《高校横向科研课题经费管理浅谈》，载《长春工业大学学报》2008 年第 2 期。

② 参见林茜：《文科院校横向课题经费管理探析》，载《管理视野》2013 年第 6 期（下）。

③ 参见刘艳玲：《论横向科研项目经费管理的“松”、“紧”度》，载《湘潭师范学院学报》（自然科学版）2009 年第 4 期。

需要而进行区分界定[①]，因此对二者的联系与区别进行准确界定既缺乏明确的标准，也没有必要。研究者只需要根据自己的研究目的，对纵向或者横向科研经费的范围进行界定即可。

本书旨在研究科研经费的刑法保护问题，而根据我国刑法的规定，对于公共财产与非公共财产采取的罪名体系是二分制（也有学者称为二元制的保护体系）[②]，针对公共财产的套取挪用行为，可能构成贪污罪、挪用公款罪；而针对非公共财产的套取挪用行为，可能构成职务侵占罪、挪用资金罪（当然，具体适用何种罪名还需要考虑主体的身份、是否利用职务上的便利等因素）。本书赞同理论界通行的观点，即应对公共财产与非公共财产平等保护，但在现行刑法采取二元制分立保护模式的情况下，学术研究中仍应当区别对待。因此，本书依据该研究目的，把纵向科研经费界定为来源于公共财产的科研经费，而把横向科研经费界定为来源于非公共财产的科研经费。

也有学者依据科研经费的来源将科研经费分为纵向科研经费、横向科研经费和校内科研经费。纵向科研经费是指列入国家、地方政府科技发展计划，并由政府财政直接拨付资助的科研经费。横向科研经费是指承接国外企业或国内企业、事业单位的技术开发、技术转让、技术服务、技术咨询等项目经费。校内科研经费是指高校

---

① 例如，北京师范大学只把省部级以上单位使用财政拨款形成的科研经费界定为纵向课题经费，而把省部级以下单位使用财政拨款形成的科研经费、省部级以上单位非使用财政拨款形成的科研经费以及其他来源的科研经费都界定为横向课题经费。即使是中国法学会、最高人民法院、最高人民检察院等单位拨款的科研经费，仍被界定为横向科研经费。有的高校把来源于财政拨款的科研经费全部界定为纵向科研经费，而把来源于非财政拨款的科研经费全部界定为横向科研经费。这种差异主要是由于各科研单位对科研经费的管理目标不同而形成的。

② 参见于志刚：《二元制刑事立法模式引发的司法尴尬》，载《公民与法》2010 年第 4 期。

根据自身发展要求，自行设立研究方向，利用自有资金安排的研究经费。[①] 本书认为，这种分类并不可取。校内科研经费既可能是纵向科研经费，也可能是横向科研经费。如果把科研经费区分为纵向科研经费、横向科研经费和校内科研经费，就存在区分标准不明确的问题，也与科研经费的刑法保护问题没有多大关系。故本书不采用这种分类。

此外，在纵向科研经费中，还经常可以见到国家社科基金研究经费、国家自然科学基金研究经费、省部级社科基金研究经费、省部级自然科学基金研究经费等的分类。这种分类主要是依据课题发布单位主体的不同而做的分类，有助于甄别科研经费的来源及其级别，便于科研单位对科研经费进行管理。但这种分类与科研经费违法犯罪的认定问题关系不大，因而本书也不采用这种分类标准。

（二）竞争性科研经费和非竞争性科研经费

竞争性科研经费和非竞争性科研经费并没有明确的界限。一般来说，竞争性科研经费是指科研项目发布单位通过发布招标指南，通过投标等竞争性方式而发放的科研经费。对于科研项目的承担者而言，意味着需要通过投标等竞争性方式才能获得科研项目经费。

非竞争性科研经费是指符合一定条件的科研人员均可以获得的科研经费。例如，高校自主科研基金是高校为引进高层次人才设立的各类人才基金，高校科研启动经费是为支持青年人才的基本科研条件而设立的科研基金（科研启动经费）等。这类经费基本上不需要招投标程序，只要符合条件即可获得。

竞争性科研经费和非竞争性科研经费分类的意义在于不同的管理模式以及对于违法行为的潜在的不同处理模式。竞争性科研经费都是通过招投标等竞争方式获得的，科研人员在研究过程中付出巨

---

① 参见陈娟丽：《中美高校科研经费管理比较与启示》，载《中国管理信息化》2015 年第 19 期。

大并以成果为导向，因而科研人员普遍会认为双方形成的是平等的民事合同关系，对于科研经费不应进行严格管理，套取挪用科研经费不应认定为犯罪（至于实际上是否构成违法犯罪，后面将会详细论述）。而非竞争性科研经费带有“照顾”的性质，是一种普惠制待遇，与科研成果相比，科研过程更为重要，因而强调过程导向，科研经费过程管理较为严格。对于套取挪用该类科研经费的，通常认为构成犯罪（至于是贪污罪还是诈骗罪，需要结合科研人员的主体身份认定）。

（三）委托课题经费与招标课题经费

这种分类与上述第二种分类具有较大的相似性，也是根据获得课题经费的方式的不同所做的分类。当前我国各类课题主要采取招标方式，如国家社科基金、国家自然科学基金等国家级课题的管理规定中明确要求采取招标方式。

委托课题是指课题发布单位与课题依托单位直接签署协议，委托课题依托单位从事课题研究并向其支付研究经费的课题承担形式。委托课题主要存在于横向课题研究中。当然，纵向课题在研究中也存在委托的情况，一般是课题研究时间比较紧急（如“非典”时期对疫苗的研究）或者针对特殊问题展开的研究（如危害国家安全犯罪课题的研究、恐怖主义犯罪课题的研究），不宜采取招标的方式，通常就由课题发布单位委托给有资质的研究机构开展学术研究，由此拨付的研究经费就是委托课题经费。

（四）高校科研经费、科研院所科研经费和企业科研经费

高校科研经费、科研院所科研经费和企业科研经费主要是根据科研经费的使用主体不同所进行的分类。高校（各类大学）、科研院所（如中国科学院、中国工程院、中国社会科学院等）和各类企业（既包括国有企业，也包括各类集体企业和私营企业）是当前最为主要的科研活动主体。通常高校和科研院所主要从事基础理论研究，而企业通常从事的科研是应用研究和试验发展研究。在这

三类科研活动的主体中，高校科研经费所占比例最小，科研院所次之，企业科研经费最多。[①] 当前，我国社会高度关注的是高校科研经费的腐败问题，但实际上企业科研经费领域可能是效率最为低下、腐败最为严重的，应该引起高度关注。[②]

（五）基础研究经费、应用研究经费、试验发展经费

基础研究经费、应用研究经费、试验发展经费的划分是按照经费的资助用途进行的。基础研究经费，即用于基础研究的经费。基础研究是指为了获得关于现象和可观察事实的基本原理的新知识（揭示客观事物的本质、运动规律，获得新发展、新学说）而进行的实验性或理论性研究，它不以任何专门或特定的应用或使用为目的。

应用研究经费，即用于应用研究的经费。应用研究是指为了确定基础研究成果可能的用途，或是为达到预定的目标探索应采取的新方法（原理性）或新途径而进行的创造性研究。应用研究主要

---

① 根据国家统计局、科技部、财政部公布的《2014 年全国科技经费投入统计公报》显示，2014 年全国共投入研究与试验发展（R&D）经费 13015.6 亿元，比上年增加 1169.0 亿元，增长 9.9%。其中，国家财政科学技术支出为 6454.5 亿元，比上年增加 269.6 亿元，增长 4.4%；按研究与试验发展人员（全时工作量）计算的人均经费支出为 35.1 万元，比上年增加 1.6 万元。从研究活动主体看，各类企业经费支出为 10060.6 亿元，比上年增长 10.9%，占总支出的比重为 77.3%；政府所辖研究机构经费支出 1926.2 亿元，比上年增长 8.1%，占总支出的比重为 14.8%；高等学校经费支出 898.1 亿元，比上年增长 4.8%，占总支出的比重为 6.9%。

② 根据国家统计局、科技部、国家发展改革委、教育部、财政部、国防科工局 2010 年 11 月 22 日第二次全国科学研究与试验发展（R&D）资源清查主要数据公报（第四号）显示，高等学校的科研经费，按经费来源划分，政府资金 262.2 亿元，占 56.0%；企业资金 171.7 亿元，占 36.7%；国外资金 4.8 亿元，占 1.0%；其他资金 29.5 亿元，占 6.3%。从中可以看出，年度 6000 多亿元的财政科研经费，高等学校只占有很小一部分，而且全国从事科学研究的高等院校有 1354 所，如果说高校的科研经费领域腐败严重，确实有失公允。

针对某一特定的目的或目标。

试验发展经费，即用于试验发展的经费。试验发展是指利用从基础研究、应用研究和实际经验所获得的现有知识，为产生新的产品、材料和装置，建立新的工艺、系统和服务，以及对已产生和建立的上述各项做实质性的改进而进行的系统性工作。

上述三类合称为研究与试验发展（R&D）经费支出，即统计年度内全社会实际用于基础研究、应用研究和试验发展的经费支出。包括实际用于研究与试验发展活动的人员劳务费、原材料费、固定资产购建费、管理费及其他费用支出。

这种分类的意义在于衡量一个国家科研经费的支出结构是否合理。一般来说，发达国家三类经费都比较均衡，并分别由不同的主体予以提供；而发展中国家和地区的科研经费偏重于应用研究经费和试验发展经费，不太重视基础研究经费的投入。就投入主体来说，政府一般是基础研究经费和应用研究经费的投入主体，而企业则是试验发展经费的投入主体。

基础研究经费投入大、周期长，不一定能取得具体的成果，因而各国对于基础研究经费的投入注重过程管理，不重视结果导向；而应用研究和试验发展经常会有具体的成果面世，因而通常需要结果导向。这种差别对于适用不同的科研经费管理体制，乃至认定科研经费领域的违法犯罪行为具有不同的意义。例如，对于应用研究项目，已经取得预期成果的，一般可以对科研经费的违规使用从宽处理，即使存在一定的套取挪用现象，也可以宽容；如果没有取得预期成果，则对于违规使用科研经费的行为通常会采取严厉的处罚手段。对于基础研究来说，只要科研过程合乎规范，至于是否能够取得预期成果，通常并不太引人关注。

（六）普通科研经费与特殊科研经费

普通科研经费（常规科研经费、年度科研经费）是指课题发布单位每年定期发布的科研项目经费。例如，国家社科基金经费、国家自然科学基金经费等。

特殊科研经费是指各类专项科研经费。例如，国家百千万人才工程科研经费、教育部杰出青年基金项目经费、长江学者科研经费、国家重点实验室科研经费、国家人文社会科学重点研究基地科研经费、人事部针对博士后设立的各项面上资助等。这些专项科研经费一般都来源于政府财政投入，一般都针对特定人物（杰出青年、各类人才等）或者特定单位（如国家重点实验室、教育部人文社会科学重点研究基地等）或者特定事项（如“非典”时期的紧急药物研制经费等），因而科研经费的管理规定具有很大的差别性，课题发布单位往往会制定不同的管理规定。

（七）成果导向的科研经费与项目导向的科研经费

这是我国学者依据现有的科研经费评价体系而作出的分类。成果导向的科研经费评价体系是指注重科研经费投入以后所取得的成果是否完成、质量高低等，而不注重科研单位取得了多少科研立项。而项目导向的科研经费评价体系是指各科研单位注重每年（或者一定周期内）取得的科研项目立项数量，至于这些立项的科研成果是否按期完成、质量如何，不是关注的重点。通常认为，我国当前采用的就是项目导向的科研经费评价体系。

这种分类的意义在于：完善国家的科研经费评价体系，需要从项目导向转为成果导向。科研活动的目的是成果，立项只是手段而已。一个国家的科研实力与科研立项的多少没有关系，只与科研成果的优劣有关系。项目导向的科研经费评价体系会把科研人员的注意力吸引到跑项目立项上，而非项目成果的产出上。把科研经费评价体系从项目导向转为成果导向，一些人热衷跑项目的局面就会有所改变，从而做到申请项目的人有能力、有愿望从事科学研究，进而产出高质量的科研成果。

（八）其他分类

除了上述分类以外，有的科研项目发布单位还根据自己的需要，设立了一些形式较为特殊的经费资助方式。例如，根据《国家旅游局科研课题管理办法》规定，科研课题分为社会招标课题、成果招标课题、资助性招标课题和委托研究课题四类。社会招标课题一般为中长期、战略性和理论性较强的重大研究题目，每年约5个题目，研究周期半年左右；成果招标课题一般为旅游业发展与管理实践中的热点、难点问题，也可是战略性、宏观性、理论性较强的研究题目，招标数量和研究周期根据每年的实际需要确定；资助性招标课题是与旅游产业发展和管理紧密相关的应用性研究，资助和扶持的重点是省市旅游局，可适度扩大到大专以上旅游科研院所，每年资助课题约15项，研究周期3个月左右；委托研究课题是因工作急需、经局长办公会批准立项的研究课题，由国家旅游局直接委托有胜任能力的单位承接，委托个数和研究周期从严控制。科研课题经费按照课题种类、重要程度、完成质量划分等次，不同等次给予不同数额的经费支持。由多个课题组分别承担的同一课题，科研经费按各自承担研究任务的比重和科研成果评定等次分配；课题招标另有约定的，按约定办理。

又如，2013年11月18日，为进一步推动科技和经济相结合，充分发挥财政科技经费的引导作用，激发企业参与科技创新的积极性，加快建立以企业为主体的技术创新体系，财政部、科技部在科技部归口管理的国家科技计划及专项中引入后补助机制，并制定了《国家科技计划及专项资金后补助管理规定》。该规定所称后补助，是指从事研究开发和科技服务活动的单位先行投入资金，取得成果或者服务绩效，通过验收审查或绩效考核后，给予经费补助的财政资助方式。后补助包括事前立项事后补助、奖励性后补助及共享服务后补助等方式。事前立项事后补助是指单位根据科技部发布的国家科技计划或专项项目指南，结合自身研发需要提出申请，按照规定的程序立项后，单位先行投入资金组织开展研究开发活动，取得成果并通过验收后给予相应补助。国家科技计划及专项中以科技成果工程化、产业化为目标任务，具有量化考核指标的研究开发类项目，应当实施事前立项事后补助。奖励性后补助是指单位根据市场需求及自身发展需要先行投入资金组织开展研发活动，取得了有助于解决重大经济社会发展问题的技术成果，经审查验收通过后，给予相应补助。共享服务后补助是指对面向社会开展公共服务并取得绩效的国家科技基础条件平台，经科技部、财政部绩效考核通过后，给予相应补助。科技部根据科技创新和经济社会发展需求，对国家科技基础条件平台实行合理布局、总量控制、动态管理，促进科技条件资源整合和高效利用，推动资源的市场化、社会化共享，提高资源利用效率。

上述各种特殊的分类，由于名目繁多、形式各异，很难一一准确概括其特点，其在被侵犯的表现形式和社会危害上也有所不同，因而相应的刑事对策也有所不同。

三、近年来科研经费支出的数额与结构

在建设创新型国家的大背景下，近些年来我国科研经费支出数额不断增长（详见表 1），结构也不断优化。

表 1　2014 年财政科学技术支出情况①

	财政科技支出（亿元）	比上年增长（%）	占财政科技支出的比重（%）
合　计	6454.5	4.4	—
其中：科学技术	5314.5	4.5	82.3
其他功能支出中用于科学技术的支出	1140.0	3.6	17.4
其中：中央	2899.2	6.3	44.9
地方	3555.4	2.9	55.1

① 表 1 中财政科学技术支出的统计范围为公共财政支出安排的科技项目，因四舍五入原因分组加总不等于合计，下同。

（一）2014 年的研究与试验发展经费支出情况[①]

2014 年我国科技经费投入继续增长，国家财政科技支出及研究与试验发展经费投入增加，研究与试验发展经费投入强度提高。2014 年，全国共投入研究与试验发展经费 13015.6 亿元，比上年增加 1169.0 亿元，增长 9.9%；研究与试验发展经费投入强度（与国内生产总值[②]之比）为 2.05%，比上年提高 0.04 个百分点。按研究与试验发展人员（全时工作量）计算的人均经费支出为 35.1 万元，比上年增加 1.6 万元。

从研究活动类型看，全国用于基础研究的经费支出为 613.5 亿元，比上年增长 10.6%；应用研究经费支出 1398.5 亿元，比上年增长 10.2%；试验发展经费支出 11003.6 亿元，比上年增长 9.8%。基础研究经费、应用研究经费和试验发展经费占研究与试验发展经费总支出的比重分别为 4.7%、10.8%和 84.5%。

从研究活动主体看，各类企业经费支出 10060.6 亿元，比上年增长 10.9%；政府所辖研究机构经费支出 1926.2 亿元，比上年增长 8.1%；高等学校经费支出 898.1 亿元，比上年增长 4.8%。企业经费、政府所辖研究机构经费和高等学校经费支出所占比重分别为 77.3%、14.8%和 6.9%。

在财政科学技术支出情况方面，2014 年，国家财政科学技术支出 6454.5 亿元，比上年增加 269.6 亿元，增长 4.4%；财政科学技术支出占当年国家财政支出的比重为 4.25%。其中，中央财政科技支出为 2899.2 亿元，比上年增长 6.3%，占财政科技支出的比重为 44.9%；地方财政科技支出为 3555.4 亿元，比上年增长

---

① 《2014 年国民经济和社会发展统计公报》，http：//www.stats.gov.cn/tjsj/zxfb/201602/t20160229_1323991.html，2017 年 4 月 28 日访问。

② 2014 年 GDP 初步核实数据。

2.9%，占比为55.1%。①

（二）2015年的研究与试验发展经费支出情况

2015年全国研究与试验发展经费支出14170亿元，比上年增长9.2%；研究与试验发展经费投入强度（与国内生产总值之比）为2.07%，比上年提高0.05个百分点。按研究与试验发展人员（全时工作量）计算的人均经费支出为37.7万元，比上年增加2.6万元。从研究活动类型看，全国基础研究经费支出716.1亿元，比上年增长16.7%；应用研究经费支出1528.7亿元，比上年增长9.3%；试验发展经费支出11925.1亿元，比上年增长8.4%。基础研究经费、应用研究经费和试验发展经费支出所占比重分别为5.1%、10.8%和84.1%。从研究活动主体看，各类企业经费支出10881.3亿元，比上年增长8.2%；政府所辖研究机构经费支出2136.5亿元，比上年增长10.9%；高等学校经费支出998.6亿元，比上年增长11.2%。企业经费、政府所辖研究机构经费和高等学校经费支出所占比重分别为76.8%、15.1%和7.0%。②

---

① （1）统计范围：研究与试验发展经费的统计范围为全社会有R&D活动的企业、事业单位，具体包括工业企业、政府所辖研究机构、高等学校以及R&D活动相对密集行业（包括农、林、牧、渔业，建筑业，交通运输、仓储和邮政业，信息传输、软件和信息技术服务业，金融业，租赁和商务服务业，科学研究和技术服务业，水利、环境和公共设施管理业，卫生和社会工作，文化、体育和娱乐业等）中从事R&D活动的企业、事业单位。（2）调查方法：规模以上工业企业、政府所辖研究机构、高等学校采用全面调查取得，其他行业的企业、事业单位采用全面调查、重点调查及使用第二次全国R&D资源清查资料推算等多种方法取得。参见《2014年全国科技经费投入统计公报》，http://www.stats.gov.cn/tjsj/tjgb/rdpcgb/qgkjjftrtjgb/201511/t20151123_1279545.html，2017年4月28日访问。

② http://www.stats.gov.cn/tjsj/tjgb/rdpcgb/qgkjjftrtjgb/201809/t20180929_1625915.html，2019年10月10日访问。

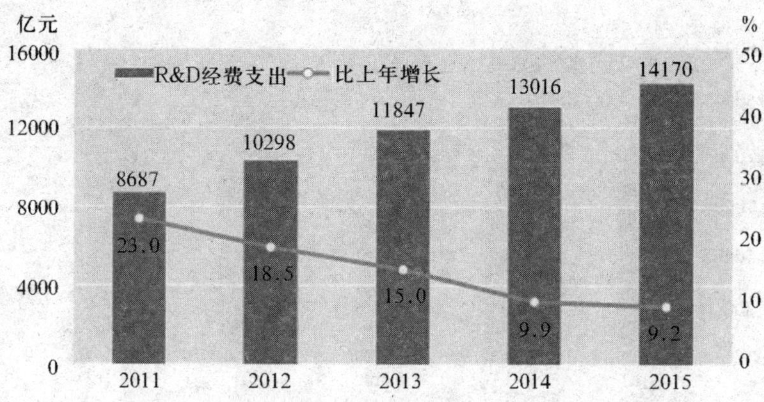

图 1　2011～2015 年研究与试验发展经费支出及其增长速度

（三）2016 年的研究与试验发展经费支出情况

2016 年全年研究与试验发展经费支出 15500 亿元，比上年增长 9.4%，与国内生产总值之比为 2.08%，其中基础研究经费 798 亿元。全年国家重点研发计划共安排 42 个重点专项 1163 个科技项目，国家科技重大专项共安排 224 个课题，国家自然科学基金共资助 41184 个项目。截至年底，累计建设国家重点实验室 488 个，国家工程研究中心 131 个，国家工程实验室 194 个，国家认定企业技术中心 1276 家。国家科技成果转化引导基金累计设立 9 支子基金，资金总规模 173.5 亿元。全年受理境内外专利申请 346.5 万件，授予专利权 175.4 万件。截至年底，有效专利 628.5 万件，其中境内有效发明专利 110.3 万件，每万人口发明专利拥有量 8.0 件。全年共签订技术合同 32.0 万项，技术合同成交金额 11407 亿元，比上年增长 16.0%。①

① http：//www.stats.gov.cn/tjsj/zxfb/201702/t20170228_ 1467424.html，2018 年 3 月 22 日访问。

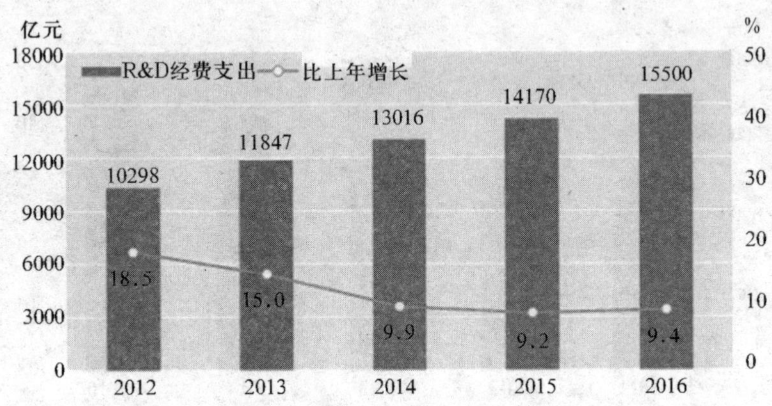

图 2　2012~2016 年研究与试验发展经费支出及其增长速度

（四）2017 年的研究与试验发展经费支出情况

2017 年全年研究与试验发展经费支出 17500 亿元，比上年增长 11.6%，与国内生产总值之比为 2.1%，其中基础研究经费 920 亿元。全年国家重点研发计划共安排 42 个重点专项 1115 个科技项目，国家科技重大专项共安排 454 个课题，国家自然科学基金共资助 43935 个项目。截至年底，累计建设国家重点实验室 503 个，国家工程研究中心 131 个，国家工程实验室 217 个，国家认定企业技术中心 1276 家。国家科技成果转化引导基金累计设立 5 支子基金，资金总规模 247.2 亿元。全年受理境内外专利申请 369.8 万件，授予专利权 183.6 万件；PCT 专利申请受理量为 5.1 万件。截至年底，有效专利 714.8 万件，其中境内有效发明专利 135.6 万件，每万人口发明专利拥有量 9.8 件。全年共签订技术合同 36.8 万项，技术合同成交金额 13424 亿元，比上年增长 17.7%。①

① http：//www.stats.gov.cn/tjsj/zxfb/201802/t20180228_ 1585631.html，2018 年 3 月 28 日访问。

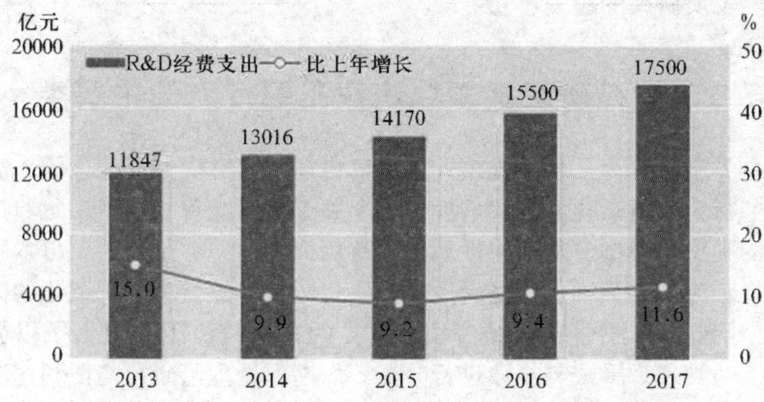

图 3 2013~2017 年研究与试验发展经费支出及其增长速度

总结近些年来我国科研经费支出情况，可以看出有以下几个特点：其一，近年来我国科研经费投入总额持续增长（从 2014 年的 13000 亿余元增长至 2017 年的 17000 亿余元，平均每年增长 10 个百分点），投入强度（占国内生产总值的比例）不断提高。其二，在不同的经费类型中，基础研究经费无论是总额还是比例，都比试验发展经费要少，这反映了我国在基础科学领域经费投入不足的现实。由于我国高校和科研院所是承担基础研究的科研主体，基础科研经费的缺乏实际上也反映了我国高校和科研院所研究经费的不足。其三，政府有大量的财政科研经费投入企业之中，而企业主要从事试验发展研究，而不是基础理论研究。这就容易令人质疑其合理性：国家的财政拨款用于试验发展经费，而企业的试验发展所取得的成果又归企业所有，那么是否存在违背市场经济体制中公平竞争原理的嫌疑？是否存在催生企业套取科研经费的动力？是否与政府管理科研活动的职能相违背（通常认为政府财政资金主要用于基础研究和一部分的应用研究，而不宜投入试验发展研究。企业是试验发展研究的主力军)?[①]

第二节 科研经费领域违法犯罪行为的主要类型

类型化作为一种思维模式，可以将现实生活中形形色色的违法犯罪行为去复杂化，为我们提供一个关于科研经费领域违法犯罪行为的类型化模型，从而将性质上具有相似性的一类行为抽象出本质特征，为认定某种行为是否属于违法犯罪行为提供一个规范化的指引。因此，本书将科研经费领域常见的几种违法犯罪行为予以分类，对其表现形式与规律进行分析，以期促进理论研究与便利司法实践。

一、针对纵向科研经费的违法犯罪与针对横向科研经费的违法犯罪

作出这种区分的主要依据是犯罪对象的不同。如前所述，纵向科研经费与横向科研经费的区分并无统一的标准，实践中也没有统一的做法。基于本书的研究目的，也许将这种区分称为针对公共财产（纵向科研经费）的犯罪与针对非公共财产（横向科研经费）的犯罪更为准确。但是考虑到约定俗成的缘故，本书仍然使用针对纵向科研经费的犯罪与针对横向科研经费的犯罪这对术语。

作出这种分类的意义在于：由于纵向科研经费来源于公共财产(各级财政经费或者国有企业、事业单位的国有资金)，因而套取挪用该类科研经费的，可能触犯的罪名是贪污罪或者挪用公款罪(当然，这个问题争议很大，本书将在第二章予以深入研究)。而横向科研经费来源于非公共财产，因而套取挪用该类科研经费的，是否还构成贪污罪或者挪用公款罪，就存在较大疑问：一方面，从

---

① 参见李志民:《到底谁在浪费科研经费》，载《中国青年报》2016 年 1 月 26 日。

来源上看，这类经费并非公共财产；另一方面，这类经费如果处于国有单位管理、使用之下，依据刑法的规定，可以认定为公共财产。相对于纵向科研经费，这就产生了在国有单位管理、使用之下的横向科研经费是否属于贪污罪、挪用公款罪的对象的疑问，因而更为复杂。

二、申请阶段针对科研经费的违法犯罪、在研期间针对科研经费的违法犯罪、结项过程中针对科研经费的违法犯罪

这是根据科研经费违法犯罪所处的阶段不同而进行的划分。

（一）申请阶段针对科研经费的违法犯罪

申请阶段针对科研经费的违法犯罪主要是指以下两类：

1. 申报材料弄虚作假，骗取科研经费的行为

时下，在科研经费申报环节，一些人通过包装概念“攒项目”，可能通过审核拿到课题经费。例如，根据《21 世纪经济报道》所述，轰动全国的“汉芯一号”案件中，“汉芯一号在问世 3 年时间内，向国家各部门成功申报项目 40 多个，累计骗取无偿拨款突破 1 亿元”[①]。这就属于典型的骗取科研经费的行为。至于该案中具体的罪名适用问题，可能要结合该科研经费的去向来认定：如果科研经费进入所在国有事业单位，被用于科研活动，则难以构成任何犯罪；如果被用于个人奖励事项或者被套取后用于其他私人用途，则可能构成诈骗罪。

新闻出版总署官方网站于 2012 年 4 月 10 日发布题为“湖南两教师伪造总署公文被处分”的消息，文中称湖南某高校两名教师王某与李某因伪造新闻出版总署科研立项文件，利用虚假课题及其立项资金单独或伙同他人套取学院配套资金，因而受到处分。该案

---

① 高丽华、杨霞情：《汉芯造假谁之过》，http://www.360doc.com/content/17/0503/04/13952163_650486867.shtml，2018 年 7 月 1 日访问。

中，王某通过委托他人私刻公章、制作假公函，先后伪造新闻出版总署科研立项文件 7 份，交给学院科研处。共涉及所谓课题 7 项、所谓立项经费 83 万元，其中包括与该院科研处副处长李某有关的课题两项。① 这类造假中，由于作为新闻出版总署的国家机关及其科研经费并未受到实际损失，只是名誉受损，因而不是违法犯罪的被害人。但是，科研人员所在单位的科研配套经费被骗取后，科研人员可能构成贪污罪或者诈骗罪（这涉及科研人员的主体身份和科研经费的性质问题，具体定性可能存在争议，本书将在第二章予以详述）。

2. 通过行贿获得科研经费的行为

与通过行贿获得科研经费的行为对应的是科研经费发布单位工作人员受贿而拨付科研经费的行为。有些科研单位和科研人员为了能争取到科研项目和经费，不择手段向掌握科研经费划拨权的有关部门工作人员行贿，从而发生权钱交易现象。同济大学超大规模集成电路研究所所长林争辉教授在接受《瞭望新闻周刊》记者采访时曾说，高校流行俗语、所谓的“跑部钱进”，就是说教育部、财政部、科技部，跑跑就有钱进。现在，有些巨额的科研经费审批权掌握在少数不懂技术的行政主管部门官员手里，他们掌握生杀予夺大权，造成权力寻租、“跑部钱进”的怪现象。② 例如，佛山市科技工作会议披露，近些年来佛山科技系统接连曝出腐败窝案、串案，有科技局内部人员涉嫌通过伪造申请材料帮企业骗取政府科技补贴。该市目前已立案查处包括一市两区（南海、顺德）在内的

---

① http://jjs.nua.edu.cn/2014/0603/c2279a31117/page.htm，2019 年 10 月 10 日访问。

② 《学者揭开国家科研经费使用黑幕，曝光六大洗钱方式》，http://www.cnr.cn/news/t20060414_504193987.html，2016 年 10 月 1 日访问。

经贸、科技系统滥用职权、行受贿等系列案件共21件21人。[①]

从刑法上来说，为申请科研经费而进行行贿，不仅涉及自然人行贿犯罪，还可能涉及单位行贿犯罪；不仅涉及行贿罪，还可能涉及向非国家工作人员行贿罪（例如，向阿里巴巴研究院等民营企业研究机构主管科研经费工作人员行贿）。就受贿而言，不仅仅是掌握国有科研经费的国家工作人员可能构成受贿犯罪，非国有单位中掌握科研经费的主管人员也可能构成受贿犯罪（非国家工作人员受贿罪）。例如，在我国一些高科技公司，如华为、搜狐、腾讯等民营企业，都有自己的研究院，这些研究院每年都掌握着数目不菲的科研经费。这些科研经费一样会成为行贿受贿犯罪的对象（非国家工作人员受贿罪、对非国家工作人员行贿罪）。此外，受各类课题发布单位邀请从事项目评审的学术专家是否能构成犯罪，也存在疑问。例如，李某本年度申请一项国家级课题，事先打听到某大学张教授系评审组专家之一，就向张教授行贿数万元。本案中张教授是构成受贿罪，还是非国家工作人员受贿罪，还是不构成犯罪（利用评审权力不属于利用职务上的便利），值得研究。

（二）在研期间针对科研经费的违法犯罪

本行为是指项目获批之后结项之前这段时间内发生的虚报冒领、挪用科研经费的各种行为。该阶段最容易发生套取挪用行为。国家审计署公布的一份审计公告披露，2004年度的审计发现，科研系统2个部门和45个科研单位转移、挤占、挪用科研经费6.69亿元，另外还有13个单位把3.27亿元的科研经费违规出借、对外投资（甚至投入股市）。[②] 而科研单位和科研人员拿到科研经费后，又会以种种方式“洗钱”。如在购买设备时，国家下拨700万元，

① http://news.ifeng.com/shendu/dycjrb/detail_2014_02/17/33875839_0.shtml,2019年10月10日访问。

② http://news.sina.com.cn/c/sd/2009-04-23/111317672061.shtml,2019年10月11日访问。

只购买 500 万元的设备，大笔回扣则进了小金库。此外，还有的拿科研经费买汽车、房子、保险、办公司、旅游等。我国当前查处的科研经费犯罪案件，大都发生在在研期间。例如，浙江大学教授陈某某贪污科研经费案、北京师范大学教授张某某贪污科研经费案等。

(三) 结项过程中针对科研经费的违法犯罪

结项过程中同样可能发生针对科研经费的违法犯罪行为。例如，有的项目在申请结项之后获准结项之前，如果还有部分课题经费没有用完，有的科研人员就会采取措施予以套取挪用，因此仍然可能构成相关犯罪；有的为了让自己的项目顺利结项，或者为了掩盖科研经费被滥用的真相而进行贿赂，进而引发职能部门工作人员滥用职权、玩忽职守、受贿等行为。但是，这些行为由于不是直接针对科研经费的，而且目前这个问题不太突出，因而本书不予研究。

除了上述不同阶段发生的具有鲜明阶段特征的针对科研经费的违法犯罪行为以外，就整个阶段而言，针对科研经费的违法犯罪行为还包括滥用职权、玩忽职守行为。科研经费动辄数万元、数十万元乃至上千万元，如果有关科研经费主管部门对于各项科研经费的申请滥用职权，或者玩忽职守，该批准的不予以批准，不该批准的胡乱批准，也可能触犯滥用职权罪、玩忽职守罪。例如，在“汉芯”事件中，有论者质疑道，绝非有关方面检讨时解释的“只是一个普通的造假欺骗”、“在推广时做了不负责任的夸大”等原因：(1) 当事人身为国内名牌大学的学院院长、校办高科技公司的总经理（还是博导、教授、“长江学者”和国务院特殊津贴的享受者），能不清楚何谓骗局？(2) 该科研项目在国家科技部是怎样立的项，怎样轻易获取的科研经费，其研究成果又怎样通过有关机构的鉴定？(3) 当事人负责的“科研成果产业化”又是怎样在权威机构立项并一再获取资助经费的？其中第二、三项质疑都涉及有关主管部门的滥用职权或者玩忽职守犯罪行为（至于涉事的评审专家是否构成滥用职权罪、玩忽职守罪，可能存在重大争议，争议的焦点在于能否把评审活动认定为依照法律法规履行职权）。①

作出上述区分的主要意义在于：在犯罪学上，不同阶段的科研经费违法犯罪有不同的规律和表现形式，认真研究其规律和表现形式，有利于惩治与预防各类针对科研经费的违法犯罪行为。例如，在申报阶段，对于科研人员的违法犯罪行为，重点审查是否存在造假和行贿问题；在研阶段，需要重点打击与预防套取挪用科研经费的违法犯罪行为。同时，国家工作人员（掌握科研经费的主管部门中的国家工作人员）针对科研经费的违法犯罪行为也要认真对待，过去见诸报端的都是科研人员针对科研经费的违法犯罪行为，而忽略了主管部门的工作人员针对科研经费实施的受贿、滥用职权等犯罪行为。

三、科研人员实施的科研经费违法犯罪与非科研人员实施的科研经费违法犯罪

这是根据科研经费的管理、使用过程中不同的参与主体而做的分类。科研人员实施的科研经费违法犯罪是指课题组中实际从事科研活动的人员实施的针对科研经费的违法犯罪，既包括课题组主持人，也包括课题组成员。非科研人员实施的针对科研经费的违法犯罪是指科研经费从申请到划拨再到管理、结项等过程中涉及的科研经费管理人员实施的各种犯罪，包括国家科技计划主管部门、财政经费划拨部门、课题依托单位的管理人员、课题组聘请的劳务人员（科研秘书）等实施的针对科研经费的违法犯罪。

作出这种区分的意义在于：其一，不同的主体构成犯罪的理论争议不同，因而学术研究的侧重点也应该有所不同。其二，媒体关注程度存在一定的偏差，应予适当纠偏。

---

① http：//www.docin.com/p-768903311.html，2017年10月1日访问。

就上述第一种情形而言，非科研人员实施的针对科研经费的违法犯罪虽然涉及人员广泛，但是理论争议不大。例如，国家教育部、国家科技部等课题发布单位工作人员属于国家机关工作人员，在针对科研经费的违法犯罪活动中分别可能触犯滥用职权罪、玩忽职守罪、贪污罪、受贿罪等；而国家社科基金委员会、国家自然科学基金委员会等课题发布单位的工作人员（包括各省社科基金代办机构等），课题依托单位的财务人员，课题管理人员，课题组自行招聘、任命的科研秘书也可能涉及贪污罪、受贿罪，但是否涉及滥用职权罪或者玩忽职守罪，在犯罪主体上可能还存在争议。科研人员实施的针对科研经费的违法犯罪行为在定性上存在巨大争议，不论是犯罪主体的界定，还是犯罪对象的划分，一直是一个争议巨大的问题。本书第二章、第三章将予以详述。

就上述第二种情形而言，媒体广泛关注、报道了科研人员实施的针对科研经费的违法犯罪行为，但是对危害巨大的非科研人员实施的针对科研经费的违法犯罪行为却很少关注与报道。这容易给人造成科研腐败就是科研人员的腐败，从而将科研腐败的矛头对准真正从事科研活动的人员，而忽略了具有巨大危害性的非科研人员实施的针对科研经费的违法犯罪行为。事实上，非科研人员实施的科研腐败犯罪相对于科研人员实施的腐败犯罪，涉案人员可能更多、情节更为严重、危害更为剧烈。本书略举两例加以说明：（1）广东省科技系统腐败窝案。据《第一财经日报》记者不完全统计，广东科技行政系统科研经费腐败涉案人数已逾 50 人，其中包括广东省科技厅原“一把手”李某某和广州市科信局原局长谢某某。他们之所以出问题，主要是科研经费发放易“寻租”。[①] 一位接近广东科技系统的人士告诉《第一财经日报》记者，科技系统官员出事，多与科研经费的发放和产学研项目有关。广东某高校产学研

① http://finance.eastmoney.com/news/1350，20140217360575467.html，2019 年 10 月 11 日访问。

办公室的一位工作人员告诉《第一财经日报》，以该校为例，某年度学校参与的产学研项目有100多项，其中由学校牵头的项目大概30多项，也就是说，大部分项目由企业牵头。该工作人员说，每个项目的经费在20万元至80万元，大部分项目要求企业以1：3的比例配套资金。比如，企业在拿到20万元的项目经费后，必须自筹60万元以上的资金投入该项目。具体企业与学校如何合作，该工作人员说，这就由老师与企业自主协商决定。“实际上，具体如何合作，合作密切程度如何，这都无法鉴定。”因此不排除有些“空头”合作，企业与熟识的老师合作套取产学研经费。曾有一名高校科研工作者告诉《第一财经日报》，其所在高校曾申请到一个100万元的项目，仅介绍费就要60万元，剩下的40万元两名合作老师分。2015年年初，广东省科技厅原副厅长聂某某被调查，其犯罪事实包括利用职务上的便利侵吞国家专项科研资金。虽然通报没有详细披露侵吞国家专项科研资金的具体细节，但从理论上说，无非就是与项目合作方合作侵吞或者独自侵吞科研经费。广州市人民检察院反贪局有关负责人称，该起窝案涉及广东省、广州市及各区三级科信职能管理部门的工作人员，涉案人员上至“一把手”，下至基层官员，涉案企业既有知名高科技企业和上市公司，也不乏新生小公司，涉及项目扶持资金动辄数十万元、上千万元，且多为广东省内配套扶持项目。（2）赵静（化名）贪污案。财务管理人员顺手牵羊也是一种较为常见的非科研人员针对科研经费的违法犯罪行为。由于科研人员报销很多不符合财务规定，而财务管理人员一般也都睁一只眼闭一只眼，长此以往，一些科研人员也会给财务人员一定的“空间”。赵静（化名）贪污案即是如此。赵静是北京一所著名高校财务部委派到化学学院的会计。起初，赵静在教师们的发票中加进一点个人的费用，逐渐发展到每报销1万元，赵静就放进去自己找来的票据数千元。从第三年开始，赵静骗取次数不断增多，每年贪污的数额均在10万元以上，最高一年近20万元。此外，国家自然科学基金委员会会计卞某贪污、挪用公款案，该案涉及该委员会财务处处长等数人，也是典型的非科研人员针对科研经费的违法犯罪案件。

四、结果导向型课题领域的违法犯罪与过程导向型课题领域的违法犯罪

结果导向型课题一般是指课题发包方重视研究结果（成果），不太关注研究过程的课题。委托课题、横向课题以及应用科学领域、实验发展领域的课题多为结果导向型课题。这类课题一般只要完成课题并经验收合格，就可以认为履行了合同。德国等国家倾向于采取结果导向型课题。

过程导向性课题一般是指课题发包方重视研究过程的依法、依规，而对研究结果不太关注的课题。纵向课题、基础研究领域的课题以及其他注重过程的课题，比较注重研究过程，只要踏踏实实地开展了研究，至于是否产出了科研成果及其优劣，则在所不问。以美国为代表的国家倾向于采取这种科研管理模式。

这种区分具有实质意义，尤其是在刑事政策的贯彻方面具有较大意义。一般来说，对于结果导向型课题，只要验收合格，对于课题经费的使用可以适当放宽，在使用科研合同的情况下，如果存在套取挪用科研经费的行为，完全可以适用合同法的原理予以解决；如果验收不合格，则可以依法追究民事责任，甚至追究刑事责任。而对于过程导向型课题，成果验收合格，则与结果导向型课题一样，如果存在套取挪用科研经费的行为，完全可以适用合同法的原理予以解决；成果验收不合格，而且存在套取挪用科研经费的行为，则可以依法追究刑事责任；成果验收不合格，但科研过程完全合法，则仍不能追究刑事责任。

五、以科研经费为对象的犯罪与与科研经费腐败有关的犯罪

依据科研经费违法犯罪行为可能涉及的罪名，可以将涉及科研经费的犯罪区分为贪污科研经费、挪用科研经费、诈骗科研经费、职务侵占科研经费等以科研经费为对象的犯罪以及行贿、受贿、滥用职权、玩忽职守等与科研经费腐败有关的犯罪。与此相适应，以科研经费为对象的犯罪罪名包括贪污罪、挪用公款罪、诈骗罪、职务侵占罪、挪用资金罪等；与科研经费腐败有关的犯罪罪名包括行贿犯罪、受贿犯罪、滥用职权犯罪、玩忽职守犯罪等。

（一）贪污类犯罪①

贪污类犯罪包括刑法中的贪污罪和职务侵占罪。从司法实践认定的情况来看，贪污科研经费行为主要表现为以下几种方式：

1. 利用职务便利的侵吞

贪污罪的侵吞对象是公共财物或者国有财物，否则不能构成贪污罪。与侵占罪相同的是，二者的行为方式都是利用经管或者保管的便利，将不属于自己所有但在自己占有之下的财物据为己有。不同的是，贪污罪是利用职务之便，而侵占罪不要求利用职务便利，是利用职务之外的代管他人财物的便利。与职务侵占罪中以侵占方式实施的犯罪相同的是，二者的行为方式都是利用经管或者保管的便利，将不属于自己所有但在自己占有之下的财物据为己有，而且都利用了职务上的便利。不同的是，贪污罪的主体是国家工作人员，并要求在客观行为上利用国家工作人员职务上的便利；而职务

---

① 需要特别说明的是，本书采用贪污科研经费、挪用科研经费犯罪等表述，主要是考虑到我国对于套取科研经费行为通常按照贪污罪定罪处罚，对于挪用科研经费行为通常按照挪用公款罪定罪处罚的司法现状，并不代表本书赞同上述行为就一定构成贪污罪、挪用公款罪。至于上述行为是否构成犯罪、构成何种犯罪，本书将在第二章、第三章详细论述。

侵占罪的主体则是非国家工作人员，并要求在客观行为上利用非国家工作人员职务上的便利。

在司法实践中，侵吞科研经费的方式一般包括：其一，购买固定资产不入账，据为己有。例如，某科研单位研究员购买电脑后，不按照规定纳入单位固定资产，而是采取分别开具耗材发票的方式予以报销，进而将电脑据为己有。北京师范大学教授李某某套取科研经费的手段大体上属于这一类。其二，涂改账目单据，增加支出，减少收入进而从中侵吞。例如，某科研人员与单位会计串通，利用该方法，在单据、账目上做手脚，将5万余元科研经费据为己有。其三，多报消耗物资的数量从中套取经费。例如，某课题组成员利用职务之便，冒名签署领料单，填写虚假报废单，将价值1万余元的零部件侵吞后卖给他人。又如，根据国家审计署通报，科技部所属知识产权中心在2009年至2012年课题经费中列支职工食堂餐卡充值费13万元，从性质上看，也属于侵吞行为。[①]

2. 利用职务便利的骗取

此处的“骗取”与诈骗罪中的“骗取”在行为方式上的共同之处是都有非法占有的目的，使用虚构事实或者隐瞒真相的方法骗取财物。不同的是，诈骗罪中的骗取，行为人没有利用职务之便，且诈骗的范围较广；贪污罪中的骗取，行为人利用了职务便利，欺骗对象是公共财产。在贪污罪中，因为具有职务上的便利，骗取手段多元，骗起来也容易得手，但骗取的范围比普通诈骗罪要窄。

根据司法实践经验，利用职务便利骗取科研经费行为的方式主要包括用虚假票据、单据报账，即利用假单据、假票据以及未实际发生的票据（如使用购买的出租车发票等），蒙骗会计、审核人员以及单位主管人员，报销科研经费。实践中有一些课题组负责人，将私用的开支明目张胆地使用假发票进行报销，即属于骗取形式。

---

① http://news.ifeng.com/gundong/detail_2013_10/13/30282479_0.shtml，2019年10月11日访问。

山东大学教授刘某某贪污科研经费案大体上属于这种形式。北京邮电大学教授王某某利用借用他人身份证、签订虚假劳务合同，冒领国家科技重大专项科研经费数十万元，大体上也属于这种骗取形式。

3. 利用职务便利的其他手段

其他手段包括上述手段以外的或者兼有上述手段等综合性非法手段，利用职务上的便利占有公共财物的手段。这类手段更为复杂多变。有些重点科研项目工程浩大、复杂，一个课题组无法单独完成，这时就需要与其他科研机构甚至国外机构通过签订合作协议的方式共同完成，一些科研人员便通过签订虚假合作协议的手段截留国家划拨的科研经费，如北京市海淀区人民检察院办理的某科学院研究所林某等四人私分国有资产案。该四人在承担某重点项目课题时，共同协商，采取与相关协作单位签订虚假“子课题协议”的手段，将节余的课题经费拨付给子课题承担单位，并从相关单位变现后返款共计人民币 80 万余元，其中少部分用于课题组公务支出，大部分被四人私分，私分金额达 60 万余元，最终均被法院以私分国有资产罪判处 1 年至 2 年不等的有期徒刑。①

（二）挪用类犯罪

挪用类犯罪包括刑法中的挪用公款罪和挪用资金罪。前述国家自然科学基金委员会会计卞某挪用科研经费案就属于这类犯罪。此外，全国各地也通报了一批挪用科研经费的案件。例如，2009 年 9 月 1 日国家审计署发布当年第 12 号审计结果公告称，2003 年 12 月中科院软件研究所挪用科研经费 150 万元，以个人名义购买了 150 万股某公司的股份。又如，根据《深圳市 2008 年度本级预算执行和其他财政收支审计工作报告》，2008 年深圳市专项资金使用仍存在多个“不容忽视的问题”，其中包括深圳市精联通信技术有限公

---

① 该案虽被以私分国有资产罪定罪量刑，但笔者认同该罪本质上也是一种贪污罪的观点，因而放在这里一并讨论。

司获得市科技研发资金无息贷款 500 万元后，将其中的 450 万元转入股票保证金账户用于股票投资。①

（三）贿赂类犯罪

贿赂类犯罪是指我国刑法中规定的受贿罪、单位受贿罪、行贿罪、单位行贿罪、非国家工作人员受贿罪、对非国家工作人员行贿罪等一类犯罪的统称。从实践来看，各种所谓的高科技企业骗取的科研经费犯罪数额极为惊人，这些行为通常都伴有行贿、受贿行为，因而会触犯行贿犯罪以及各类国家工作人员的受贿犯罪。例如，重庆市渝北区科委原主任李芬（化名）受贿案。李芬自 2007 年起担任渝北区科委主任，先后利用职务之便，在酒楼、家门口等地大肆收受他人现金。2010 年中秋节，李芬收到重庆一机械公司法定代表人胡某 5 万元，因为胡某的项目得到了渝北区科委的经费支持。2011 年 6 月，某公司项目经理郑某购买了一条价值 7791 元的黄金项链送给李芬，因为该公司在三年前曾获得过渝北区科委约 300 万元的经费。据查实，2009 年至 2012 年，李芬在担任渝北区科委主任期间，利用其负责主持渝北区科委全面工作，包括负责实施科技计划项目工作等职务便利，非法收受他人财物共计 31 万余元，为他人谋取利益，其行为已构成受贿罪。②

（四）诈骗类犯罪

诈骗罪是指以非法占有为目的，虚构事实、隐瞒真相的行为。在实践中，课题组在申报课题经费的时候，虚报项目成果从而获得后期资助项目，或者在申报课题时伪造研究成果，获得批准后并未实际从事研究等情形，均可以认定为诈骗罪。例如，“汉芯一号”

① 参见严州夫：《不务正业的科研经费》，载《检察风云》2013 年第 12 期。

② 参见严州夫：《不务正业的科研经费》，载《检察风云》2013 年第 12 期。

案件，如果媒体披露属实，则可以按照诈骗罪定罪处罚。广东省针对 2008 年至 2009 年重大科技资金审计发现，有 1 个县级市的项目单位弄虚作假，骗取资金 108 万元；部分项目单位将不属于项目范围的支出 941 万元和项目立项之前的支出 1392 万元列入项目成本；有 1 个市的项目单位违反合同规定自行调减建设规模多获资金 191 万元。2008 年至 2010 年，在广东省级结构调整重点技术改造和技术创新专项资金执行中，有 4 个项目单位以不实材料申报获取省级资金 250 万元。[①] 这些行为均涉及诈骗科研经费的犯罪。

（五）滥用职权犯罪、玩忽职守犯罪

滥用职权犯罪是指国家机关工作人员不依法正当行使职权或者任意扩大自己的职务权限，致使公共财产、国家和人民利益遭受重大损失的行为。玩忽职守犯罪是指国家机关工作人员玩忽职守，致使公共财产、国家和人民利益遭受重大损失的行为。这两类犯罪主体都要求是国家机关工作人员，因而一般的课题组负责人等科研人员难以构成该类犯罪。但是，课题管理部门，尤其是各级政府的课题管理部门，如科技部、教育部、财政部、审计署等部门，在管理、监督科研经费的使用中，完全可能存在滥用职权或者玩忽职守类的犯罪。例如，广东省审计厅对 2008 年至 2010 年省级重大科技专项资金使用执行情况进行审计时发现了一个荒唐案例——有一个市的两个项目承担单位共获取专项资金 45 万元，其中一个单位已结束营业近两年，另一个单位多次联系不上。项目实施情况如何主管部门竟然一无所知。该案中就明显存在一些主管部门工作人员滥用职权或者玩忽职守犯罪的问题。

新华网曾经总结了国内当前乱用科研经费及洗钱的各种“花样”：（1）假合作，真套钱。利用科研项目需要与别人合作研究的借口，签订虚假科研合作合同，双方约定将科研经费套现，各得其

① http://learning.sohu.com/20131015/n388244564.shtml，2018 年 12 月 12 日访问。

所。(2) 图私利，吃回扣。通过下拨的科研经费，在购买研究设备等时，大肆吃回扣，将专项经费顺利装进个人腰包或形成小金库。(3) 产业化，当老板。通过自己或亲属的名字建立公司，将专项使用的科研经费作为公司股份，通过“产、学、研”等所谓产业化形式，实现自己的“老板梦”。(4) 假调研，真享受。假借科研项目调研的名义，去各地旅游、度假，然后将发票报销。(5) 公采购，私占有。利用项目经费采购科研使用的设备、仪器甚至房产等固定资产，待项目结束后，通过非法的手段转移、藏匿，转化为私有财产。(6) 假发票，真变现。通过违法途径，将取得的假发票在科研项目中报销，骗取专项经费。在作者看来，这几种乱用科研经费及洗钱方式基本上可以归类于上述几类犯罪。例如，上述第一、四、五、六种情形中的行为实际上是贪污科研经费的行为；第二种情形是受贿行为；第三种情形则是挪用行为。

需要说明的是，上述分类标准存在一定的重合。例如，在研阶段针对科研经费的犯罪既有贪污罪，也有受贿罪，还可能存在滥用职权罪；而申报阶段针对科研经费的犯罪也可能同时存在上述犯罪形式。不同的分类标准可能带来理解上的困难，但是对于探讨科研经费领域违法犯罪问题的复杂性大有裨益。

第三节　科研经费领域违法犯罪的主要特点

对科研经费领域违法犯罪的特点进行概括，有利于全面把握该领域的犯罪形势，为适用合理的刑事政策，采取妥当的应对措施提供科学的参考依据。

一、犯罪主体方面的特点

科研经费领域违法犯罪主体方面的特点是：犯罪主体普遍学历高，多为所在领域专家，但法律意识普遍不够强。从事科学研究的人员均为高学历人才（多为博士学位），很多是国家重点培养的学术骨干、业界精英（很多是教授、博士生导师）。其本身拥有很高的社会地位，学识渊博，社会声望大，为人敬仰。例如，宋某某系北京邮电大学软件学院执行院长，张某某系北京师范大学地理学与遥感科学学院教授，兼遥感科学国家重点实验室副主任。中央纪委、监察部通报的几起贪污科研经费案件中，涉案科研人员更是学界翘楚。例如，轰动全国的因“包二奶”贪污科研经费而被查处的段某某曾经是中科院候选院士，他的研究成果走在世界最前列，是国际地球化学奖最高奖哥德斯密特奖的评委，是国际重大科学计划（地球深部碳探测）共同主席。涉嫌贪污科研经费数额多达千万元的陈某某曾担任浙江大学环境与资源学院常务副院长、水环境研究院院长。1996年至2002年，他是德国柏林工业大学、日本东京农工大学、美国哈佛大学的高级访问学者。陈某某还是中国民主促进会中央委员、浙江省副主任委员，担任过三届全国政协委员。作为中国最年轻的院士的李某，主持有国家科学技术部“973”计划重大研究项目、“863”计划生物领域重大研究项目专题、国家自然科学基金项目等18项，领导的科研团队多年来在大动物克隆、干细胞和基因技术等多方面取得重要成绩；曾获得国家级二等奖3项、省部级一等奖3项和省部级二等奖2项，国务院政府特殊津贴，长江学者奖励计划成就奖一等奖等奖项；是中国农业大学农业生物技术国家重点实验室主任，2007年当选中国工程院院士，被业内认为是国内动物转基因克隆研究领军人物。

然而，科研经费领域犯罪有其特殊性，犯罪主体虽然普遍具有学历高、智商高的优点，但是也普遍存在法律意识低的缺点。例如，一所“985”高校的教授，在被检察院查处涉嫌贪污科研经费时，其坚持认为科研项目是个人努力争取到的，理应为自己的劳动所得，即使被判定不归个人占有，只要把经费全部退回就没事了。①

① 笔者与海淀区人民检察院反贪干警交流时该检察官提供的信息。

二、社会危害方面的特点

在套取科研经费的社会危害方面，部分案件涉案金额巨大，社会危害巨大。部分科研项目经费投入往往数额巨大，尤其是自然科学科研项目，项目经费经常达数千万元，甚至数亿元，这也导致涉案金额动辄几十万元、上百万元。如原浙江大学教授陈某某，利用国家科技重大专项“苕溪课题”总负责人的职务便利，采用编制虚假预算、虚假发票冲账，编制虚假账目等手段，将国拨科研经费900余万元冲账套取，为己所控；中国农业大学教授李某（中国工程院院士）利用职务便利，以虚假发票和事项套取科研经费转入本人控制公司的方式，涉嫌贪污公款2000余万元。这些案件，涉及数额之大，令人震惊。另据报道，上海交通大学教授陈某购买外国芯片后，雇用农民工进行打磨，对外谎称为自主研发的汉芯，据此骗取政府科研经费达近亿元。

科研人员套取挪用科研经费，不仅造成了科研经费的巨大浪费，也使得科研任务难以保质保量地完成，危害着学术事业的健康发展。同时，它也败坏了社会风气和学术风气，对社会的和谐发展和文明进步造成了重大伤害。

三、行为手段方面的特点

行为手段方面的特点之一是隐蔽性强，取证困难。科研人员文化水平普遍较高，一般均具有相关领域的专业知识和工作经验，有的甚至是单位或部门负责人，在实施犯罪时手段隐蔽，往往利用人们不熟悉的专业知识和工作方式逃避所在单位的监督管理，不但善于在作案前精心策划，更善于在作案后巧妙隐瞒，善于以合法形式掩盖非法目的，随时做好反侦查准备。专业人员涉足职务犯罪，不仅使作案遗留痕迹减少而且容易灭失，更增加了取证难度，短时间内很难察觉，侦查难度相对较大。

行为手段方面的特点之二是科研经费违法犯罪的行为方式多种多样。有记者总结出了科研经费犯罪行为方式的多样性①：

（1）套。山东省对省内青岛大学等 4 所大学 2011 年科研经费管理等情况审计发现，有 22 个项目报销无具体品名和数量的发票 438 张，金额 51.54 万元；9 个项目报销虚假业务内容发票 1824 张，金额 103.05 万元；4 个项目报销虚假签字单据，套取资金 114.78 万元。其中一所高校的两个课题组，以差旅费名义分 37 次报销各地到佳木斯单程火车票 1505 张，金额 28.36 万元，占 2008 年至 2011 年该项目拨入经费的 49.75%。而 2012 年 11 月至 12 月，中国华能集团清洁技术研究院有限公司温室气体减排技术部在列支能源应用技术研究及工程示范项目专项相关课题劳务费时，利用虚假发票套取实际未发生的劳务费 33.07 万元。

（2）骗。广东省针对 2008 年至 2009 年重大科技资金审计发现，有 1 个县级市的项目单位弄虚作假，骗取资金 108 万元；部分项目单位将不属于项目范围的支出 941 万元和项目立项之前的支出 1392 万元列入项目成本；有 1 个市的项目单位违反合同规定自行调减建设规模多获资金 191 万元。2008 年至 2010 年，在广东省级结构调整重点技术改造和技术创新专项资金执行中，有 4 个项目单位以不实材料申报获取省级资金 250 万元。

（3）贪。在广东省 2008 年至 2010 年产学研省部合作资金执行运用中，除存在扩大使用范围、挪用专项资金外，还有 2 家企业 4 名工作人员涉嫌贪污资金 47.8 万元。

（4）吞。2008 年 8 月，民航局机场司自行同意将委托中国民航工程咨询公司代管的课题经费结余 37.03 万元转作公司收入。

（5）假。山东省 2012 年发布的审计报告显示，青岛大学有 10

---

① 该记者总结的上述各种方式虽然使用了日常语言，与刑法上规范的犯罪行为方式难以一一对应，但大体上可以将上述各种方式概括为贪污罪、挪用公款罪中的行为方式。

个课题预算为322万元，实际支出168.1万元，决算支出为319.75万元，虚报151.65万元，占预算的47.1%。2008年至2012年，中科院所属软件所在课题资金中以支付会费、物业费等名义虚列支出367万元。2009年至2010年，中科院4家所属单位以技术服务费、采购礼品和食品等名义在科研项目经费和管理费用中虚列支出195.25万元，用于职工福利等支出。

四、发案领域方面的特点

就科研经费违法犯罪的发案领域来看，往往涉及领域广，涉及单位众多。国家为了鼓励和支持科学事业发展，不仅通过各级财政每年拨付给各高等院校、科研院所行政事业经费，还通过国家自然科学基金委员会、教育部、科技部等相关部门拨付各类专项经费用于支持课题研究、改善科研条件、运行公益性项目等科学活动，这些专项拨款经费构成了科研经费的主要部分。对于各科研院校来说，其科研经费来源也是多层次和多渠道的，上述经费从“四面八方”进入科研院校账户后，又被分散给相关人员具体使用，如果管理不当极易出现职务犯罪。从具体发案领域上看，广泛存在于财务报销、课题合作、设备采购等诸多环节，并涉及贪污、挪用公款、受贿、私分国有资产等多个罪名。调研数据显示，科研经费领域职务犯罪案件的发案单位并非集中于某个或某几个单位，而是几乎遍布各知名高校和各大科研院所。

五、涉案款物去向方面的特点

在涉案款物的去向方面，科研经费领域违法犯罪也具有鲜明的特点：与其他类别的贪污犯罪、财产犯罪相比，科研经费违法犯罪通常有各种各样的名目，即科研经费被用作各种用途，从而不同于其他财产犯罪的行为人占为己有的通常表现形式。有记者梳理了近三年审计机关对国家各部委、各省份预算执行和其他财政收支情况发布的数百份年度审计报告，发现涉及“问题科研经费”的至少有39份，而“问题科研经费”的去向则五花八门①。

（1）工资福利。一些单位用科研经费给职工发工资和奖金，或是用作人员、办公经费。2012年，国家旅游局所属中国旅游研究院在课题研究经费中违规提取院基金83.84万元，主要用于人员经费和办公经费等支出。2009年至2011年，中科院生物物理所在科研经费中列支工资福利费等1278.11万元，其中2011年发生532.3万元。有的单位甚至发了上亿元，2010年至2012年，交通运输部在没有细化人员经费范围和标准的情况下，从其管理的543项科研项目的15.56亿元预算总额中安排人员经费1.86亿元，主要用于人员工资及补贴支出。

（2）吃。2009年至2012年10月，科技部所属知识产权中心在课题经费中列支职工食堂餐卡充值费13.48万元。

（3）会议、考察、出国。2011年，中科院地理科学与资源研究所在碳专项项目中列支无关人员会议费、考察费等69.18万元。2012年9月，中国电力工程顾问公司承担能源应用技术研究及工程示范项目专项相关课题时，在课题任务合同书中没有出国费预算的情况下，列支出国费32.96万元。

（4）买车、交通、零花钱。2007年至2009年，陕西两所高校分别用项目经费41.9万元和29.36万元购买小轿车和旅行车各1辆。2009年至2012年10月，科技部所属知识产权中心在课题经费中报销与课题无关的职工个人交通费用30.15万元，其中2012年10.8万元。2009年至2010年，住房和城乡建设部政策研究中心部分科研人员在其承担的专项课题经费中，报销火车票费用20.78万元。值得注意的是，审计报告特别注明，这些火车票是“自行搜集的”，与课题无关。陕西15所省属高校2007年至2009

① 参见李柯勇、李亚楠、陈刚、席敏、叶前：《审计报告上“花样百出”的科研腐败》，载《21世纪报道》2013年第11期。

年29个“科技创新”项目中，列支家庭和个人电话费、私家车保险费和汽车油料费等38.38万元。

（5）盖房、装修、买家具。2008年至2010年，贵州两所高校挤占挪用教学科研等办学经费1745.4万元，主要用于高校经济适用房建设及投资经营性资产等支出。2011年，中科院城市科学研究会从“绿色低碳生态规划指南”等课题经费中列支与课题研究无直接关系的购买办公家具等款项26.47万元。2009年至2010年，住房和城乡建设部所属中国城市科学研究会在专项课题经费中列支99.57万元，用于与课题内容无关的办公用房装修改造、杂志印刷和网络服务费等支出。

甚至有的经费说不清花到哪里去了。山东省发布的审计报告显示，该省教育厅所属13所大学编报科研经费项目支出预算9.43亿元，未细化到具体项目，全部填列为其他商品和服务类支出。这是记者看到的金额最大的一组数据。紧随其后的是，据审计署2012年发布的审计报告，卫生部及课题承担单位实施的209个科技重大专项课题，会计核算及资产采购管理使用不规范等问题29540.49万元。①

六、违法犯罪原因方面的特点

科研经费领域违法犯罪的原因多种多样，除了众所周知的科研经费管理体制弊端重重以外（本书第五章详述），职能部门监管不到位也是违法犯罪的重要原因。现有的科研经费管理体制，尤其是地方的科研经费管理体制，监管不到位的问题普遍存在，致使科研经费违法犯罪行为屡屡发生：（1）造假也能过审批。广东省2008年至2009年安排的节能减排与再生能源重大科技项目中，有2个缺乏实施能力和条件的项目、1个提供虚假材料的项目通过了审

---

① 参见李柯勇、李亚楠、陈刚、席敏、叶前：《审计报告上“花样百出”的科研腐败》，载《21世纪报道》2013年第11期。

批。（2）不论证也可立项。2012 年，湖南省科技厅在未进行可行性论证、未经专家评审、立项依据不充分的情况下，就安排了 11 个科技项目资金 815 万元。（3）没条件也能得资金。2008 年至 2010 年，在广东省省级结构调整重点技术改造和技术创新专项资金执行中，有 1 个企业经营处于半停产状态，不符合申报条件，仍获取省级资金 60 万元。（4）未完成也能验收。还是广东省省级重大科技专项，审计发现，有一个县两个项目共获得资金 56 万元，至审计时，项目建设尚未完成，却于 2010 年年底通过了验收。而这个省 2008 年至 2009 年安排的节能减排与再生能源重大科技项目中，有个别项目验收材料不真实，却仍然结题验收。广东省审计厅对 2008 年至 2010 年省级重大科技专项资金使用执行情况进行审计时还发现了一个荒唐案例——有一个市的两个项目承担单位共获取专项资金 45 万元，其中一个单位已结束营业近两年，另一个单位多次都联系不上。项目实施情况如何？主管部门竟然一无所知。①

第四节　科研经费领域的违法犯罪与相关术语的区分

在与科研有关的违法犯罪领域，我们经常听到科研腐败（学术腐败）行为、科研不端行为、科研失范行为、学术不端行为等术语，这些术语与科研经费领域的违法犯罪是什么关系，值得研究。

---

① 从审计出来的事实描述来看，有关监管部门工作人员明显存在玩忽职守犯罪的问题，而申报单位则涉嫌诈骗犯罪。参见李柯勇、李亚楠、陈刚、席敏、叶前：《审计报告上“花样百出”的科研腐败》，载《21 世纪报道》2013 年第 11 期。

一、科研经费领域的违法犯罪与科研腐败（学术腐败）

很多新闻媒体经常使用“科研腐败”（学术腐败）这个术语。但是，何谓科研腐败，尚未见专门的学术研究，也没有统一的定义。复旦大学李辉教授认为，学术腐败这个词用得并不准确，因为腐败这一定义主要是针对公职人员的，也就是对握有公共权力的行为主体才谈得上腐败。因此，学术腐败与学术不端（misconduct）行为(类似剽窃、抄袭、伪造科研数据等行为）不同，后者是学术界自身的一种不良风气。[①]

本书认为，学术腐败这个术语是否运用准确，取决于其指称的具体含义。如果将其内涵界定为涵盖了剽窃、抄袭等学术不端行为，这个术语确实并不准确，因为腐败总是与一定的权力相勾连，单纯的剽窃、抄袭行为难以认定为与权力相勾连，因而不应该成为学术腐败的内容。但是，如果将其内容限制在违法犯罪领域，即对科研经费进行套取挪用乃至诈骗等犯罪行为，而这些行为又发生在学术研究过程中，称之为学术腐败也未尝不可。实际上，新闻媒体使用的科研腐败（学术腐败）术语经常是上述两个方面内容的混合，既包括针对科研经费的违法犯罪行为，又包括科研不端（学术不端）行为。

鉴于科研腐败术语内涵不易确定，媒体往往在多种含义上使用，不适宜将该术语作为学术研究的基础，因而本书不采用这个术语指称科研经费领域的违法犯罪行为。

二、科研经费领域的犯罪与科研经费领域的一般违法行为

科研经费领域的一般违法行为，主要是指当前科研经费使用中

---

① 《对话复旦大学李辉：高校如何“拍苍蝇打老虎”》，http://jwch.hbwgydx.com/show.asp?id=2069，2017年4月1日访问。

存在着较为普遍的浪费低效使用和滥用行为，以及违规、违纪乃至违法挪用和侵占行为。比较常见的包括：预算申报不真实、会计核算不规范、自行调整预算、经费结余长期挂账、支出铺张浪费等不合理行为；报销与科研非直接相关的费用、虚报费用等违规行为；以及通过科研设备采购、经费转拨乃至以假发票报销、虚报冒领人员劳务费等方式来套取、挪用、侵占科研经费等违法违纪行为。①

本书认为，科研经费领域的一般违法行为内涵过于宽泛，与科研经费领域的犯罪也难以准确划清界限（通过科研设备采购、经费转拨乃至以假发票报销、虚报冒领人员劳务费等方式来套取、挪用、侵占科研经费等违法违纪行为，如果情节严重，符合相关犯罪的构成要件，就可能构成相应的贪污罪、挪用公款罪等。但是何为情节严重，从上述该术语的使用者来看，并未准确界定）。因此，本书只是在科研经费领域违法与犯罪进行比较的意义上使用该术语，但不将其作为研究的重点。

三、科研经费领域的违法犯罪与科研不端

科研不端是我国学术界使用较为普遍的一个术语，有学者专门论述了科研不端行为的界定问题。根据该学者的研究，科研不端行为的定义，不仅在国外众说纷纭，在国内也有不同的规定，主要有狭义和广义两种观点。

（一）狭义的科研不端

有代表性的观点如“科研作伪行为”（科研不端），是“在科学研究与评价过程中，为骗取科学共同体和社会的承认而出现的伪

---

① 财政部“政府科研经费管理制度改革和创新研究”课题组：《科研管理制度“重创”国家创新力》，http://www.shekebao.com.cn/shekebao/2012skb/bqjj/userobject1ai6370.html，2017 年 12 月 1 日访问。

造和剽窃行为”[①]，“科学家在科研过程本身、科研社会化过程中伪造、剽窃、僭誉等违反职业道德的行为以及在发现、处理这些违规行为过程中的违反职业道德规范的行为”[②]。2006年科技部发布的《国家科技计划实施中科研不端行为的处理办法（试行）》第3条对科研不端行为下的定义是违反科学共同体公认的科研行为准则的行为，并对这一行为进行了具体归类列举。从具体列举来看，该规定也是狭义上的科研不端行为。

笔者赞同将科研不端行为归结为伪造、剽窃、僭誉的观点，因为不管是学者们说的编造、作假还是篡改实验数据、科研程序都属于伪造类的行为，而学者所言抄袭，不管是抄袭一部分还是全部，都可以归类为剽窃，僭誉包括荣誉署名（如给没有任何直接的、实质性的贡献的人以论文署名）和僭誉署名（如在论文署名时贬低贡献大的人而拔高贡献小的人）。[③] 在实践中，有些人利用自己特殊的地位和权力，将自己并未参与的科研成果强行加上自己的名字，这必将损害真正的成果权利人的合法权益。这里的荣誉署名和僭誉署名不能为伪造和剽窃所包含，将其列为科研不端行为的形式之一是恰当的。上述众多学者提出科研不端行为是发生在科学研究与评价过程中的，这个过程主要包括几个不同的环节，在科研立项、科研实施、成果发表、成果申报、评议等不同环节所表现出的科研不端行为也有所不同[④]。在这几个步骤当中，相对应的主体主要是科研人员、科研管理组织、学术编辑及评审专家等。当然，不

---

① 樊洪业：《科研作伪行为及其辨识与防范》，载《自然辩证法通讯》1994年第1期。

② 张九庆：《科研越轨行为的界定与表现形式》，载《企业技术开发》2003年第2期。

③ 张九庆：《科研越轨行为的界定与表现形式》，载《企业技术开发》2003年第2期。

④ 潘晴燕：《论科研不端行为及其防范路径探究》，复旦大学2008年硕士学位论文，第21页。

同主体实施的科研不端行为也是不同的。[①]

本书认为，从上述论者对科研不端行为的论述来看，科研不端行为主要是指违背科学研究的规律，在科研工作中造假、违规署名、侵犯著作权等一系列不规范的行为的合称。该类行为虽然最终也会造成科研经费的流失或者浪费，但是科研不端行为与科研经费的浪费、套取、挪用并无直接关系。因而，本书认为，科研经费的违法犯罪行为不包括狭义的科研不端行为。

（二）广义的科研不端

当然，也有学者把科研不端行为界定得很宽泛，使得科研不端行为包括了科研经费的违法犯罪行为。[②] 2007年中科院发布的《关于加强科研行为规范建设的意见》明确指出："科研不端行为是指研究和学术领域内的各种编造、作假、剽窃和其他违背科学共同体公认道德的行为；滥用和骗取科研资源等科研活动过程中违背社会道德的行为。"从其表述来看，除了包括狭义上的科研不端行为以外，还包括了"滥用和骗取科研资源等科研活动过程中违背社会道德的行为"，而后者似乎包括了套取挪用科研经费的违法犯罪行为。因而可以认为该意见对科研不端行为采用了广义上的界定。

本书直接研究科研经费领域的违法犯罪行为，重点不是狭义的科研不端行为，因此本书所称违法犯罪并不包括狭义的科研不端行为，在接下来的研究中也不使用科研不端术语。

四、科研经费领域的违法犯罪与科研失范

有学者使用了科研失范术语。该学者认为，科研失范特指科研

---

① 陈琳琳：《科研不端行为的刑法规制》，载《山东科技大学学报》2011年第4期。

② 陈琳琳：《科研不端行为的刑法规制》，载《山东科技大学学报》2011年第4期。

人员在科研活动过程中发生的严重危害科研秩序的行为（如伪造或篡改实验数据、剽窃或抄袭他人的研究成果、歪曲报道科研结果、从事违禁研究等）；科研人员以外的主体从外部对科研过程的破坏、干扰（如非科研人员盗窃“天价葡萄”、“天价豆角”等“天价”科研试验品）的行为。从该学者的论述来看，科研失范行为包括了从事违禁研究等（如非法从事人体克隆、基因编辑等研究），但科研不端行为似乎没有包括违禁研究。但是，笔者查阅了上述学者的论文全文，似乎科研不端行为也可以涵盖违禁研究，从而在事实上使得科研不端行为与科研失范行为的内涵基本一致。该论者也认为，其论及的科研失范行为也称为科研不端行为、科研越轨行为。① 此外，该论文的作者使用的科研失范术语中，事实上还包括了套取挪用科研经费的行为（从该论者列举的各国关于科研失范行为的惩处规定中，显然包括了科研经费的违法犯罪行为），但又语焉不详，使得科研失范行为到底是否包括科研经费领域的违法犯罪行为并不明确。

本书认为，科研失范行为与科研不端行为的含义大体上一致，广义上既包括一般的剽窃、抄袭，也包括各种针对科研经费的违法犯罪行为。本书专注于研究科研经费领域的违法犯罪问题，因而不使用科研失范术语。

五、科研经费领域的违法犯罪与学术不端（学术欺诈）

有学者使用学术不端（学术欺诈）这个术语。该学者认为，学术欺诈包括捏造、篡改、剽窃以及挪用科研经费等学术不端行为。其中，前三种行为在学术不端的表现形式中占据绝大多数。学术欺诈行为具体包括：其一，科研人员在学术研究活动中，骗取国家科研经费，数额巨大的；其二，在科研项目和奖项申报过程中，

① 徐英军：《论科研失范行为的犯罪化》，载《科技政策与管理》2007年第11期。

弄虚作假骗取科研项目、科研奖项的；其三，在学术研究过程中不按照科研项目或有关管理规定，肆意挪用科研经费以作他用，或者获准立项之后，无正当理由，不按照项目管理的要求或项目任务书的承诺，按时、按质、按量组织和完成科研活动，造成科研失败、科研进程耽搁、科研经费流失，课题无法结题等其他严重后果的。①

在本书看来，学术不端与科研不端、科研失范等术语相比，最大的不同是该论者明确将挪用科研经费行为、骗取科研经费行为纳入其中，从而使得该术语既包括一般含义上的科研不端行为，也包括科研经费领域的违法犯罪行为。科研不端行为更多是指违反学术规范的行为，目前认为该行为构成犯罪的观点较为罕见；而套取挪用科研经费的行为是否属于犯罪行为，理论界存在争议，但司法实务界则将之作为犯罪处理。将这两类不同的行为纳入一个术语，对研究科研经费领域违法犯罪行为并无裨益，因此笔者坚持使用科研经费领域的违法犯罪行为这个术语。

我国当前除了个别构成科研经费犯罪的案件由司法机关处理外，科研界还展开了更多的针对科研不端行为进行查处的活动。2015 年 8 月 1 日，中国国家自然科学基金委员会公开通报一批科研不端行为典型案例，包括：湖北某大学李某抄袭他人成果、谎报个人信息；天津某大学李某等伪造篡改实验数据；北京某研究所李某冒名侵占他人科研成果；四川某大学王某等抄袭他人项目申请书；山东某大学蔡某抄袭、剽窃他人已获资助项目申请书，并伪造信息；等等。最近几年最为轰动的科研不端案件是西安交通大学教授李某某利用虚假材料获得陕西省科技进步一等奖和国家科技进步二等奖，后来又以虚假材料申报教育部科技进步一等奖，因陈某某

① 胡志斌、刘紫良、孙超：《学术不端行为的刑法规制研究》，载《学术界》2011 年第 10 期。

等六位教授举报而没有成功。[①] 自然科学基金委员会的通报还概括了主要的科研不端行为，包括信息弄虚作假、重复发表、抄袭剽窃、伪造、篡改、违反评审规定等几种情况。另外，科研不端行为发生的阶段性较为明显，主要集中在项目申请阶段。从统计数据来看，申请者在项目申请过程中发生的不端行为占科研不端行为的比例约为80%，项目执行和结题过程中发生的不端行为占科研不端行为的比例约为20%。据统计，自2010年至2013年6月30日，基金委监督委员会共受理投诉举报及建议468件，其中实名举报152件，被受理的468件投诉举报及建议占同期申请总数（60.7万）的0.077%。[②]

综上，科研不端行为、科研失范行为、学术不端行为等术语指称的行为本身并无本质区别，大体上可以在相同意义上使用。考虑到2006年科技部《国家科技计划实施中科研不端行为的处理办法（试行）》和2007年中科院《关于加强科研行为规范建设的意见》都使用了科研不端行为这个术语，为保证科研活动中使用术语的规范性和广泛性，既然并无本质区别，本书统一使用科研不端行为指称各种各样的在科研过程中发生的剽窃、僭誉等违背学术道德的行为；科研不端不包括科研经费的犯罪行为。因而，本书所研究的科研经费领域的违法犯罪问题是指各种针对科研经费进行的、可能构成刑法中的相应犯罪的行为。

第五节　科研经费领域违法犯罪现象的客观评价

近些年来，针对科研经费领域的违法犯罪现象的新闻频频见诸

---

① 西安交通大学明确认定李某某存在严重学术不端行为，决定取消其教授职务，并解除其教师聘用合同。

② 黄琪：《“危险”的科研经费》，http：//www.instrument.com.cn/news/20130923/109864.shtml，2016年12月18日访问。

报端："科研经费，研究的竟是吃喝拉撒"、"科研经费沦为唐僧肉"、"科研经费隐藏众多潜规则"，仅从标题就可以看出这些媒体对科研经费领域违法犯罪现象的否定性评价。一时间，似乎科研经费全部都被贪污、挪用，科研人员成为贪污、挪用科研经费的硕鼠，应该人人喊打。

针对上述指责，科研人员通常辩解道：加班利用业余时间做科研，经常加班到晚上 12 点，却没有任何报酬；昂贵的人力资本无从补偿；科研人员普遍收入太低；科研经费报销比登天还难；等等。然而，这些辩解完全"不对症"，有些自说自话，甚至有些不打自招的意味：人家说你贪污、挪用科研经费，你却说收入太低、干活太累、报销太难等。明白人一眼就看得出来，这些辩解不是贪污、挪用科研经费的合适理由。

如何评价我国科研经费领域违法犯罪现象，并为后文采用适合科研领域的刑事政策提供参考，有必要对我国科研经费领域违法犯罪现象进行客观的整体评价。所谓整体评价，就是科研经费被套取挪用的现象到底有多严重，套取挪用的主体是否主要是科研人员，等等。对此，有必要先梳理以下两种对立的观点：

一、公共媒体的主流观点

随着学术界被曝存在着一些比较严重的违规使用科研经费的现象，公共媒体几乎一片喊杀声。

就这些报道标题来看，就非常有代表性，本书仅挑选出 10 个标题供参考：(1) 刘武俊："桃色新闻"曝科研经费监管之失（载《法制日报》2011 年 7 月 16 日第 7 版）。(2) 王多："学术原罪"是块遮羞布（载《解放日报》2014 年 2 月 13 日第 11 版）。(3) 赵锋："以项目养项目"成了腐败新温床（载《新华每日电讯》2008 年 1 月 14 日第 1 版）。(4) 邓海建：半数科研经费跑在了路上（载《洛阳晚报》2013 年 4 月 1 日）。(5) 王娅妮、王海鹰：多少科研经费掉进项目"黑洞"（载《中国改革报》2006 年 4 月 27 日第 1 版）。

(6) 练洪洋：国家科研经费黑洞该堵堵了（载《第一财经日报》2006年4月14日A2版)。(7) 刘洪波：科研腐败每年毁掉两个三峡工程（凤凰财知道2015年4月7日报道)。(8) 姜刚、李放：科研经费如何变成教授的“零花钱”（载《新华每日电讯》2014年6月24日第4版)。(9) 李丽芳：如何避免科研经费被“硕鼠”瓜分(载《新华每日电讯》2013年4月1日第3版)。(10) 肖思思、毛一竹：细水长流的供养式贿赂（载《新华每日电讯》2014年5月29日第1版)。

总结这些媒体报道的标题及其内容，可以得出以下几点结论性意见：其一，我国科研经费投入巨大，但大部分都被日常开销、请客吃饭、买房买车等浪费掉了。其二，有相当一部分项目负责人通过各种手段，如开具虚假发票、虚列开支、虚构合作项目等形式套取挪用科研经费。其三，现实生活中部分科研人员因此而被判刑，进而佐证了科研经费违法犯罪现象之严重。其四，我国科研经费管理松懈，应该加强管理，如加强公务卡管理，加强教育等。[①] 上述

---

① 例如，刘武俊在《“桃色新闻”曝科研经费监管之失》(载《法制日报》2011年7月16日第7版）中这样描述：这真是一桩“桃色新闻”引发的科研经费问题。“近年来，在科教兴国的背景下，国家逐年加大了对科研的经费投入。然而，庞大的科研经费往往并没有转化成真正的生产力，一个几百万的科研项目最后只换来一两篇垃圾论文的情况并非偶发。科研经费甚至成了部分专家教授的私有福利。科研经费监管不力、使用不透明、缺乏审计等问题相当突出。”吴之如在《9.4亿科研经费花哪说不清》（载《财政监督》2013年第24期）一文中指出，“科研经费无论多少，都是人民的血汗，任何人没有不加珍惜而随意糟蹋的权利。让每一笔经费都在科研工作中发挥其应有的效用，而不致被侵占、浪费和挥霍，应当是所有科研人员的必尽职责。而且，也只有这么做了，才能确保领导公仆们‘拒腐蚀，永不沾’，立于科研工作的不败之地，推进科学进步，不断地为国家为民族为人民立新功劳”。这类泛泛而谈的批评声音几乎占据我国媒体的主流。

报道分别来源于《法制日报》[①]、《解放日报》、《新华每日电讯》等著名媒体，可以认为代表了公共媒体中的主流观点。

二、科研人员的不同意见

针对公共媒体普遍性的指责声音，科研人员却普遍不予认同。相反，科研人员通常认为：其一，目前科研经费的管理和报销制度很不合理，使每个科研人员必须花费大量的时间和精力在报销上。即使这样，依然无法正常使用和报销其项目中的大部分科研经费，因此通过开具虚假发票等方法套取科研经费属于“迫不得已”。其二，现行经费不能支付科研人员的合理报酬，劳务费设置也不合理。因此，解决科研经费领域的违法犯罪问题，只能从完善科研经费的管理体制入手，等等。

三、科研经费领域违法犯罪现象评价的不同视角

科研经费领域违法犯罪现象的严重程度是不容置疑的，但问题是否如公共媒体报道的罪魁祸首就是科研人员，甚或进一步将其缩小至大学教授，恐怕就值得怀疑。要想对科研经费领域违法犯罪问题作出公允的评价，需要考虑多个参考指标。由于现在并没有完整的数据系统来做对比，本书只对流行甚广的描述科研经费违法犯罪现象的一些说法加以剖析。

---

① “于相关的监管部门而言，既然媒体都已经曝光了那么多的染指科研经费之‘歪招’，为何从源头上的预防措施依旧那么无力而空洞？科研专项经费都是纳税人的辛苦钱，作为监管者，该如何切实有效地负起监督之责，恐怕不是缺乏办法，而是缺少决心而已。如此‘暧昧’的监管之道，恐怕会姑息出更加令人震惊的染指科研经费的猖狂升级版。”这类具有特色的行文风格出现在《法制日报》上，可见媒体对科研经费违法犯罪行为之愤怒！参见吴杭民：《暧昧监管令染指科研经费升级》，载《法制日报》2013年7月30日第7版。

(一)“60%的科研经费均被贪污或者挪作他用”可信吗

从上述公共媒体报道的标题就可以看出，媒体报道为追求新闻效应，标题普遍标新立异，似乎当前科研经费领域违法犯罪普遍存在，而罪魁祸首就是大学教授。但是，这种用个案中的特殊情节(如养“小三”而贪污科研经费、院士贪污科研经费等）来描述科研经费领域中的违法犯罪问题显然是只见树木，不见森林，不可能做到客观公正地看待科研经费领域的违法犯罪问题。

以一个被公共媒体普遍引用的数据为例。近些年来，公共媒体普遍引用以下数据，用以说明中国科研经费领域违法犯罪问题之严重：中国科协曾有研究指出，国内每年科研经费支出多达上万亿，其中60%的经费均被贪污或者挪作他用，只有40%真正用到了科研项目上，以致科技部部长万钢对此公开表示“愤怒、痛心、错愕”（参见新华报业网2011年11月5日的报道《中国科协调查显示，国内科研经费仅40%用于项目》）。

然而，事实真相到底如何呢？首先，中国科协并没有作出这个调查，何谓“60%的科研经费均被贪污或者挪作他用”？这个消息本身就是个假消息！其次，从消息来源上说，上述消息极不准确，但却被一再以讹传讹，这本身就是媒体报道缺乏客观性的表现，造成了舆论对科研人员的极大误解。例如，有文章这样说：“前段时间国家科技部的一位领导痛斥大学科研经费的腐败，称我国大学科研经费只有六成用于科研，其余的不知所踪。令人感到悲哀的是，今天很多的学界中人对此似乎并不以为然。”① 看来要么是有关领导被这个虚假数据所误导，要么还是以讹传讹，有关领导就没有说

① 王多：《“学术原罪”是块遮羞布》，载《解放日报》2014年2月13日第11版。

过这样的话。由于该文没有注明出处，导致无法核实。①

综上，媒体为了渲染科研经费领域违法犯罪现象，编造出了《60%的科研经费均被贪污或者挪作他用》的虚假新闻。因此，用"60%的科研经费均被贪污或者挪作他用"来证明科研经费领域违法犯罪程度之严重，本身并不可信。至少，科研经费领域的腐败，较之职务犯罪领域、工程承包领域，乃至医疗卫生领域等的腐败现象还是较为少见的，腐败程度也是较为轻缓的。

（二）"高校是腐败重灾区"？高校腐败与科研经费领域违法犯罪问题是不是一回事

近年来高校被曝光、查处的腐败案件很多，让人觉得教育领域的腐败在加重。在反腐败形势严峻的当下，甚至给人以"高校也是腐败重灾区"的感觉。

本书认为，近些年来一些大学负责人频频落马，并不等于高校的腐败情况在加重。从新闻报道的落马的大学负责人的数量来推断腐败的严重程度是不严谨、不科学的。正如葛剑雄教授在接受《澎湃新闻》采访时所说，不能用"高校是腐败重灾区"的说法给高校"抹黑"。"有腐败就是重灾区吗？这个要拿出数量根据。比较起来高校还是比较清廉的。不能因为出了一个院士（就这么

---

① 《全国万亿科研经费60%用于开会出差？官方辟谣：会议差旅费仅占10%》，http://www.guancha.cn/Education/2016_01_07_347226.shtml，2018年6月1日访问。记者从科技部科技经费监管服务中心提供的近三年来科技部支出的主要科技计划支出结构表格中看到，支出最大的是材料费，占比接近总支出的30%。而会议费和差旅费两项的总和一般不超过总支出的10%。"根据我们的统计，2012—2014年度在原'863'、'973'、'科技支撑计划'三大国家科技计划在研项目支出情况中，名列前三位的分别是材料费、设备费和测试化验加工费。"科技部科技经费监管服务中心李宝智处长表示，以科技支撑计划为例，在预算科目中材料费居首位，占总支出的28.10%；紧随其后的是设备费支出，占比为15.31%；测试化验加工费排名第三，占比为13.07%。而备受社会关注的会议费占比仅为2.82%；差旅费占比为8.53%。

说)，那出了中央委员怎么办?”南开大学校长龚克教授也向《澎湃新闻》表示，是不是重灾区，需要与其他方面的反腐对比来讲。“很多校长接受处理，这本身并不反映高校的问题，如果不处理他们呢?是不是高校的腐败问题就不存在了?这只能说明我们加大了高校反腐的力度。”龚克认为，腐败大部分出现在基建上。高校基建腐败的行为主体多为学校分管领导、基建部门领导或直接经手人员。涉案人员通常多次、连续作案。高校的基建腐败问题多与新建校区有关，这与政府官员腐败问题多涉及新建城市项目有共通之处。“所以最本质的问题，是这个行业的监管问题，谁碰这个行业谁栽。”

腐败本质上是一种利用公共权力谋取私利的行为，高校也遵循同样的规律，高校乃至整个教育领域的腐败并没有什么特殊的地方。既然如此，说“高校是腐败重灾区”并没有数据支持。

那么，既然说“高校是腐败重灾区”并没有数据支持，又该如何看待新闻媒体与社会公众对科研经费领域腐败问题的高度关注与负面评价?对此，实际涉及民意的理性问题以及新闻媒体报道是否客观的问题。在此，笔者想起当年安乐死问题合法化中的民意问题。在我国安乐死问题曾引起民众关注，并有代表提出合法化的提案，令人困惑的是，接二连三的提案没有一件得到积极响应。对此有学者分析说，支持安乐死的所谓的高民意是一个隐藏的认识误区，该误区是由信息误读、盲目同情和缺乏可适用性的理性经济学共同导致的。民众根本没有充分了解安乐死的各方面情况，仅仅根据记者明显带有主观倾向报道出来的一些案例而作出判断，属于盲目同情那些身患绝症又忍受剧烈痛苦的人，以这样的民意为支撑的相关立法不能被通过是理所当然的。①

笔者赞同这种分析。民意和专业人士的分析不同，其本身就不

---

① 转引自梁根林:《刑事政策视野中的安乐死出罪机制》，载《政法论坛》(《中国政法大学学报》) 2003 年第 4 期。

一定是理性的声音，尤其容易受到新闻媒体的误导。如果新闻媒体换一个角度，多报道一些科研人员过劳死，每天加班到夜里 12 点，类似陈景润那样呕心沥血的学者，多报道一些科研人员虽然贵为大学教授，但至今仍住在筒子楼，出入骑自行车等生活困境，民意也许会立刻有所转变。如果新闻媒体多盯着一些学术大腕，每天在电视媒体上高谈阔论，出入香车豪宅，再加上美女陪伴，套取挪用科研经费问题自然难以获得民意的支持。但事实上，我国现有科研人员数万人，大多数收入一般，尤其是年轻的科研人员，面临着职称、住房的压力，收入微薄，生活艰难，如果媒体多报道一下这些问题，相应的民意就会大幅改观。

（三）在承担科研任务的行业中，是否高校和科研院所最为腐败

如前所述，当前承担科研任务的行业既有高校、科研院所，也有大量的企业。

根据国家统计局、科技部、财政部公布的《2014 年全国科技经费投入统计公报》显示，2014 年，全国共投入研究与试验发展经费 13015.6 亿元，比上年增加 1169.0 亿元，增长 9.9%。其中，国家财政科学技术支出为 6454.5 亿元，比上年增加 269.6 亿元，增长 4.4%；按研究与试验发展人员（全时工作量）计算的人均经费支出为 35.1 万元，比上年增加 1.6 万元。从研究活动主体看，各类企业经费支出为 10060.6 亿元，比上年增长 10.9%，占总支出的比重为 77.3%；政府所辖研究机构经费支出 1926.2 亿元，比上年增长 8.1%，占总支出的比重为 14.8%；高等学校经费支出 898.1 亿元，比上年增长 4.8%，占总支出的比重为 6.9%。

有研究者据此推断，全年研发经费投入总量为 13015.6 亿元，其中财政性科技经费投入 6454.5 亿元，其余的 6561.1 亿元来自社会其他机构和企业的研发经费投入。但 2014 年各类企业支出研发经费 10060.6 亿元，就算上述的 6561.1 亿元投入全部来自企业，那么企业实际上是从财政性科技经费中拿到 3499.5 亿元用于企业

自身的技术研发投入。[1] 也就是说，在财政科研经费中，各类企业实际上拿去了最大的份额。

可是，根据中纪委、监察部的通报，涉案的科研人员均来自高校和科研院所，并没有来自企业的科研人员涉案，似乎企业很干净。但是，从理论上分析，真正可能出问题的、能出大问题的就是企业，这是因为企业的科研经费是天文数字，几乎是高校和科研院所的6倍；管理手段更加行政化，缺乏国家社科基金、自然科学基金等严格的评审机制，更容易成为重灾区。

笔者的看法并非空穴来风。从广东省科技厅腐败窝案一则案例可以看出，企业才是科研腐败领域的重灾区。据《第一财经日报》记者不完全统计，广东科技行政系统腐败涉案人数已逾50人，其中包括广东省科技厅原“一把手”李某某和广州市科信局原局长谢某某。涉案人员上至“一把手”，下至基层官员，涉案企业既有知名高科技企业和上市公司，也不乏新生小公司，涉及项目扶持资金动辄数十万元、上千万元，且多为广东省内配套扶持项目。

总之，高校与科研院所科研经费数额少、浪费小，即使存在腐败现象，相对于企业来说，腐败程度较为轻微。国家在科研经费领域的反腐败工作重点应该放在企业申请、研究科研项目的过程中，而不应该光盯住高校和科研院所不放。

（四）到底是谁在腐败？是科研人员还是管理人员？是主持人还是参与人

从理论上分析，无论是科研人员还是科研管理人员，无论是课题组主持人还是参与人，都有可能从事科研经费的腐败行为。虽然涉及罪名存在不同，但大体上都可能构成犯罪。问题是，谁最容易腐败？

就科研人员与科研管理人员来说，这个很难界定。科研人员涉

---

① 李志民：《教育部科技发展中心：到底谁在浪费科研经费》，载《社科学术圈》2016年1月31日。

及的犯罪主要是在申请环节的诈骗犯罪、行贿犯罪以及在研期间的贪污罪、挪用公款罪（挪用资金罪）、个别情况下的受贿罪（非国家工作人员受贿罪）；科研管理人员涉及的犯罪主要是各个阶段都可能存在的受贿罪（非国家工作人员受贿罪）、滥用职权罪和玩忽职守罪。哪个最为严重目前尚无数据支持，但应该各有千秋。从目前媒体披露的情况来看，似乎科研人员违法犯罪的情形更多一些，但从理论上说，考虑到企业科研经费领域行政化色彩过重，而企业科研经费总数额遥遥领先于高校和科研院所的现实，各级科研管理人员实施针对科研经费的违法犯罪比例至少不会低于科研人员针对科研经费实施的违法犯罪行为。

就课题组负责人与课题组成员来说，理论上均可能涉及犯罪。但是在申请阶段，课题组负责人更容易实施犯罪，一般的课题组成员构成犯罪的可能性较小。但是，如果课题组成员参与造假行为（如明知数据虚假而使用），也可能构成诈骗犯罪。在研阶段，对于课题组经费较少、人员较少，缺乏管理层级的情况，普通的课题组成员构成犯罪的可能性很小，原因是缺乏职务之便以及自主运用经费的权力。但是，如果课题组成员较多，或者经费巨额，管理层级复杂，这里面就存在课题组内部的管理人员问题。例如，子课题组负责人，其与课题组负责人一样，可以构成几乎所有的针对科研经费的违法犯罪。

第二章 套取挪用科研经费行为定性中的疑难问题

在科研经费领域的违法犯罪活动中，尤以科研人员使用与课题研究无关的票据或者虚假的票据（假发票）报销科研经费、编造劳务人员名单冒领劳务费、将科研经费以各种名义转给自己能够控制的单位或者关系人使用等行为（以下统称“套取挪用科研经费行为”）最为常见，法律适用争议也最大。当前，司法机关对于一些涉案金额巨大、影响恶劣的科研人员以贪污罪或挪用公款罪追究了刑事责任。然而，科研人员是否具有贪污罪的主体身份、利用了何种职务上的便利以及划拨给课题依托单位后的科研经费是否还属于公共财产等贪污罪、挪用公款罪认定中的疑难问题，刑事判决书或者未予深入分析或者根本未予涉及，理论界存在重大争议，值得深入研究。

第一节 套取挪用科研经费案件的刑事责任追究概述

一、套取挪用科研经费案件的刑事责任追究过程

从理论上说，套取挪用科研经费案件应早已有之。但是，套取挪用科研经费案件真正进入公众视野，则是最近十来年的事情。根据笔者查询到的资料，江苏省农科院杜某贪污案应是被媒体公开报

道的第一例贪污科研经费案件。[①] 但该案涉案金额不大，当时科研领域相对封闭、网络传播不够发达，案发后并没有引起广泛关注。

2010 年前后，随着网络传播的发达、审计力度的加大，套取挪用科研经费案件开始逐渐浮出水面并引发社会广泛、持续的关注。其中比较典型的案件就是 2014 年 10 月 10 日中央纪委网站公布的中国工程院院士李某等七名教授弄虚作假套取国家科技重大专项资金 2500 多万元的案件（以下简称“七教授案”）。[②] 这些案件之所以引起轰动，在笔者看来，有以下几个原因：其一，涉案金额巨大，有的高达千万元。其二，涉案人员均是知名教授，有的还是院士或者候选院士。其三，部分案件具有网络炒作价值，如“候选院士包养情妇案”、“报销单程火车票 1500 张案”等。经过媒体的渲染，学术界套取科研经费的“那些事”（套取手段、金额、用途等）被彻底扒出来，科研经费管理体制开始饱受质疑和压力，科研人员也迅速被污名化。针对审计出来的问题，司法机关迅速跟进，一批科研人员被以贪污罪定罪处罚。[③]

“七教授案”以后，套取挪用科研经费案件刑事责任追究进入相对的沉寂期，仅有个别科研人员因套取科研经费而被查处。形成

---

① 杜某 2001 年向科技部申请到“农业科技成果转化资金”50 万元，伙同妻子套取了 13 万元用于个人消费。参见殷文静等：《课题费怎么成了“私房钱”?》，载《江南时报》2005 年 2 月 2 日。

② 其中涉及中国农业大学教授李某等人承担的农业部课题，浙江大学教授陈某某承担的环境保护部课题，北京中医药大学教授李某某、王某某承担的原卫生部课题，北京邮电大学教授宋某某、邹某等人承担的工业和信息化部课题，中国人民大学教授潘某某承担的原卫生部课题。上述课题均为重大专项课题或者子课题。

③ 在“七教授”案件中，除了潘某某被行政处分外，陈某某、宋某某、李某某、王某某均已被判刑，李某案尚在刑事诉讼中，邹某被不起诉。此外，还有其他一些知名学者被判刑，如北京师范大学教授张某某、中科院候选院士段某某、山东大学教授刘某某等。

这种状况的原因可能是：其一，2014 年以后，有关单位加强了经费管理，科研人员不敢“顶风作案”，明显的、大规模的套取挪用行为得到有效遏制。其二，科研经费管理体制存在重大弊端，追究情节一般的套取挪用科研经费案件的刑事责任不符合宽严相济的刑事政策，缺乏合理性，[①] 也难以获得社会公众的广泛认同。其三，即使有关机关认为应当追究刑事责任，但案件定性存在重大争议，影响了司法机关的追责进程。其四，有关机关开始反思追究套取挪用科研经费案件刑事责任的负面影响。[②] 其五，部分引人关注的大案要案，如中科院院士李某套取科研经费案件刑事处理的停滞，迫使司法机关放慢了追责步伐。

然而，相对的沉寂既可能是前一轮追责风暴的终结，也可能是新一轮追责风暴的前奏。因而，暂时的沉寂并不意味着刑事责任追究过程的结束，涉案科研人员是否继续被刑事追责仍悬而未决，刑事追责中的疑难问题仍需要深入研究。

二、刑事责任追究中的疑难问题

当前，从收集到的判例来看，我国对套取科研经费案件都以贪污罪定罪处罚。由于刑事判决书疏于说理的传统，套取科研经费案件何以构成贪污罪，尚没有见到详细的论证。因此，本书只能从刑事判决书罗列的证据材料中推测其认定构成贪污罪的内在逻辑：(1) 涉案科研人员均为国有事业单位的工作人员并担任一定的行

---

① 参见刘科：《套取国家财政拨款科研经费行为定罪中的疑难问题》，载《法学杂志》2015 年第 7 期。

② 最高人民检察院 2016 年发布的《关于充分发挥检察职能依法保障和促进科技创新的意见》规定，对于关键岗位的涉案科研人员，尽量不使用拘留、逮捕等强制措施。该意见虽然仅要求“尽量不使用强制措施”，但其对套取科研经费案件刑事追责的导向作用是很明显的，事实上起到了缓和追责的作用。

政职务，属于国家工作人员。（2）用虚假发票冲账等手段将科研经费套取。涉案科研人员均为课题组负责人，存在可利用的“职务上的便利”，因而符合贪污罪的客观要件。（3）套取科研经费的目的是非法占为己有。（4）财政科研经费来自财政资金，套取科研经费行为使国有财产遭受重大损失，侵犯了国有财产所有权。

然而，除了套取科研经费的行为方式、犯罪目的与贪污罪的客观行为方式、犯罪目的较为一致以外，认定该行为构成贪污罪的其他理由都存在疑问。

（一）贪污罪主体之疑问

涉案科研人员均属于“双肩挑”人员，除了承担科研任务外，在单位还担任管理职务，行使一定的管理职权（如陈某某是浙江大学水环境研究院院长、张某某是国家重点实验室副主任等）。这些人员在行使行政管理职权时属于国家工作人员，其利用行政职权侵吞公共财物的，无疑成立贪污罪。但是，其在担任课题组负责人，组织课题组从事科研活动时，是否还属于国家工作人员？属于哪一类国家工作人员？是否还存在贪污罪的职务便利？如果“双肩挑”人员由于担任行政职务而被认定为国家工作人员（进而可以构成贪污罪），是否意味着未担任行政职务的科研人员不属于国家工作人员？如何理解课题组负责人的科研管理活动与“从事公务”的关系？刑事判决书只是笼统地以课题组负责人所在单位为国有事业单位以及课题组负责人的任职文件①为依据，将其认定为国家工作人员，显然难以回答上述疑问。

---

① 判决书中通常列举了国有事业单位的组织代码证以及科研人员的任职文件，以证实国家工作人员身份。例如，北京市海淀区人民法院刑事判决书（2013）海刑初字第 2271 号“北京师范大学系国有事业单位法人；张某某系北京师范大学教授，并被中国科学院遥感应用研究所、北京师范大学共同任命为遥感科学国家重点实验室副主任，属于国家工作人员”。

（二）科研经费性质之疑问

财政拨款的科研经费确实来自中央或地方财政资金。但问题是根据课题制的运行机制，在课题发布单位确定立项课题（即确定课题组负责人、责任单位以及立项题目）后，课题发布单位就会将科研经费拨付至课题组负责人所在的科研机构或者高校（课题责任单位、课题依托单位）。课题组负责人组织开展课题研究，并将有关费用在课题责任单位予以报销。由此产生以下疑问：其一，科研经费的所有权是仍由课题发布单位享有，还是由课题责任单位享有，抑或是由课题组享有？其二，科研经费的管理权（使用权）是由课题责任单位享有还是课题组享有？抑或是两者共同享有？其三，在所有权与使用权存在分离的情况下，如何认定科研经费的性质？拨付给课题责任单位后的科研经费是否还能视为国有财产？对此判决书未予解释，有学者则提出质疑。①

（三）违法性认识的可能性之疑问

通说认为，缺乏违法性认识的可能性是一种责任阻却事由。根据限制责任说的观点，违法性认识的可能性不是故意的要素，而是责任的要素；实施了违法构成要件的行为人不具有违法性认识的可能性时，不能对其进行法的非难。② 如果认定科研经费所有权仍属于课题发布单位或者责任单位，那么部分科研人员对科研经费所有权归属的认识错误以及套取科研经费行为性质的认识错误如何影响

---

① 参见肖中华：《科研人员不当套取国家科研经费不应认定为贪污罪》，载《法治研究》2014 年第 9 期。

② 参见张明楷：《刑法学》，法律出版社 2016 年版，第 322 页。

其刑事责任的承担①？判决书均未涉及该问题，但在理论上值得探讨。②

本章将依次对上述疑难问题展开研讨。

第二节　科研人员的主体身份研究

如第一章所述，针对科研经费的违法犯罪既包括科研人员实施的违法犯罪，又包括非科研人员实施的违法犯罪。非科研人员实施的针对科研经费的违法犯罪，非科研人员的主体身份较为容易认定。例如，财政部、科技部、教育部等行政机关负责科研管理（包括经费管理）的人员属于国家机关工作人员，依法可以构成受贿罪、滥用职权罪、玩忽职守罪等罪的主体；国家社科基金委员会、国家自然科学基金委员会中负责课题管理的工作人员属于国有事业单位中从事公务的人员，依法可以构成受贿罪、贪污罪、挪用公款罪等罪的主体；项目依托单位如果为国有单位，其科研管理人员（社科处、科技处工作人员）也属于国家工作人员，依法也可以构成贪污罪、受贿罪、挪用公款罪等罪的主体。存在争议的主要是科研人员自身实施套取挪用科研经费的行为，能否成为贪污罪、挪用公款罪的主体。因此，本书将研究重点放在科研人员实施的套取挪用科研经费的行为上，主要研究科研人员能否成为贪污罪、挪

① 从实践来看，很多科研人员认为课题一旦申请成功，研究经费就归自己所有，想怎么用就怎么用；也有不少科研人员认为科研经费虽不归自己所有，但可以视为研究成果的“对价”，套取科研经费行为最多是违反财经纪律的行为，并不认为是犯罪行为。例如，杜某涉嫌贪污科研经费案中，杜某认为自己申请到科技部的项目并担任课题组组长，有权力支配该课题范围内的经费，只要能按期完成科研任务就行了。参见殷文静等：《课题费怎么成了“私房钱”？》，载《江南时报》2005 年 2 月 2 日。

② 参见刘科：《套取国家财政拨款科研经费行为定罪中的疑难问题》，载《法学杂志》2015 年第 7 期。

用公款罪的主体问题。

一、司法实践中科研人员主体身份的认定及其疑问

（一）已进入刑事程序的科研人员主体身份的司法认定

1. 段某某贪污案①

起诉书认定，2002年至2011年7月，段某某担任中科院地质与地球物理研究所研究员、计算地球化学及其应用学科组组长，负责科研项目的立项申请、项目执行直至结题验收全过程。而他的秘书车某某为学科组提供辅助性工作。二人于2002年至2011年7月以报销科研经费为由，使用虚假的票据报销差旅费等共计124万余元，段某某非法占有上述款项后给车某某少量好处费；2011年5月，段某某与他人签订虚假的网站开发合同，使用虚假的票据报销网站开发费，骗取科研经费5.85万元；车某某于2003年至2010年用假票据报销17.85万元。根据检方掌握的证据，段、车二人的作案手法主要是找虚假票据以各种名义从科研经费中报销，报销名目包括差旅费、复印装订费、劳务费、租车费以及网站开发费等。为他们提供票据的人包括段某某的亲友、学生、熟人、同事等。二人假借课题组成员的名义将票据从财务处报销，而课题组成员崔某等证实，这些研究内容基本上都是在实验室完成的，崔某本人根本没有因科研出过差。每次报销拿到钱后，段某某都会给车某某几百元钱的好处费，还给学生发过劳务费，将部分现金放在办公室备用，其余款项都存在了银行账户，后将账户中的钱款转存到妻子名下。

经审理，人民法院认定二人共同贪污124万元，段某某单独贪污5.85万元，车某某单独贪污17.85万元。不过，鉴于段某某能

---

① 本案刑事判决书一直没有公布，有关案件事实的叙述来源于新闻报道。

够退缴全部赃款，依法可予以从轻处罚，车某某在共同犯罪中起次要和辅助作用，属于从犯，并能退缴部分赃款，依法可予以从轻处罚，最后以贪污罪分别判处二人有期徒刑 13 年、10 年。

2. 陈某某贪污案

人民法院认定，2008 年 8 月至 2011 年 12 月，被告人陈某某作为浙江大学环境与资源学院常务副院长、浙江大学水环境研究院院长，在申报与中标国家科技重大专项课题过程中，利用本人担任建议课题技术责任人、课题总负责人并负责课题申报、预决算编制、课题技术支持单位确定以及合同任务书的签订，对中央财政投入的专项科研经费的总体把握、分配管理、拨付的职务便利，将陈某某个人控制的公司列为课题外协单位，支付外协款项 1000 余万元，后授意他人陆续以开具虚假发票、编制虚假合同、编制虚假账目、错误列支等手段，将上述科研经费中的 945 万余元冲账套取。

人民法院认为，被告人陈某某身为国有事业单位中从事公务的人员，利用国家重大科技专项总负责人的职务便利，采用编制虚假预算、虚假发票冲账等手段，将国家财政拨款的科研经费 900 余万元冲账套取，为己所控，构成贪污罪。[①]

3. 宋某某贪污案

人民法院认定，被告人宋某某自 2010 年 7 月 15 日起担任北京邮电大学软件学院执行院长。2010 年 9 月至 2011 年 6 月，被告人宋某某在担任北京邮电大学某子课题组负责人期间，利用审批和分配科研资金的职务便利，伙同他人，以虚列劳务人员名单的方式，将国家科技重大专项中央财政资金 68 万余元据为己有，并以签订虚假劳务合同的方式应对财务审计。

人民法院认为，宋某某身为国家工作人员，利用职务上的便

① 浙江省杭州市中级人民法院刑事判决书（2013）浙杭刑初字第 36 号。

利，骗取公共财物人民币 68 万元，构成贪污罪。[①]

4. 张某某贪污案

一审法院认定，2011 年 3 月，张某某作为北京师范大学地理学与遥感科学学院教授，兼遥感科学国家重点实验室副主任，利用负责无人飞艇遥感平台项目的职务便利，在向某航空科技公司订购无人飞艇航空遥感平台时，与某航空科技公司负责人串通，采用虚增合同价款，待货款到账后再由某航空科技公司部分返还提现的方式，从中国科学院遥感研究所骗取科研专项经费人民币 45 万元。后张某某使用部分赃款购买越野车 1 辆，并给付与其一同参与该项目的某校地理学与遥感学院副教授刘某人民币 8 万元。另外，张某某还分 17 次共骗走劳务费 25.5 万元。

一审法院认为，张某某身为国有事业单位中从事公务的人员，利用负责科研项目，支配、使用科研经费的职务便利，采用虚列支出、虚增合同价款等方式骗取国家下拨的科研经费共计人民币 70.5 万元，其行为已构成贪污罪，一审判处其有期徒刑 11 年。

张某某不服判决提出上诉。张某某认为，一审判决中认定的 25.5 万元临时工劳务费已实际发放。此外，涉案的越野车也是为工作需要而购买，购买后也实际用于实验项目，其没有非法占有的故意。

二审法院认为，现有证据证明张某某曾找学生代临时工签名，并据此报销。此外，张某某自始至终未将其使用科研经费购买车辆的情况向实验室或学校汇报，亦未按规定将车辆列入相关固定资产账，还将车辆登记在其个人名下。这些均足以证明张某某主观上具有非法占有的故意，客观上实施了利用职务便利骗取公款以及虚增合同价款，将科研经费据为己有的行为。因此，二审法院驳回上

① 北京市第一中级人民法院刑事判决书（2014）一中刑终字第 1160 号。

诉，维持原判。[①]

5. 刘某某贪污案

人民法院认定，山东大学所属实验动物中心原主任刘某某，于2009年3月至2012年3月，利用其职务上的便利，单独或指使他人，采取虚开发票的方式，多次套取山东大学科研经费等公款共计341.8万元，用于支付刘某某个人公司的设备款、工程款。

人民法院认为，被告人刘某某身为国有事业单位中从事公务的人员，利用职务上的便利，采取骗取的手段非法占有公共财物，其行为已构成贪污罪。鉴于刘某某亲属在案发后积极退缴赃款，涉案款物绝大部分已追回，可依法酌情从轻处罚。

人民法院以贪污罪判处其有期徒刑13年，并处没收财产30万元。[②]

6. 李某贪污案

中央纪委、监察部网站2014年10月10日公布了当年度中央首轮巡视整改情况，其中包括科技部党组关于巡视整改情况的通报全文。通报披露，承担“转基因生物新品种培育”重大专项有关课题的中国农业大学教授、中国工程院院士李某等被依法批捕。[③]

此外，经媒体曝光的北京外国语大学教授肖某贪污案与上述案件案情大同小异，司法机关最终都以贪污罪提起刑事诉讼。

（二）案例引发的科研人员主体身份上的疑问

在上述案件中，涉案科研人员大都属于“双肩挑”人员，除了承担教学科研任务外，在单位还担任行政管理职务，行使一定的

---

① 北京市第一中级人民法院刑事裁定书（2014）一中刑终字第3611号。

② 山东省高级人民法院刑事裁定书（2014）鲁刑二终字第53号。

③《7名教授套取科研资金2500万被查2人已被判刑》，载中国教育网络电视台，http://www.centv.cn/news/world/2014/10/2014-10-1292558.html，2014年10月12日访问。

管理职权（如陈某某是研究院院长，宋某某为执行院长，张某某为国家重点实验室副主任等）。这些科研人员在行使行政管理职权时属于国家工作人员，其利用行政职权侵吞公共财物的，无疑成立贪污罪。但是，其在担任课题组负责人，组织课题组从事科研活动中，是否还属于国家工作人员？属于哪一类国家工作人员？是否还存在贪污罪的职务便利？值得研究。

二、国家工作人员的基本理论

根据我国刑法，国家工作人员是构成贪污罪的身份要件，如果不具备该身份，就无法认定构成贪污罪（视情况可能构成诈骗罪、职务侵占罪等）[①]。因而，科研人员主体身份的争议问题，关键还是看其是否属于国家工作人员。而认定其是否属于国家工作人员，就要依据我国关于贪污罪的刑事立法，运用刑法学的基本理论展开分析。

（一）国家工作人员的本质特征

贪污罪是身份犯，只有国家工作人员才能构成。[②] 然而，“刑法中没有哪一个概念能比‘国家工作人员’这一概念在近年司法

---

① 刑法第382条第2款属于注意规定还是拟制规定，理论界存在争议。刑法理论通说及实务均持法律拟制说立场，即认为受委托管理、经营国有财产的人员不是国家工作人员，因而只能是贪污罪的主体，不能成为挪用公款罪、受贿罪的主体，参见王作富主编：《刑法学》，中国人民大学出版社2011年版，第504页；最高人民法院于2000年2月13日通过的《关于对受委托管理、经营国有财产人员挪用国有资金行为如何定罪问题的批复》。但也有不少学者认为其是注意规定，参见孙国祥：《贿赂犯罪的学说与案解》，法律出版社2012年版，第322页。不同观点对本书的研究没有实质影响，故本书对此不做研究，仅引用国家工作人员的见解。

② 同注①。

实践中被人为规定和改革冲击得如此复杂、如此难以把握”。[①] 本质特征是一术语区别于他术语的最根本的区别性特征，因此研究科研人员的贪污罪主体身份问题，首先需要厘清国家工作人员的本质特征。

关于国家工作人员的本质特征，理论界和实务界一直存在激烈的争论，大体来看，主要有身份论、折中论（混合论）与公务论三种观点。[②]

1. 身份论

该说认为，刑法中的国家工作人员应当具有特定的国家工作人员或以国家工作人员论的资格身份，如“国家干部”等资格身份。否则，就不属于国家工作人员。在界定国家工作人员范围时，应当以行为人是否具有上述资格身份（如干部编制和干部履历表）来确定。但是，以干部编制和干部履历表来确定国家工作人员身份既不适应实际状况，实践应用中有很大难度；又过于机械，缺乏科学性、合理性，[③] 也不符合 1997 年刑法的修法精神，基本上已被我国刑法理论与实务界所抛弃。

2. 折中论

折中论也被称为统一论、混合论。该说认为，“身份”和“公务”是难以截然分开的两个因素，是构成国家工作人员或以国家工作人员论者的两个有机组成部分。如果行为人根本不具有国家工

---

① 张军：《非公有制经济刑法规制与保护论纲》，中国人民公安大学出版社 2007 年版，第 121~122 页。

② 关于国家工作人员的认定标准，刑法学界还有针对国家机关工作人员的认定而提出的“三位一体的‘新公务论’”学说（参见贾济东：《渎职罪构成研究》，知识产权出版社 2005 年版，第 54~57 页）。该说虽然有一定的新意，但获得的支持并不多，而且是针对国家机关工作人员而提出的，因而笔者不准备在本书之中予以探讨。

③ 参见廖福田：《受贿罪纵览与探究——从理论积淀到实务前沿》，中国方正出版社 2007 年版，第 367 页。

作人员或以国家工作人员论者的“身份”，从事公务便无从说起。而“从事公务”则是国家工作人员的本质属性，如果抽去这一实质性问题，国家工作人员或以国家工作人员论者亦不复存在。可见，在国家工作人员问题上，“身份”和“公务”是相辅相成、密不可分的有机整体。[①] 这一学说在理论界有一定的支持者。[②] 该说试图吸收公务论及身份论的合理之处，而极力将两者予以综合，在承认国家工作人员具备“从事公务”这一本质属性的同时，加上了“具有国家工作人员或以国家工作人员论者的身份”这一形式特征。但在笔者看来，折中论存在循环论证的嫌疑。这是因为刑法中的国家工作人员本身就是一种特殊的身份类型，并且是判断的目标或者对象，在界定其判断标准时如果再加上“具有国家工作人员或以国家工作人员论者的身份”作为判断依据，无疑会陷入“鸡生蛋、蛋生鸡”的循环论证，只会有损于对国家工作人员“从事公务”这一本质特征的准确把握。

3. 公务论

公务论又被称为职能论。该说认为，国家工作人员的本质特征是从事公务，衡量是否为国家工作人员应当以是否从事公务作为判断的标准，无论是否具有国家干部等身份，只要其依法从事公务，就应当被视为国家工作人员。例如，有学者指出，从事公共事业的职务性是贪污罪本质与现象的统一，这种特征的目的主要是与劳务行为区分。从该观点出发就意味着只有从事公务的人才可以成为贪污罪的主体，对于国家机关、国有公司企业中的工作人员，如果其职务不具有从事公务的性质，那么就不属于贪污罪的主体范围。另外，这也意味着仅仅经手国有财产也不能成为贪污罪的主体，这种

① 参见江礼华：《论国家工作人员范围的界定》，载《中央检察官管理学院学报》1998 年第 2 期。

② 参见阮方民：《“国家工作人员”概念若干问题辨析》，载《浙江大学学报》2000 年第 2 期。

经手只有是从事公务的情况时才可以构成贪污罪的主体，如果仅因从事劳务而运输、保管国有财产则不属于贪污罪的主体范围。[①]

也有观点提出，利用职务上的便利是贪污罪主体的本质属性。[②] 此种观点的出发点是与盗窃行为或者诈骗行为相区分，是以动态的行为作为认定贪污罪主体的关键。例如，在国有公司工作的甲在下班以后又秘密返回单位盗取单位财物的行为，行为人甲并没有利用其本身职务上的便利，而仅仅是因其熟知公司的环境，并且知道如何偷盗比较方便，那么在这种情况下对甲就不能以贪污罪论处。虽然他属于国家工作人员，并且非法占有了国有财产，但是由于其不是利用职务上形成的便利条件，因此就无法认定为贪污行为，只能以盗窃罪论处。在笔者看来，该观点所称的利用职务上的便利实际上都离不开行为人行为的公务性；在职务侵占罪中也存在利用职务上的便利问题，只不过利用的是公司、企业等非国有单位的职务便利，因而只能构成职务侵占罪，而不能构成贪污罪。因此，在认定职务犯罪的公务性质时，仍有必要强调利用公务行为的职务上的便利，而不是普通的非国有公司企业的职务上的便利。离开利用国有单位职务上的便利，就难以认定国家工作人员的职务犯罪。因此，该说难以否定公务论的基本观点。

公务论得到了理论界和实务界的普遍认可。本书也持公务论，理由是：其一，符合刑事立法精神。我国刑事立法一直采用公务论的表述，无论是1979年刑法“是指一切国家机关、企事业单位和其他依照法律从事公务的人员”还是1997年刑法“本法所称国家

---

① 转引自房清侠等：《刑法理论问题专题研究》，中国人民公安大学出版社2003年版，第331页。持此观点的还有阮丹生、杨正彤等，可参见阮丹生、杨正彤等：《贪污罪主体认定中的几个疑难问题》，载《国家检察官学院学报》2000年第1期。

② 阮丹生、杨正彤等：《贪污罪主体认定中的几个疑难问题》，载《国家检察官学院学报》2000年第1期。

工作人员，是指国家机关中从事公务的人员。国有公司、企业、事业单位、人民团体中从事公务的人员和国家机关、国有公司、企业、事业单位委派到非国有公司、企业、事业单位、社会团体从事公务的人员，以及其他依照法律从事公务的人员，以国家工作人员论”，其在规定国家工作人员时，落脚点都是“从事公务”。其二，从大体上说，现有刑事司法解释及其他规范性文件已从身份论转向公务论。虽然最高人民法院曾经持身份论的观点，[①] 但是最高人民法院近年来的司法解释已逐渐从身份论转向公务论。例如，最高人民法院于2000年9月14日通过的《关于未被公安机关正式录用的人员、狱医能否构成失职致使在押人员脱逃罪主体问题的批复》就规定：“对于未被公安机关正式录用、受委托履行监管职责的人员，由于严重不负责任，致使在押人员脱逃，造成严重后果的，应当依照刑法第四百条第二款的规定定罪处罚。不负监管职责的狱医，不构成失职致使在押人员脱逃罪的主体。但是受委派承担了监管职责的狱医，由于严重不负责任，致使在押人员脱逃，造成严重后果的，应当依照刑法第四百条第二款的规定定罪处罚。”这一规定明确了未被公安机关正式录用的人员、狱医，即不具有“资格、身份”的人员，受委托履行监管职责或受委派承担了监管职责即“从事公务”的，能够构成失职致使在押人员脱逃罪的主体，即属于司法工作人员。又如，2003年11月13日最高人民法院颁布的《全国法院审理经济犯罪案件工作座谈会纪要》也持公务论的观

---

① 参见最高人民法院在1995年12月25日发布的《关于办理违反公司法受贿、侵占、挪用等刑事案件适用法律若干问题的解释》。

点。可见，尽管其中略有反复①，最高司法机关的司法解释还是认可了国家工作人员的本质特征为“从事公务”。其三，符合我国政治经济体制改革与人事制度改革的实际。随着政治经济体制改革和现代企业制度的深入发展，大量国有企业、事业单位已取消行政管理模式，正在逐步建立健全符合企业、事业单位特点的分类管理体制，这一体制的特点就是国家干部这一身份概念逐渐退出，而职责（职能、公务）概念逐渐兴起。与此相适应，公务论取代身份论也势在必行。

基于以上理由，理论界普遍认为“从事公务”是国家工作人员的本质特征。② 本书的所有论证也正奠基于此。

（二）“从事公务”的界定

既然“从事公务”是国家工作人员的本质特征，如何科学解释“从事公务”就成为准确认定国家工作人员身份的关键问题。关于“从事公务”，我国理论界有多种表述：（1）是指依法履行职责的职务行为以及其他办理国家事务的行为；（2）是指依法进行的管理国家、社会或集体事务的职能活动；（3）是指在各级机关、国有公司、企业、事业单位、人民团体等单位中履行组织、领导、监督、管理等职责；（4）认为将现行刑法中的公务活动本质特征

① 2008年11月20日，最高人民法院、最高人民检察院在《关于办理商业贿赂刑事案件适用法律若干问题的意见》中指出，依法组建的评标委员会、竞争性谈判采购中谈判小组、询价采购中询价小组中国家机关或者其他国有单位的代表有索取他人财物或者非法收受他人财物，为他人谋取利益，数额较大的，以受贿罪定罪处罚。这意味着这些委员会或者小组中的参与人员实施同样的行为将因“出身”不同而适用不同的罪名和法定刑。有学者提出“实际上是在国家工作人员认定标准上，‘身份论’大有峰回路转之势，又重新强调身份的重要性，重回了‘身份论’”（参见孙国祥：《论刑法中的国家工作人员》，载《人民检察》2013年第11期）。

② 参见高铭暄、马克昌主编：《刑法学》，北京大学出版社、高等教育出版社2011年版，第623页。

界定为管理性是正确的，但对公务活动的把握不能过于拘泥于形式。[①] 上述表述有的过于模糊，如“对公务活动的把握不能过于拘泥于形式”，以此仍难以准确认定何为“从事公务”；有的表述与现行刑事立法不符，如“依法进行的管理国家、社会或集体事务的职能活动”中把集体事务也纳入公务之中。因此，上述表述为理论界所弃用。

与理论界对于“从事公务”的表述多种多样但难以取得一致意见相比，对于“从事公务”的本质特征却取得了较为一致的见解，即“国家意志性”、“管理性”[②]。在司法实践中，2003年最高人民法院颁布的《全国法院审理经济犯罪案件工作座谈会纪要》指出：“从事公务，是指代表国家机关、国有公司、企业、事业单位、人民团体等履行组织、领导、监督、管理等职责。公务主要表现为与职权相联系的公共事务以及监督、管理国有财产的职务活动。如国家机关工作人员依法履行职责，国有公司的董事、经理、监事、会计、出纳人员等管理、监督国有财产等活动，属于从事公务。那些不具备职权内容的劳务活动、技术服务工作，如售货员、售票员等所从事的工作，一般不认为是公务。”该纪要即是对理论界关于“国家意志性”与“管理性”两个特征的展开，也得到了

---

① 参见孙国祥：《贿赂犯罪的学说与案解》，法律出版社2012年版，第278~279页。

② 公务活动应具有两个基本特征，即“代表国家意志从事活动；该活动系组织、管理、监督、协调、经营等活动”。（通常简称为国家意志性或者国家代表性、管理性）参见肖中华：《高校科研人员套取科研经费的性质认定》，载《人民检察》2016年第15期。

理论界的进一步论证与支持。①

然而，什么是“国家意志性”与“管理性”，理论界对此鲜有研究，已有论述也不够深入。本书拟做初步探讨。

1. “国家意志性”的基本含义

“国家意志性”（有的称为国家代表性）虽然通常被认为是“从事公务”的一个基本特征，但是尚未有专文论述其具体含义，学术界一般是在研究其他问题时附带提及“国家意志性”。例如，有学者提出，从事公务的“国家代表性”，即这种活动是代表国家进行的，它是一种国家管理性质的行为，而不是代表某个个人、某个集体、团体的行为。换句话说，这种活动是国家权力的一种体现。② 有学者认为，“无论是在国家机关还是在国有公司等国有单位，或者是在非国有单位，行为人都是代表国家意志从事活动”。③有的学者指出，公务是由国家机关或者其他法定的公共机构或者公共团体组织或者安排的事务，以此区别于公民自发从事的公益性活动。④ 尽管学者们的论述不多，但还是可以看出“国家意志性”的基本含义，即活动是代表国家进行的，体现了国家意志，并以此区别于仅代表个人意志或者集体意志的公民个人或者集体组织的活动。

---

① 如张明楷教授指出，公务是具有裁量性、判断性、决定性的事务，因此单纯的机械性、体力性、智力性的活动不是公务；公务是由国家机关或者其他法定的公共机构或者公共团体组织或者安排的事务，以此区别于公民自发从事的公益性活动。前段实际上说的是“管理性”特征，后段说的是“国家意志性”特征。另可以参见宋蕾、谢望原：《刑法中国家工作人员的范围辨析》，载《人民检察》2013年第17期。

② 参见宋蕾、谢望原：《刑法中国家工作人员的范围辨析》，载《人民检察》2013年第17期。

③ 参见肖中华：《高校科研人员套取科研经费的性质认定》，载《人民检察》2016年第15期。

④ 参见张明楷：《刑法学》，法律出版社2016年版，第133页。

上述观点都没有明确说明国有公司、企业、事业单位、人民团体中依法从事公务是否需要具备“国家代表性”特征，但从其上下文的表述来看，是认可上述人员从事公务具有“国家代表性”的。问题是在国家机关中“从事公务”是“代表国家进行的”，是一种“国家管理性质的行为”，因而具有“国家意志性”当无疑问，但是如何理解国有公司、企业、事业单位中“从事公务”行为的“国家意志性”就存在疑问。尤其是国有公司、企业是以营利为目的的经济实体，从事领导、管理、监督工作的人员都必须围绕企业的宗旨开展工作，代表本单位的利益，以追求企业的最大利润为其活动的目的。这种国有单位利益的代表与国家意志的代表能否一视同仁令人疑惑。

“在刑法教义学的语境中，刑法法条是解释的对象而不是价值判断的对象。”[①] 既然刑法把国有公司、企业、事业单位中依法从事公务人员以及委派人员规定为国家工作人员，而理论界又认可“从事公务”是国家工作人员的本质特征、“国家意志性”是从事公务的特征之一，那么就必须说明国有公司、企业、事业单位中的国家工作人员从事公务何以具有“国家意志性”问题。否则，“国家意志性”就难以成为“从事公务”的基本特征，探讨课题组负责人科研活动是否具有“国家意志性”也就失去了前提。

本书认为，认定国有公司、企业、事业单位中“从事公务”行为的“国家意志性”，既有理论依据，又有法律依据。

就理论依据而言，“公务”从单纯的“公共权力”向“公共权力”与“公共服务”并重的演变为之奠定了理论基础。在自由资本主义时期，政府角色相当于消极的“守夜人”，国家任务原则上只限于外交、防卫以及为维持国民生活的安全秩序所必需的最低限度的维持秩序的行政和租税、财务行政，即主要体现为“公共权

① 参见陈兴良：《刑法教义学彰显对法条的尊崇》，载《检察日报》2014年7月31日第3版。

力”的行使。[①] 然而，资本主义步入垄断阶段以后，国家开始日益广泛地干预经济和社会生活，要求自己的政府不仅要负责个人的安全和社会秩序，而且还应保障和促进个人的生存和发展，依靠整体（国家）的力量来解决交通、卫生、环境、教育和社会保障等社会问题。[②] 此时，国家任务已不再是单纯的“公共权力”的职能，同时还需要承担服务与保障功能。例如，政府实施的各种社会保障，电力、煤气、自来水、电信电话以及交通等与人们日常生活密切相关的服务，以及教育等，这些非权力行为的出现，是政府职能调整、演变的必然结果，它标志着国家任务已由“公共权力”走向了“公共服务”，[③] “公共权力”与“公共服务”并重。面对这种变迁所引发的公共职能的扩张，传统的管理方式已经无法适应，改革、增设政府管理职能已成当务之急。在这样的背景下，公务管理方式的多样化成为现代行政管理的重要特征，除传统的由行政机关直接实施公务管理外，还出现了许多新型的管理方式，诸如设立专门的公务法人进行管理；特许私人管理；设立公有商业公司、公私合营公司等私法组织进行管理等。[④] 在上述管理方式中，既有公法组织的管理活动又有私法组织的管理活动，既有公法意义上的活动方式又有私法意义上的活动方式，无论是组织形态，还是行为方式都体现出现代行政的多样化与灵活化。[⑤] 这样，在行政法学上一直

---

① 参见李昕：《现代行政主体多元化的理论分析》，载罗豪才主编：《行政法论丛》（第6卷），法律出版社2003年版。

② 参见叶必丰：《公务论研究》，载《中国行政法新理念》，中国方正出版社1997年版。

③ 参见李昕：《现代行政主体多元化的理论分析》，载罗豪才主编：《行政法论丛》（第6卷），法律出版社2003年版。

④ 参见王名扬：《法国行政法》，中国政法大学出版社1989年版，第497页。

⑤ 参见李昕：《现代行政主体多元化的理论分析》，载罗豪才主编：《行政法论丛》（第6卷），法律出版社2003年版。

占据主导地位的“公共权力论”再也不能适应社会的发展需要，相应地，包含公共服务与公共权力、体现统治与管理职能的公务论也就应运而生了，从而为国家权力的扩大提供了理论依据。因此，现代意义上的公务这一概念不再局限于国家的公权力形态，而是包括了国家（政府）在公权力之外大量实施的服务型、保障型等类型的事务形态。与此相适应，公务的范围也不仅包括立法、司法、行政执法等这些本来意义上的国家统治权力的实行行为，还包含国家为促进经济、政治、社会等各方面的目标而实施的营利、服务、保障等方面的行为。这些私经济行为、给付行为、计划行为同样是国家必须予以重视的，对国家机器的正常运转有着重要意义。作为以维护国家公务正常运行为己任的刑法中“从事公务”的规定，无疑应将这些行为纳入其中予以规制。换句话说，“公权力性”已并非刑法中公务的唯一特征，或者说“公权力性”只是公务早期的唯一特征，而现在则与“公共服务”特征并存。作为国家宏观调控工具的国有公司、企业，作为具有国家公益目的、从事教育医疗文化事业的国有事业单位，其提供的产品和服务因具有“公共服务”特征从而具有国家意志性。

就法律依据而言，认定国有公司、企业、事业单位、人民团体工作人员职务活动的“国家意志性”具有法律依据。仅就事业单位而言，《事业单位登记管理暂行条例》第 2 条第 1 款规定：“本条例所称事业单位，是指国家为了社会公益目的，由国家机关举办或者其他组织利用国有资产举办的，从事教育、科技、文化、卫生等活动的社会服务组织。”① 显然，国家举办事业单位的目的是“社会公益”，其活动范围体现在教育、科技、文化、卫生等公益活动中，而这些行业与领域本身也是国家行使社会管理职能的一部分，是国家职能的一部分，体现了国家意志。

---

① 该暂行条例于 2004 年 6 月 27 日被国务院修订，但对该条款的内容并没有予以变更。

当然，“就代表国家意志而言，该特征来源于我国刑法使用的国家工作人员的概念，似乎形式上认定国家工作人员的时候，必须具备国家意志。然而，事实上，我国由于公务员制度不健全，才使用了国家工作人员的概念。但就其实质来说，国家工作人员相当于国外的广义上的公务员概念，这从我国刑法第 93 条中多处使用‘从事公务的人员’的表述也可以看出来”①。考虑到行使公共权力与提供公共服务的单位均为国有单位，本书使用“国有单位意志性”来表述从事公务的特征也许较为妥当，即“国家机关、国有公司、企业、事业单位、人民团体”的意志。但是，考虑到已经约定俗成，本书维持对国家代表性术语的使用，只不过在具体解释的时候，注意把其国家公共权力的代表与国家公共服务的代表，或者说把国家统治职能与社会管理职能结合起来予以综合考虑。

从实践来看，国有单位工作人员的行为多种多样，既有履行本单位职责范围内事项的行为，也有不是履行本单位职责范围内事项的行为（个人行为），前者如国有公司、企业人员行使对本单位国有资产的经营管理职能而实施的行为，后者如国有公司、企业人员从事的采购私人用品的行为。如何认定国有单位中工作人员的某一项行为是否具有“国家意志性”呢？理论界尚未见到论述。笔者认为，可以参考单位犯罪中“单位意志性”的认定，即以国有单位名义实施，或者所得利益归国有单位所有并由国有单位承担责任的行为，应认定具有“国家意志代表性”。按照这种标准，可将国有单位中工作人员从事的活动分为以下几类：

其一，具有“国家代表性”的工作。即完成国有单位职责范围内的工作，如国有企业的管理人员按照岗位职责对本单位的经营活动进行管理、国有事业单位中的科研处处长对本单位科研活动的管理工作等。这些活动均以本单位（国有单位）名义进行，结果（利益）归属于本单位并由本单位承担责任，可谓具有国家代表

① 参见张明楷：《刑法学》，法律出版社 2016 年版，第 133 页。

性。同理，接受国有单位的委托或者委派，从事的工作由国有单位承担责任，以国有单位名义开展的工作，也具有国家代表性。

其二，不具有“国家代表性”的工作。公立大学教师接受私人学校的邀请进行授课、做讲座，公立医院医生接受私立医院邀请开展专家会诊，公立大学教师接受社会组织（如中国足协）邀请从事裁判工作等，由于并非履行本单位职责范围内的事务，并非以本国有单位名义进行，所得利益并非归属于本单位，也不由本单位承担责任。因此，上述活动不具有国家意志性，不属于从事公务。我国近期关于足球裁判员非国家工作人员受贿罪主体的认定就体现了该精神。2016 年中共中央办公厅、国务院办公厅《关于实行以增加知识价值为导向分配政策的若干意见》（提倡“允许科研人员和教师依法依规适度兼职兼薪”）发布以后，事业单位工作人员走出所在单位开展兼职工作势必越来越多，而这些兼职行为绝大多数都是个人行为。因此，不能以当事人隶属于某国有单位，就认为其从事的工作均体现了国有单位的意志，具有“国家代表性”。

需要注意的是，尽管所在单位可能对本单位工作人员的社会兼职活动进行一定的管理，但是所在单位对其进行的管理活动与具有所在国有单位的代表性（国家意志性）并不相同。例如，大学教师从事兼职律师活动，一般需要所在大学批准；大学教师担任中国刑法学研究会理事，需要所在大学推荐；大学教师出任国家社科基金委员会的评委，也需要所在单位填写系列表格等。这些批准、推荐、填表等一系列行为并不能作为行为人代表所在单位意志的依据。事实上，这些表格、证明、推荐等只是对其任职资格的一种考核、认可，起到一定的证明作用，一旦行为人实施了具体的兼职行为，就不再代表本单位的意志。因此，以所在单位为国有单位，进而推定其从事的任何行为都具有国家代表性显然是错误的。

作为从事公务特征之一的国有单位意志性，只是用来识别某一项事务到底是国家的事务还是个人的事务，而与事务到底如何处理无关。例如，足球裁判接受中国足协指派从事裁判活动，即可以认为代表了中国足协的意志，但这并不意味着裁判必须按照足协的要求判谁赢谁输。同理，作为国家社科基金委员会的特邀评委，显然也是代表国家社科基金委员会的意志从事活动，而不是代表原国有单位的意志从事评审活动，更不是代表个人的意志从事评审活动。

2. “管理性”问题

(1) 是否需要具备管理性要素。我国理论界通常认为，“从事公务”需要具备“管理性”特征。例如，周光权教授指出：“一种活动不具有管理性，就不是公务而是劳务。国有单位的货物押运员、仓库保管员、出纳、会计等，他们的活动就是保管货款货物，具有管理性，便属于公务……那些不具备职权内容的劳务活动、技术服务、技术保障等工作，如售货员、售票员、单位电脑员等所从事的工作，不能认为是公务。”① 阮齐林教授更为明确地指出：直接从事生产劳动或者服务性劳动的人员，如国家机关中的工勤人员、工厂的工人、商店的售货员、宾馆的服务员、部队战士、司机、收款员、售票员、购销员等，不属于从事公务的人员。② 上述观点与《全国法院审理经济犯罪案件工作座谈会纪要》的观点基本一致。少数学者对管理性提出质疑，他们参考外国刑法的规定，认为公务活动未必强调职权性或者管理性。例如，日本刑法理论与判例认为，所谓公务，泛指国家或者地方公共团体的事务（不限于权力性的事务）；即便是单纯从事机械性、体力型劳动者，如果其从事的事务属于国家或者地方公共团体的事务，仍应属于从事公务，进而属于公务员，如邮政收发员。③

---

① 参见周光权：《刑法各论》，中国人民大学出版社 2011 年版，第 408 页。

② 参见阮齐林：《刑法学》，中国政法大学出版社 2011 年版，第 683 页。

③ [日] 西田典之：《刑法各论》，日本弘文堂 2012 年版，第 420 页以下。

然而，按照否定说的观点，在国有单位打扫卫生的人员、炊事员、提供保安服务的人员，势必都将成为国家工作人员，从而导致国家工作人员范围的急剧扩张，与我国国家工作人员立法精神不相符合（我国刑法的表述是“国家机关中从事公务的人员”，而不是“国家机关中工作的人员”，含有将国家机关中工作的人员与从事公务的人员区别对待的精神，而这种区别显然就是看是否具有管理职能），与相当一部分司法解释以及其他规范性文件不相符合，也与长期以来我国大多数学者的学术见解不相符合。因此，本书维持认定从事公务需要具备管理性特征的见解。

（2）管理性的基本含义。尽管理论界对管理性是否“从事公务”的特征之一存在争议，研究较多，但对于什么是管理性的研究却很少。通常认为，“管理性是指具备组织、领导、监督、管理等职责，具体可以表现为国家机关工作人员依法履行职责，国有公司的董事、监事、经理、会计、出纳等管理、监督国有财产等活动。”这也是《全国法院审理经济犯罪案件工作座谈会纪要》的观点。其中履行组织、领导、监督职责的人员通常都担任一定的职务，主管本单位或者本部门的工作。履行负责、管理职责的人员通常就某一方面或者某一项事务行使法律赋予或者国有单位授予的职权。①

管理性的内涵极为丰富，从不同的角度可能有不同的界定：从管理的方式（内容）来看，包括组织、领导、监督、管理（狭义上的管理）等行为；从管理对象来看，包括对人、财、物的管理；从管理主体来看，涵盖了国家机关工作人员和各种国有单位中依法从事公务的人员，委托、委派的人员；从管理事务的范围来看，既包括对内部事务的管理，也包括对外部事务的管理，其作用对象既可以是内部人员，也可以是外部人员或者社会组织。

---

① 参见赵秉志主编：《新刑法教程》，中国人民大学出版社 1997 年版，第 780 页。

不同的犯罪，对构成要件要素的要求不同，因而“管理性”的体现方式也不同。例如，在贪污罪中，客观方面是利用职务之便非法占有公共财物，那么贪污罪的主体从事公务中的管理性应该与公共财产有着密切的联系。通常认为，贪污罪的主体是利用了自己职务上的主管、经手、管理公共财物的便利完成了犯罪，那么这里的“从事公务”从微观上来看就是主管、经手、管理公共财物的事务。因而在国有单位中，基于一定的身份与地位，可以对公共财产进行主管、管理或者经手的，都具有管理性。例如，出纳直接经手国有财产，总经理可以直接支配国有资产。

正是管理性特征将国有单位中的工作人员区分为不同的种类。根据刑法规定，在国有事业单位工作的人员，只有“从事公务的”，才能认定为国家工作人员。高校教师从事的教学活动本身（如教师选用何种教材，选用谁来担任课代表，何时上课、下课、考试等教学活动）并不具备从事公务意义上的管理性，但是对教学活动进行管理的活动具有公务意义上的管理性（如高校教务处对教学活动的管理工作），属于从事公务；同理，高校科研人员从事的科研活动本身并不具有从事公务意义上的管理性，但是对科研活动进行的管理（如高校社科处对科研活动的管理工作）具有公务意义上的管理性，属于从事公务。现有的司法判决普遍回避了该问题，致使理论界疑窦丛生。

三、科研人员的贪污罪主体身份辨析

如前所述，“国家意志性”与“管理性”是“从事公务”的两个基本特征。本书结合这两个特征，对科研人员的贪污罪主体身份加以研究。

（一）科研人员科研活动的“国家意志性”辨析

科研人员的科研活动是否体现了“国家意志性”？学术界对于“国家意志性”的讨论本来就少，结合科研活动来讨论“国家意志性”的更是少见。从目前收集到的资料来看，只有肖中华教授对此进行了探讨。肖中华教授提出，“科研活动本身是独立的，科研人员从事科研活动只代表自己而不代表国家意志”。[①] 本书不赞成该观点。

如前所述，从事公务中的“国家意志性”要素，其基本含义是一项活动是代表国有单位开展的，收益归国有单位所有并由国有单位承担责任，这样的活动就具有“国家意志性”要素。“国家意志性”要素与“管理性”要素在认定“从事公务活动”时是并列关系，认定某一行为是否属于“从事公务”，除了需要具备“国家意志性”要素以外，还需要具备“管理性”要素。换言之，“国家意志性”要素只是解决某一项活动的归属问题，即到底是代表国家（具体表现为各个国有单位，如国家机关、国有企业、事业单位）还是代表集体、个人而进行的。至于该活动本身是否具有“管理性”要素，这是“管理性”要素层面需要加以解决的问题。我们不能因为某一项活动不具有“管理性”，而径直否定其“国家意志性”要素。根据上述分析，国有公司、企业中的经营管理人员对国有资产的经营管理活动是代表国有单位进行的，其收益和责任均归属于所在国有单位，因而其经营管理活动具有“国家意志性”，这没有争议；同样的道理，国有事业单位中教师的授课行为、科研行为，只要是代表所在国有单位授课、从事科研活动，其责任由该国有单位承担，收益也归该国有单位所有，当然也就具有“国家意志性”要素。如果某教师受聘于私人机构，或者国有单位的教师兼职从事非本国有单位的教学活动（如教师在校外的私人机构讲学），则不再具有国有单位的代表性，其行为也不具有“国家意志性”。承认国有单位教师的授课行为、科研人员的科研活动具有“国家意志性”（国有单位意志性）要素，并不意味着认可其

---

① 参见肖中华：《高校科研人员套取科研经费的性质认定》，载《人民检察》2016 年第 15 期。

行为属于“从事公务”，因为判断是否属于“从事公务”，除了要具有“国家意志性”要素以外，还要对其是否具有“管理性”要素加以判断。

课题制是目前世界各国和地区在科研项目中普遍采用的科研组织管理模式。我国在科研活动中也广泛采用了课题制的管理方式。在课题制中，合同的一方主体是课题发布单位，出版专著、发表文章以及取得的其他科研成果，通常都要冠上课题发布单位的名号（如根据《国家社会科学院基金管理办法》的要求，完成该项目的成果，必须署上“国家社科基金的资助”字样和基金号码）。根据国务院《关于改进加强中央财政科研项目和资金管理的若干意见》的规定，“使科研项目和资金配置更加聚焦国家经济社会发展重大需求……科技对经济社会发展的支撑引领作用不断增强，为实施创新驱动发展战略提供有力保障”是改进加强中央财政科研项目和资金管理的“总体目标”。这个总体目标鲜明地体现了课题发布单位的意志。其他的各类课题也大都有类似的规定。① 综上，课题组承担科研项目，都是以课题发布单位的名义进行的（我们通常所说的“国家社科基金项目、国家自然科学基金项目”等，这些项目的名称本身就表明了科研项目的国家意志性问题，即以国家社科基金委员会或者国家自然科学基金委员会的名义进行）；科研所产生的风险及其收益也是由课题发布单位承担的。因此，在课题制中，科研活动毫无疑问地体现了课题发布单位的意志。在课题发布单位是国有单位（国家机关如科技部、教育部，国家事业单位如

① 如《国家社会科学基金管理办法》（2013 年 5 月修订）第 2 条规定：“国家社科基金用于资助哲学社会科学研究和培养哲学社会科学人才，重点支持关系经济社会发展全局的重大理论和现实问题研究，支持有利于推进哲学社会科学创新体系建设的重大基础理论问题研究，支持新兴学科、交叉学科和跨学科综合研究，支持具有重大价值的历史文化遗产抢救和整理，支持对哲学社会科学长远发展具有重要作用的基础建设等。”

国家社科基金委员会等）的情况下，其科研活动具有国家意志性（国有单位代表性）。

在具体的科研活动中，如何做试验、如何写论文确实是个人行为，由个人决定并承担责任，但不能由此否定承担国有发布单位科研项目中的科研活动体现了“国家意志性”。正如国有企业中的工作人员从事经营管理活动具有国家意志性一样，如何经营管理、与谁签订合同、销售价格如何确定、资产管理如何进行等，这是具体的个人行为，需要遵从市场经济的运行规则，但不能由此否定国有企业工作人员从事经营管理活动的“国家意志性”。因此，在探讨科研活动的国家意志性问题时，有必要把科研活动自身所具有的探索性活动（如何做试验等）与科研活动的归属问题区分开来，不能由于科研活动自身所具有的探索性而否定科研活动的归属问题（国家意志性问题）。

（二）科研人员科研活动的“管理性”辨析

科研人员的科研活动是否具有“管理性”？这是决定科研活动是否属于从事公务的另一个关键因素。对此，有肯定说与否定说两种观点。反对科研活动具有管理性的学者以肖中华教授为代表。肖中华教授认为，科研活动系技术性的劳动，不具备组织、领导、监督、协调等管理性，因而科研活动并非从事公务。科研活动内部的管理活动，如对课题组成员进行分工等，并非公务意义上的、对外事务的管理活动，而是基于科研活动内在要求的、作为科研技术性劳务的有机组成要素，因而与公务意义上的管理活动不同。① 但是，也有学者持反对意见，比较有代表性的论述有：“从经费入账、申领使用到核销有许多环节，科研人员在使用科研经费时，要进行经费的申领和核销，该申领和核销活动，是单位科研经费公款管理的一个重要环节，属于典型的经手公共财物的行为，应属于公

① 参见肖中华：《高校科研人员套取科研经费的性质认定》，载《人民检察》2016 年第 15 期。

务活动"。①"科研人员在组织、管理课题组从事科研活动时，科研经费用在何处、用多少、何时用，只要符合预算，都在科研人员的职权范围内。可以说，对经费使用、核销具有决定权力的正是科研人员，从而使得科研人员对经费的管理活动与从事公务中的管理活动具有同质性。"②

笔者认为，在该问题上，之所以出现肯定说与否定说的争议，主要在于对科研活动的理解不同。从广义上说，科研活动包括单纯的科研活动和科研管理活动，而科研管理活动既包括对课题组内其他科研人员的管理，也包括对科研经费的管理。从狭义上说，科研活动是指单纯的科研活动，不包括科研管理活动。在课题制中，课题组负责人不但要承担狭义上的科研活动，也要承担科研管理活动，而普通的课题组成员通常只承担狭义上的科研活动，不承担科研管理活动。因此，如果笼统地探讨科研活动是否具有管理性，分歧就难以避免。因此，本书在区分广义上的科研活动与狭义上的科研活动的基础上对此问题展开研究。

1. 科研人员从事单纯的科研活动（狭义上的科研活动）不具有管理性

狭义上的科研活动包括科学研究中如何做试验、如何设计问卷、如何开展调查研究、如何撰写论文等，是对事物规律的探索性活动，是典型的劳务活动，只不过是智力型的劳务活动，不具有管理属性，因而并非公务活动。在课题制中，无论是课题组负责人，还是普通的课题组成员，都要从事狭义的科研活动，这也是课题制的应有之义。不参与狭义上的科研活动的人不能成为课题组的成员。对于普通的课题组成员来说，如果仅仅从事狭义上的科研活

---

① 孙国祥：《套取并占有科研经费的刑法性质研究》，载《法学论坛》2016年第2期。

② 刘科：《套取国家财政拨款科研经费行为定罪中的疑难问题》，载《法学杂志》2015年第7期。

动，而不涉及科研管理活动，其科研活动自然不具有管理属性，不具有从事公务的性质。

2. 科研人员从事的科研管理活动具有管理性

在课题制中，课题组负责人承担的科研活动通常包括两部分：一部分是作为科研人员从事具体的科研活动，如就研究思路、研究方法、研究进度等问题进行规划、协调、监督等技术性劳动，这一部分科研活动不具有管理属性；另一部分是承担课题组成员的选任、外协单位的监督、课题经费的分配与使用等事务，这部分科研活动具有管理性。理由是：

（1）我国有关科研经费的管理规定赋予了课题组负责人监督管理科研经费的职责。财政部、全国哲学社会科学规划领导小组2016年9月7日发布的《国家社会科学基金项目资金管理办法》第5条规定："项目负责人是项目资金使用的直接责任人，对资金使用的合规性、合理性、真实性和相关性承担法律责任。"既然相关管理办法规定了课题组负责人的法律责任，当然也必须赋予课题组负责人相应的科研经费管理职权，这是权力与责任（义务）相统一这一法律原理的基本要求。

（2）从科研经费的使用（报销）流程来看，课题组负责人具有管理科研经费的职责。国家拨款的科研经费来自中央或地方财政资金。根据课题制的运行机制，在课题发布单位（国家有关部门）确定立项课题（即确定课题组负责人、依托单位以及立项题目）后，课题发布单位就会将科研经费拨付至课题组负责人所在的科研机构或者高校（课题依托单位或者课题责任单位）。课题组负责人组织开展课题研究，并将有关费用在课题依托单位予以报销。科研经费划入科研人员所在单位后，虽然经费在单位账户上，但是单位并不能决定如何使用这些科研经费。在这个流程中，科研经费的预算决定了经费的用途，但如何具体使用则由课题组负责人决定，购买物品也由科研人员负责，向谁支付劳务费、咨询费，支付多少，何时支付等，均由课题组负责人决定。可以说，在课题制中，对于科研经费如何使用和报销，真正具有决定权的是课题组负责人。

（3）课题依托单位具有管理科研经费的职能，并不意味着课题组负责人就不具有科研经费的管理职能。恰恰相反，课题组负责人对于科研经费的管理职能，是课题依托单位的科研经费管理职能的具体化或者表现形式之一。在课题制度中，相关管理规定赋予了项目责任单位（项目依托单位）的管理责任，如“项目责任单位是项目资金管理的责任主体，负责项目资金的日常管理和监督”（《国家社会科学基金项目资金管理办法》第4条）。在项目责任单位（项目依托单位）中，除了责任单位的财务部门负责具体的报销事务、审计部门负责具体的复核监督等管理职能以外，课题组负责人对于科研经费的管理职能同样是项目责任单位科研经费管理职能的有机组成部分。不能由于相关规定赋予了项目责任单位的管理职责，就否定课题组负责人对科研经费的管理职责。

（4）现在依法被追究刑事责任的科研人员无一不是因其利用了对课题经费具有的管理上的职务便利套取科研经费而被认定为贪污罪的。事实上，也只有把科研管理活动认定为具有“管理性”，才能与其所具有的“审批和分配科研资金”、“对中央财政投入的专项科研经费的总体把握、分配管理、拨付”的职务便利对应起来。

（5）否定课题组负责人对科研经费的核销等活动具有管理性会造成不合理现象。正如有学者提出的疑问一样：国有单位的工作人员利用单位报销医药费之机，虚开医药费到单位报销，均可以认定为国家工作人员，成立贪污罪，为什么科研人员利用对经费的部分管理权报销科研经费，就不能认为是国家工作人员呢？①

（6）所谓“科研活动的管理活动，是内部管理活动，是科研技术性劳务的有机组成要素，与公务意义上的管理活动不同”的

---

① 参见孙国祥：《套取并占有科研经费的刑法性质研究》，载《法学论坛》2016年第2期。

观点，不足以否定科研管理活动具有的从事公务意义上的管理属性。

肖中华教授提出“科研活动内部的管理活动，如对课题组成员进行分工等，并非公务意义上的、对外事务的管理活动，而是基于科研活动内在要求的、作为科研技术性劳务的有机组成要素，因而与公务意义上的管理活动不同”。总结肖中华教授的观点，可以看出其之所以认为科研管理活动不是从事公务意义上的管理活动，有两个原因：一个是科研管理活动是内部管理活动；另一个是科研管理活动是技术性劳务工作。对此，笔者不予赞同，理由是：其一，所有的管理活动都有内部管理活动与外部管理活动之分，如在国家机关内部设置的办公室、研究室、秘书处等，均只有内部管理职能，而不具有外部管理职能，但并不能由此否认这些内部管理活动具有从事公务意义上的管理属性。其二，科研管理活动所具有的技术性特征也不是否定其从事公务意义上的管理活动的充分理由。随着社会政治经济的发展，公务活动的内容呈现出多样化的趋势。单纯的职权意义上的公务所占比重持续下降，而与具体业务、技术相结合的复合型公务行为不断增加。基于这种变化趋势，我国公务员法及时修改了公务员的含义，将公务员职位区分为综合管理类、专业技术类、行政执法类等不同类别。就专业技术类公务员而言，虽然其工作性质具有鲜明的技术性特征，而且对外的管理属性也不明显，但其工作性质仍然属于履行该单位管理职能的法定组成部分，因此仍然具有管理属性。我们不能只看到技术性管理职位中的技术、业务等非管理成分，而否定其具有的公务成分。虽然科研人员主要从事专业技术工作，在单位也不列入管理岗位，而是列入教学科研岗位，但课题组负责人的科研管理活动已不再是纯粹的专业技术行为，而是项目依托单位科研管理链条上的一环，属于单位整体职能的必要组成部分和重要环节，具有从事公务意义上的管理属性。因而，以“科研活动系技术性的劳动，不具备组织、领导、监督、协调等管理性”来否定科研管理活动具有从事公务意义上的管理属性的观点并不成立。

综上，课题组负责人在组织、管理课题组从事科研活动时，对于课题调研计划的安排、经费的使用甚至课题组成员的选任、协作单位的选择等方面都有一定的裁量权，具体到科研经费的使用问题，该经费用在何处、用多少、何时用，只要符合预算，都在课题组负责人的职权范围内。可以说，对经费使用具有决定权力的正是课题组负责人，从而使得课题组负责人对课题组的管理活动具有从事公务意义上的管理属性。

（三）现有判决中的逻辑缺陷

根据刑法的规定，认定科研人员套取科研经费行为构成贪污罪的条件之一是，要么认定科研人员属于刑法第 93 条规定的国家工作人员，要么认定科研人员属于刑法第 382 条第 2 款规定的“受国家机关、国有公司、企业、事业单位、人民团体委托管理、经营国有财产的人员”。① 在陈某某贪污案中，判决书在事实认定部分明确指出其作为浙江大学环境与资源学院常务副院长、浙江大学水环境研究院院长的身份，并在判决理由部分明确了其“国有事业单位中从事公务的人员”的身份；在宋某某贪污案中，虽然判决书中没有明确其是何种国家工作人员，但可以从判决书对其担任国有事业单位法人北京邮电大学下属院系执行院长的强调看出，其还是因为担任执行院长而被认定为国家工作人员（国有事业单位中从事公务的人员）。两份判决书稍有不同的是，陈某某案件的判决书中明确了其利用该国家工作人员身份的职务之便实施贪污科研经费的行为，而在宋某某案件的判决书中则看不出其国家工作人员身份与其职务之便的内在逻辑。

---

① 当然，关于这两种主体之间的关系问题，学界一直存在“法律拟制说”与“注意规定说”的争议。本书采纳“注意规定说”的观点，详细论述参见张明楷：《刑法分则的解释原理》，中国人民大学出版社 2004 年版，第 273~276 页。

笔者认为，判决书一方面强调上述人员的“国有事业单位中从事公务的人员”的身份，另一方面却又说利用了“审批和分配科研资金”、“建议课题技术责任人……对中央财政投入的专项科研经费的总体把握、分配管理、拨付”的职务便利，存在矛盾之处。理由是：作为“国有事业单位中从事公务的人员”的学院院长（或执行院长），其具有管理属性的职责一般是“全面负责学院中心工作，重点负责学科建设、学术梯队建设和管理工作，实现学院发展任期目标……主持制定学院内部组织结构的设置方案，推荐副院长人选，任免学院内部组织负责人”① 或者“全面负责学院行政工作，特别是学科建设工作”②；而作为课题组负责人的具有管理性质的职责一般是：组织课题小组，认真召集课题组成员召开课题研讨会，撰写课题申报相关材料，并对课题研究的时间进程、研究方法、研究经费、研究成果等作出科学合理的整体规划和设计；认真按照申报材料的相关规划和设计，组织课题组成员有计划、有步骤地进行课题过程的研究；严格遵循课题管理的规定，服从课题申报备案，接受中期检查，课题成果验收；等等。权力与责任具有统一性，显然作为学院院长的职责范围决定了其并没有权力就“审批和分配科研资金”、“建议课题技术责任人、课题总负责人并负责课题申报、预决算编制、课题技术支持单位确定以及合同任务书的签订，对中央财政投入的专项科研经费的总体把握、分配管理、拨付”作出决定，当然不存在利用该职务上的便利；相反，上述对课题的管理权限属于课题组负责人的职责范围。如此，在认

---

① 摘自北京理工大学法学院院长岗位职责。笔者尚未收集到陈某某、宋某某担任院长的岗位职责，但考虑到中国各高校学院院长职责的大同小异，该岗位职责可以作为认定陈某某、宋某某岗位职责的基本依据。

② 《重庆师范大学公开选聘数学学院院长公告》，http://www.shifansheng.cc/zhongqingjiaoshizhaopin/20100417/48823.html，2016 年 12 月 1 日访问。

定其为院长（执行院长）进而认定其为国有事业单位的从事公务人员的情况下，又怎么能够直接认定其利用课题组负责人的职务便利呢？显然，判决书混淆了作为学院院长这种对学院整体上的管理职能与课题组负责人对课题的具体管理职能之间的关系。因此，准确认定科研人员进行的管理活动的性质，有必要分清基于行政职务所进行的管理职能与基于课题开展需要所进行的管理职能。①

第三节 科研经费的性质问题

贪污罪，是指国家工作人员和受国家机关、国有公司、企业、事业单位、人民团体委托管理、经营国有财产的人员，利用职务上的便利，侵吞、窃取、骗取或者以其他手段非法占有公共财物的行为。挪用公款罪，其针对的犯罪对象是公款，比贪污罪的对象即公共财物的范围还要窄一些。科研人员套取挪用科研经费行为是否构成贪污罪、挪用公款罪，争议的焦点之一是科研经费是否属于公共财产。

一、公共财产的基本理论

我国现行法律、法规或政策对公共财产的规定始终是以所有制形式为依据的。这首先表现在宪法第 12 条的规定上。该条虽未规定公共财产的含义，但不难看出，宪法规定的“公共财产”就是指国家财产和集体财产。现行刑法第 91 条对公共财产的范围作了明确的规定，其认定的依据仍然是所有制标准。根据刑法的规定，贪污罪的对象包括三种：（1）公共财物；（2）国内外公务活动中接受的应当交公的礼物；（3）其中含有公共财产成分的混合制经济组织的财物。与本书研究内容相关的是公共财产的认定问题。

---

① 刘科：《套取国家财政拨款科研经费行为定罪中的疑难问题》，载《法学杂志》2015 年第 7 期。

对于什么是公共财产，刑法第 91 条规定："本法所称公共财产，是指下列财产：（一）国有财产；（二）劳动群众集体所有的财产；（三）用于扶贫和其他公益事业的社会捐助或者专项基金的财产。在国家机关、国有公司、企业、集体企业和人民团体管理、使用或者运输中的私人财产，以公共财产论。"公共财产是与私人财产相对应的概念。刑法第 92 条规定："本法所称公民私人所有的财产，是指下列财产：（一）公民的合法收入、储蓄、房屋和其他生活资料；（二）依法归个人、家庭所有的生产资料；（三）个体户和私营企业的合法财产；（四）依法归个人所有的股份、股票、债券和其他财产。"

综合以上规定，作为刑法第 382 条贪污罪犯罪对象的"公共财物"具体包括：

（1）国有财物。这是指所有权归国家所有的财物。作为贪污罪对象的"国有财物"必须是所有权明了的国有财物，具体可以包括国家财政收入，国有公司、国有企事业单位的财政投入、拨款或产生的收入等。

对于什么是国有财物，刑事法律及司法解释均没有明确规定。财政部通过的《行政单位国有资产管理暂行办法》第 3 条对行政单位的国有资产做了界定："本办法所称的行政单位国有资产，是指由各级行政单位占有、使用的，依法确认为国家所有，能以货币计量的各种经济资源的总称，即行政单位的国有（公共）财产。行政单位国有资产包括行政单位用国家财政性资金形成的资产、国家调拨给行政单位的资产、行政单位按照国家规定组织收入形成的资产，以及接受捐赠和其他经法律确认为国家所有的资产，其表现形式为固定资产、流动资产和无形资产等。"通常认为，国有资产与国有财物含义一致，都是依法确认为国家所有并能以货币计量的各种经济资源的总称；其他国有公司企业、事业单位、人民团体国有资产的认定，可以参照《行政单位国有资产管理暂行办法》的规定予以确定。

（2）劳动群众集体所有的财物。从宪法的规定和刑法第 91 条的修改渊源分析，劳动群众集体所有的财物就是指劳动群众集体所有制组织的财物，其所有权主体是特定的劳动群众集体。这里的劳动群众集体包括集体经济组织、村民自治组织、街道居民委员会等特定的集体。具体认定仍可参照最高人民法院、最高人民检察院于 1989 年 11 月 6 日颁布的《关于执行〈关于惩治贪污罪贿赂罪的补充规定〉若干问题的解答》关于“集体经济组织”的解释执行。由于集体经济组织工作人员不再是贪污罪的犯罪主体，在集体经济组织中具有国家工作人员身份的人才可能构成贪污罪。

（3）用于扶贫和其他社会公益事业的社会捐助或者专项基金的财物。这类财物在认定时应当注意以下几点：一是其财产来源是社会捐助、赞助或为特定公益事业设立的专项基金。二是财物用途为社会公益事业。三是财物权属归公益事业机构。捐助给公益事业机构的款项是无偿赞助，权属归公益事业机构，这与国家财政直接设立的由相应国家行政机关管理的某些基金不同，后者是“国有财物”。

（4）在国家机关，国有公司、企业，集体企业和人民团体管理、使用或者运输中的私人财物。这种财物本身是私人所有的，由于处于国有、集体单位或人民团体管理、使用、运输中，其损毁灭失风险转移给国有、集体单位或人民团体，因而以公共财物论。在具体认定这类财物时，应注意以下几点：一是管理、使用、运输私人财物的单位性质必须是国家机关，国有公司、企业，集体企业和人民团体。这里所讲的国有公司、企业和集体企业，从逻辑上讲其权利主体必须是国家、集体，不包括含有私有成分的混合所有制企业。二是这些财产是通过合法途径而处于上述单位管理、使用、运输中的，合法途径的具体形式可以不同，但必须是已经形成风险转移的民事关系，如果是共担风险或风险自负，这种私人财物不应以公共财物论。三是究竟以“公共财物”的哪一类论，取决于管理、使用、运输单位的性质。由国家机关和国有公司、企业管理、使用、运输即以国有财物论；由集体企业管理、使用、运输则以集体财物论。①

二、科研经费所有权归属之争

根据刑法第 382 条的规定，贪污罪的犯罪对象是公共财产，因此套取科研经费行为构成贪污罪的另一个条件是该科研经费能够被认定为公共财产。认定套取科研经费行为构成贪污罪的刑事判决书都没有专门论述科研经费的性质问题，但从其内在逻辑来看，显然是认为科研经费就是公共财产。然而，该认定存在以下争议：其一，仅仅从科研经费的来源是国家财政拨款的角度认定其公共财产的性质并不妥当。财政拨款完全可能通过其他法律事实的介入而改变性质。例如，中央拨付的扶贫经费属于国有财产，但是一旦拨付给扶贫对象，就成为扶贫对象的私有财产，不再具有公共财产的性质。从科研经费的运行机制来看，课题申请获批以后，课题发布单位会将经费汇入课题依托单位，但是经费的使用人却是课题组，而且是专款专用，课题依托单位只能进行监督管理，既没有所有权，也没有使用权。那么，在课题依托单位管理之下的科研经费是否是公共财产？是哪一种公共财产？其二，科研经费拨付的前提是课题组承担了课题，而课题组承担课题是通过招投标或者其他竞争性手段，以合同的形式体现出来的。于是，在科研人员如约完成课题的情况下，该科研经费是否属于课题成果的“对价”就成为一个争议问题。肖中华教授认为，科研经费是由国家有关部门审定，作为科研人员从事课题研究的“对价”而存在的，只要真实地从事了科研活动，科研人员即便采取不正当手段套取科研经费，也不属于

---

① 参见唐世月：《贪污罪犯罪对象研究》，载《中国法学》2000 年第 1 期。

侵害国家财产的行为，更不成立贪污犯罪。①

上述第一个争议是针对课题依托单位的，为此有必要正确界定课题依托单位的职责与功能。课题依托单位在课题制下的职责是控制科研经费的使用，使其发挥最大效益，使得科研经费的使用不仅要合法，还要符合各项相关规定，并根据已经制定好的预算情况掌控经费的总体使用进度。② 从其职责进行理解，可以将其认定为对科研经费的受托管理。在科研经费到账以后，课题依托单位就要承担起“跟踪管理资助经费的使用”以及“对资助经费的使用进行监督、检查”的职能。显然，在课题依托单位管理之下的科研经费，并没有改变课题经费的性质，其仍然属于国有财产。这正如国家扶贫的专项资金划拨到各级政府部门的扶贫办以后，其性质上仍然属于国有财产一样。2014 年国务院《关于改进加强中央财政科研项目和资金管理的若干意见》（国发〔2014〕11 号）的发布，

---

① 肖中华：《科研人员不当套取国家科研经费不应认定为贪污罪》，载《法治研究》2014 年第 9 期。

② 《国家社会科学基金管理办法》第 10 条第 1 款规定：“中华人民共和国境内的高等学校、党校、社会科学院等科研院（所），党政机关研究部门，军队系统研究部门，以及其他具有独立法人资格的公益性社会科学研究机构，作为国家社科基金项目申请和管理的责任单位，履行下列职责：……（四）跟踪管理国家社科基金项目的实施和资助经费的使用；（五）配合全国社科规划办、省区市社科规划办和在京委托管理机构对国家社科基金项目的实施和资助经费的使用进行监督、检查。”

更加强化了这种认识。①

上述第二个争议针对的是课题发布单位与课题组之间的委托关系的性质问题。这里有必要结合纵向课题与横向课题的区分来加以说明。所谓横向课题，一般是指企业、事业单位作为课题的发布者，提供经费资助科研活动的行为。横向课题中一般没有行政机关的参与，其目标一般也不是针对社会公益的科研行为，课题发布者与课题组双方权利地位完全对等，对此可以视为一种民事合同。由于横向课题关注的主要不是公共利益，而是课题发布者的自身利益，因而一般都不投入基础理论研究，而是投入应用研究，更加关注成果的应用价值而不是成果的研究过程。因此横向课题通常把经费与研究成果直接挂钩，将其理解为“花钱买科研成果”或者科研经费是科研成果的“对价”并无不妥。只要科研人员按时提供了科研成果，发布单位按时提供经费，即可以视为合同履行完毕，至于其经费如何使用，委托方并不是十分关心。但是纵向课题与之不同，纵向课题通常是基于国家重大战略问题的需要而设置的，其宗旨是社会的公共利益，而由于其投入领域的长期性、重大性、战略性，从而形成了“鼓励探索、宽容失败”的实施环境。在这种环境下，纵向课题的实施不但关注研究成果，也关注研究过程，只要研究过程合法合规，研究成果即使没有达到预期甚至没有完成，也不会产生违约的问题。查遍所有的国家财政拨款的科研经费管理

---

① 教育部、财政部《关于进一步加强高校科研经费管理的若干意见》(教财〔2005〕11号) 第2项规定：“必须将科研经费纳入学校财务部门统一管理。高校取得的各类科研经费，不论其资金来源渠道，均为学校收入，必须全部纳入学校财务部门统一管理、集中核算……”国务院《关于改进加强中央财政科研项目和资金管理的若干意见》(国发〔2014〕11号) 规定，项目承担单位要强化法人责任。项目承担单位是科研项目实施和资金管理使用的责任主体，要切实履行在项目申请、组织实施、验收和资金使用等方面的管理职责，加强支撑服务条件建设，提高对科研人员的服务水平，建立常态化的自查自纠机制，严肃处理本单位出现的违规行为。

规定，都看不到由于成果因鉴定为不合格而被要求追回已拨经费的规定。[①] 而按照合同的对价原理，如果项目成果没有完成，应该视为违约，原有的经费不但要返还，甚至还要承担一定的赔偿责任。显然，在纵向课题的研究过程中，完成预期的研究成果固然是重要的，但是研究过程的合法合规也是同等重要的。因此，在国家财政拨款的科研活动中，认为科研经费是科研成果的“对价”，只要提供了符合要求的科研成果，套取科研经费的行为不属于侵害国家财产的认识是不正确的。

也许有人会提出，国家拨款的科研项目与国家投资的工程项目（如修建高速铁路）具有性质上的同一性，从实践来看，建设单位在承包国家工程项目的时候，虚列费用支出、投标时虚报成本等现象都不按照犯罪处理，为什么对于套取国家财政拨款的科研经费的行为要按照犯罪处理？笔者认为，这里有两点区别：其一，从形式上看，科研经费是直接划拨给课题依托单位进行管理的，从而没有改变其公共财产的属性；而工程项目资金则是按照合同约定，直接拨付项目建设单位的，从而使得资金的公共财产属性丧失。其二，从实质上讲，在科研活动中科研成果并不是课题经费的“对价”，即使科研成果验收不合格也不会追回已经使用的经费（可能需要追回尚未使用的经费），更不会要求赔偿；而在工程项目中，工程则是国家投资的工程资金的“对价”，如果工程无法完成，除了不可抗力外，建设单位不但要退回工程款，可能还要承担一定的赔偿责任。当然，如果国家拨款的工程项目采用与科研项目类似的管理

---

① 例如，《国家社会科学基金项目经费管理办法》中规定：“对无故不完成研究任务者，全国社科规划办停止拨款，并追回已拨经费；对因故中止研究者（指项目负责人因出国、生病、死亡或其它原因不能继续研究的），全国社科规划办停止拨款，并追回已拨经费的剩余部分；对因严重违反财务制度或其他原因而被撤销项目的，追回已拨经费。”该经费管理办法并没有就课题成果不合格而要求追回课题经费进行规定。

机制，由专门的机构监督管理资金使用，对项目成果不做硬性要求(如石油勘探、航天工程等高风险的工程项目)，则该工程资金仍属于公共财产，套取该工程资金的可以构成贪污罪。

目前国家科研经费预算支出科目一般包括图书资料购置费、国内调研差旅费、问卷调查费、计算机耗材费、设备费、劳务费等，这些科目并没有包括本应包括的、体现科研人员智力投入的劳动报酬。这种不合理的科研经费预算结构与国家鼓励科研人员科技创新的精神是相违背的，既是我国当前套取科研经费行为频发的重要原因，也是认定科研经费的国有财产属性产生分歧的关键。笔者认为，科研经费预算编排上的不合理是客观存在的，对此需要进一步的深化改革予以解决，但不能因此而否认科研经费的国有财产的性质。

综上，科研经费并非属于个人所有，科研经费的使用目的并非在于改善科研人员的个人生活，而在于推动科学研究的不断向前发展。故而，科研人员虽然是项目的负责人和项目参与人员，但其拥有的只是科研经费的使用权而非所有权。在目前的科研体制下，科研经费并非科研成果的“对价”，财政拨款的科研经费，即使划拨至科研依托单位的账户，处于科研依托单位的管理之下，也并没有改变科研经费的性质，其仍然属于公共财产的范围。

第四节 违法性认识错误问题

当前，科研人员普遍存在一种认识，即科研经费是我申请的，只要按期完成符合要求的研究成果，钱想怎么花就怎么花，并不认为套取挪用科研经费是违法犯罪行为。这种错误认识是否阻却犯罪的成立？这涉及争论已久的违法性认识错误是否阻却犯罪成立的问题。

一、违法性认识错误的基本理论

成立犯罪是否需要违法性认识（违法性认识的可能性），在理论上是一个有争议的问题。违法性认识错误大体上可以分为两种情形，一种是可以回避的违法性认识错误，在此情形下，行为人具有违法性认识的可能性；另一种是不可回避的违法性认识错误，在此情形下，行为人没有违法性认识的可能性。在大陆法系国家和地区，关于成立犯罪是否需要行为人具有违法性认识或者违法性认识的可能性，以及故意与违法性认识的关系问题，存在不同学说。现在的通说认为，一方面，故意犯罪的成立不要求行为人现实地认识到刑事的违法性，或者说不要求行为人现实地认识到自己的行为被刑法所禁止。另一方面，缺乏违法性认识的可能性意味着没有责任，即是一种责任阻却事由。根据限制责任说的观点，违法性认识的可能性不是故意的要素，而是责任的要素；实施了违法构成要件的行为人不具有违法性认识的可能性时，不能对其进行法的非难。①

那么，如何判断行为人是否具有不可避免的违法性认识错误呢？一般来说，可以遵循以下的逻辑顺序加以判断：首先，应以行为人能够认识自身行为的具体的违法性为前提。其次，在判断行为人是否存在省察不法性的机会的同时，应该考虑其行为状况、生活圈、职业领域以及被侵害的规范的特性等。只有对这些因素进行全面考量，才能对“机会”发生的概率有一个理性的评价。最后，一旦确认存在这种机会，就要评价行为人是否运用了自身的认识能力去解除疑问。在完全不具有省察自身行为是否具有不法性的契机或即使存在这种契机且尽管作出了为消除疑问的努力但还是没有认

① 参见张明楷：《刑法学》，法律出版社 2011 年版，第 302~303 页。

识到违法性时，将认定为错误是不可能避免的。[1] 反之，将认定为错误是可以避免的。

二、科研活动中违法性认识错误的认定

鉴于回避可能性的判断标准，不是“一般人”，而是具体状况下的“行为者本人的个人的能力”，而在科研人员套取挪用科研经费的活动中，存在着课题组负责人与一般的课题组成员之分、担任行政职务的科研人员与不担任行政职务的科研人员之分。因此，具体到科研人员套取挪用科研经费的违法性认识错误问题，也应该区分不同情况予以分析。在存在违法性认识错误的回避可能性的认定方面，虽然很难得出非常明晰的结论，但大体上可以说，课题组负责人相对于课题组的一般参加人员、担任行政职务的科研人员相对于不担任行政职务的科研人员，无论是在认识违法性的现实可能性还是期待行为人利用向其提供的认识违法性的可能性（机会）等方面都要大得多。换句话说，违法性认识错误的避免可能性要大得多，相应地责任阻却的力度就小得多。

在当前科研领域的反腐败运动中，司法机关采取了“过滤”机制，对涉案金额巨大、手段恶劣、担任一定行政职务的课题组负责人追究刑事责任，但对情节、危害一般的非担任行政职务的课题组负责人没有追究刑事责任。合理的解释之一是遵循宽严相济的刑事政策，重点打击情节恶劣、危害较大的套取挪用科研经费行为。但是，根据这种解释，情节、危害一般的课题组负责人也可以构成犯罪，只是由于“抓大放小”刑事政策的影响，没有按照犯罪处理。这一方面会使部分科研人员仍处在被追究刑事责任的阴影下，不利于科研活动的正常开展；另一方面也不符合中央提出的“老

① 参见王胜华：《违法性认识错误避免可能性的判断》，载《西部法学评论》2013 年第 5 期。

虎苍蝇一起打”的反腐方针。笔者主张，可以考虑以违法性认识错误理论为解释依据，那些涉案金额巨大、情节恶劣或者担任行政职务的课题组负责人，一般具有违法性认识错误的可避免性，因而不阻却责任，可以构成犯罪；而那些情节、危害一般的非担任行政职务的课题组负责人，一般不具有违法性认识错误的可避免性，因而阻却责任，不构成犯罪。具体展开如下：

就套取挪用科研经费情节、危害一般且非担任行政职务的课题组负责人来说，一般不具有违法性认识错误的避免可能性。原因是：

（1）就行为人能够认识自身行为的具体的违法性来说，需要具备以下条件：其一，基于犯罪事实的认识，行为人被给予检讨自己行为法律上是否允许的机会；其二，由于这个机会使自己产生实施适法行为的动机，即形成反对动机是可能的。[①] 这两个条件对于情节、危害一般的非担任行政职务的课题组负责人来说都不具备。其一，认定行为人被给予检讨自己行为法律上是否允许的机会，必须存在相应的指向套取挪用科研经费行为贪污性质的管理规范。但是，在国务院《关于改进加强中央财政科研项目和资金管理的若干意见》公布以前，《国家社会科学基金项目经费管理办法》以及其他各类科研经费的使用管理规定都只是笼统地强调了科研经费的依法使用，对于科研经费的违规违法使用，最为严厉的处罚措施也只是追回已拨科研经费、停止5年内的申报资格，始终没有明确其违反刑事法律的性质。其二，即使可以勉强认定存在“给予检讨自己行为法律上是否允许的机会”，但是当前我国科研经费预算的不合理性增加了形成“反对动机”的难度。在我国科研经费预算编制中，能够体现人力资本投入的只有标准较低的劳务费，而且该劳务费只能支付给没有工资收入的非课题组成员。这种人力资本补

① 参见王胜华：《违法性认识错误避免可能性的判断》，载《西部法学评论》2013年第5期。

偿机制是极为不合理的：一方面，科研人员的智力劳动没有任何回报；另一方面，科研人员的待遇偏低，仅仅依靠工资难以维持生活。提供劳动获得报酬这一市场经济的“公理”在课题经费中完全没有体现，科研人员如何能够形成“反对动机”？况且，实践中很多课题依托单位基于调动科研人员积极性的考虑，也往往对于科研经费的套取挪用等行为持默认的态度，这无疑也强化了“反对动机”的形成难度。

（2）综合考虑其行为状况、生活圈、职业领域以及被侵害的规范的特性等，难以认定情节、危害一般的非担任行政职务的课题组负责人存在省察套取科研经费行为不法性的机会。其一，就上述人员套取科研经费的行为来看，一般都是将一些与科研活动没有关系或者关系不大的费用作为科研经费予以报销。但由于科研活动自身的特殊性，有些费用到底与科研活动有没有关系很难准确判断。例如，购买最新版的刑法著作，从其内容来说与当前从事的科研活动没有直接的关系，但是科学研究是一个长期积累的过程，也许这些著作中的内容在本次科研活动中完全用不上，但可能在其他科研活动中用得上。报销这种资料的费用无疑属于套取科研经费的行为，但显然无法认定其具有认识不法性的机会。其二，就上述人员的生活圈和职业领域而言，科研人员平时主要从事教学科研活动，接触的人员也大都是教学科研人员，大多数人员尤其是从事自然科学研究的科研人员平时很少接触法律知识尤其是刑法知识，对于套取科研经费行为的违法性很难有机会去认识。其三，就被侵害的贪污罪的规范特性来说，尽管贪污罪是一种古老的犯罪，贪污行为的违法性人人皆知，但何谓贪污，尤其是新型行为是否具有贪污的属性，则往往依赖于相应的前置的法律规范。我国对于科研经费多头管理，既有纵向项目，又有横向项目。纵向项目中按照级别来分既有国家级、省部级的项目，也有层级更低的地市级、校级项目；按照行业来分，既有国家机关发布的项目，也有国家自然科学基金会等事业单位发布的项目；按照项目类别来分，既有国家科技重大专项项目，又有年度项目、后期资助项目、西部项目。如此名目繁多、层级各异、内容庞杂的科研经费管理规定，即使专职的科研管理人员也未必完全分得清各个项目的经费使用办法，何况专业从事科学研究的科研人员。一般来说，由于工作属性，科研人员更专注自己的科研领域，在自己的领域是专家，但跨出自己的领域，其对社会的认知水平低于常人也是较为普遍的现象。因此，综合考量，情节、危害一般的非担任行政职务的课题组负责人对套取挪用科研经费行为违法性错误认识的回避可能性的概率极小。

笔者反对套取科研经费情节、危害一般且非担任行政职务的课题组负责人构成贪污罪，并不意味着笔者反对当前中央巡视组通报的几起典型的套取科研经费行为的贪污罪刑事指控和判决。笔者之所以持这种观点，主要理由是这些套取科研经费数额巨大、情节恶劣且担任行政职务的课题组负责人具有违法性认识的可能性：其一，在中国当前的语境下，担任一定行政职务的课题组负责人，无论是院长、执行院长，还是研究室主任，除了自身从事科研活动以外，由于工作性质的原因，其生活圈以及工作领域远较不担任行政职务的课题组负责人复杂，接触法律知识的广度与深度也是后者难以比拟的，相应地，其认识到套取挪用科研经费行为的违法性的可能性也大得多。其二，采取伪造签名、虚假合同、私设公司转移科研经费等手段套取挪用科研经费行为，相对于普通的报销与科研活动无关票据或者关系不大的票据，其违法性更为显而易见，具备正常智力的人都应该认识到其违法性。其三，套取挪用科研经费的金额少则十几万元，多则几百万元、上千万元，套取挪用如此大数额的科研经费的违法性也是显而易见的，课题组负责人不具有违法性的辩解难以服众。

尽管难以就套取科研经费数额多大、情节如何恶劣以及具有什么级别的行政职务的课题组负责人的违法性认识错误问题确定一个明确的界限，但“总的来说，在确定禁止错误是否可以避免时，出于刑事政策的考虑仍然起了重要作用”。① 刑事政策的宽严度对判断违法性认识错误的避免可能性有重大影响，在某些时候甚至起决定作用。而刑事政策的宽严度既与一定时期的社会治安形势有关，也与行为主体、行为手段、行为后果等综合表征的社会危害性有关。显然，针对我国较为突出的套取挪用科研经费行为，认定其是否具有违法性认识的可能性，也需要参酌上述理论：一方面，对于那些数额巨大、手段恶劣、具有行政职务的课题组负责人套取挪用科研经费的行为，在认定违法性认识错误时从严把握，认定其具有违法性认识的可能性，进而认定具有有责性；另一方面，对于那些数额并非巨大、手段一般、不具有行政职务的课题组负责人，在认定违法性认识错误问题时从宽把握，认定其不具有违法性认识的可能性，进而阻却责任。

需要补充说明的是，对于套取挪用科研经费行为，学术界研讨得虽然不够深入，但其基本倾向是试图将套取挪用科研经费行为非犯罪化（出罪）。那么本书对套取挪用科研经费行为所主张的“有罪说”是否会阻碍这种出罪机制的实现？在笔者看来，大可不必有这种担心，理由是：其一，如本书第四章所述，出罪机制既包括承认构成犯罪基础上的出罪机制（这也是本来含义上的出罪机制），也包括不构成犯罪基础上的出罪机制（广义上的出罪机制）。本书主张套取挪用科研经费行为构成犯罪，但并不主张一律追究刑事责任。换句话说，笔者主张构成犯罪基础上的出罪机制，并认为这种出罪机制才是解决套取挪用科研经费行为最为合适的出罪机制。其二，否定构成犯罪基础上的出罪机制，理论上存在重大障碍，实践中也不可能被司法机关采纳，从而更不利于出罪机制的实现。否认科研人员套取挪用科研经费行为构成犯罪，这对于广大普通科研人员虽然是“福音”，但是科研人员套取挪用数百万元科研

---

① ［德］施特拉腾韦特、库伦：《刑法总论Ⅰ——犯罪论》，杨萌译，法律出版社2006年版，第235页。

经费而不构成犯罪的观点恐怕难以服众。而且，一概否定科研人员套取挪用科研经费行为构成犯罪，与中央正在开展的科研领域反腐败形势也不符合。在这样的情况下，退而求其次，寻求构成犯罪基础上的出罪机制是各方都能接受的选择。其三，即使采用构成犯罪基础上的出罪机制，也可以依据刑法解释的基本原理，把相当一部分套取挪用科研经费行为在是否构成犯罪的问题上予以出罪。例如，在计算套取挪用数额时，应当扣除科研人员应得的劳务费（尽管在现行的科研项目管理规定中科研人员不允许领取劳务费），将套取挪用横向科研经费行为予以出罪，在国务院《关于改进加强中央财政科研项目和资金管理的若干意见》颁布之前的套取挪用行为不构成犯罪等，按照这种思路，足以把绝大多数的套取挪用科研经费行为出罪化。

第三章 科研经费犯罪刑事责任追究比较研究

比较研究是刑法学研究的一种基本而重要的方法。运用比较方法研究问题，有助于拓宽研究视野，增进对各种不同的刑法理论、刑事立法和刑事司法的了解与掌握，从中剖析是非优劣、评述利弊得失，吸取经验教训，从而更好地获得规律性的认识。显然，在全面考察世界各国和地区科研经费犯罪刑事责任追究基本做法的基础上，认真总结其基本特点，准确把握其发展趋势，不仅是深化我国科研经费违法犯罪的刑法理论研究、提高刑事司法水平乃至完善刑法立法的有效途径，而且也可以有效地增进世界各国科研经费反腐败领域刑事法治成果的交流与借鉴。

几乎在同一时期，我国大陆及台湾地区、美国、韩国、英国、德国等国家和地区均发生了程度不同的套取挪用科研经费的案件，这些案件也陆续进入了刑事诉讼程序。[①] 那么，这些国家或地区在处理套取挪用科研经费案件方面存在哪些争议问题，域外处理套取挪用科研经费案件方面的哪些做法值得我们借鉴，这些都值得我们认真思考。

第一节　我国台湾地区套取科研经费案件的刑事责任追究问题

根据笔者掌握的资料，近年来套取挪用科研经费案件既常见多发，又在理论界与实务界引起重大争议的当属我国大陆和台湾地区。因而对我国台湾地区套取科研经费案件的刑事责任追究问题进行比较研究，既可以深化相关理论问题的研究，又可以为我国大陆妥善处理该类行为提供有益的借鉴。

---

① 除了下文将要研究的美国查尔斯·贝内特案件、韩国黄禹锡案件以外，有一定影响的还有美国的韩东平（Dong-Pyou Han，音译）案件（韩东平原系爱荷华州立大学前助理生物医学教授。韩东平曾宣称兔子在接种艾滋病疫苗后产生了能够中和数种艾滋病病毒株的抗体，他也借此获得美国国立卫生研究院（NIH）1000 万美元的研究经费。2013 年 1 月，另外一个实验室发现其造假行为，证明兔子血清中所含抗体为人类抗体。随后 NIH 介入调查，最终韩东平承认是他将人 IgG 注入兔子血清伪造实验数据以获得 NIH 经费支持。2013 年 10 月，爱荷华州立大学确认韩东平利用伪造许多疫苗实验结果欺骗获得 NIH 经费后，韩东平被强制辞职。在调查得出结论前，韩东平在一封给大学的忏悔信中表示，他几年前为掩盖不理想的研究结果，对结果进行了处理。2014 年 6 月，因为采用伪造研究结果骗取研究经费，韩东平以 4 项联邦重罪被起诉。2015 年 2 月，韩东平在联邦法庭认罪。2015 年 7 月 1 日获刑 57 个月，3 年监外监视，被罚款 720 万美元）、德国洛塔尔·史特吕德尔案件等。

一、刑事责任追究过程述评

与我国大陆一样，在我国台湾地区，尽管套取科研经费案件早已有之，但其真正引发社会关注还是在 2010 年之后。是年，媒体陆续曝光了一批套取科研经费的典型案件，司法机关开始着手刑事追责。至 2012 年，先后因套取科研经费案件被以贪污罪侦查、起诉的嫌疑人、被告人高达 700 多人[①]，涉案人员包括台湾大学、政治大学等多所大学的知名教授。其中比较典型的案件包括林某某教授贪污案、洪某某教授等 31 人贪污案等。科研人员大范围涉案，令学术界人心惶惶。

与社会公众的一片“喊杀”声相比，法学界纷纷发表文章，从文章的基本倾向来看，似乎均为科研人员“解套”。[②] 由于在定性处理上存在重大争议，上述案件拖了一年多，除了个别案件外，检察机关未向法院提起公诉，法院也迟迟没有作出判决。

2014 年 6 月，我国台湾地区“最高法院”刑事庭会议作出决议，认定公立大学教授接受委托研究办理采购事项，不是刑法上的公务员；教授如有以不实发票诈领补助研究款私用等不法行为，将以刑法上的诈欺取财（诈骗）、伪造文书等罪定罪处罚。

决议作出之后，检察机关制定出统一的结案标准：若涉案人员否认犯行，以诈欺取财、伪造文书、违反“商业会计法”起诉；涉案人员若以假发票诈领、溢领补助款，但用途是公用，涉及伪造

---

① 涉案人员部分是科研人员，部分是明知科研人员购买货物不符合实际而虚开发票的社会人员。参见陈志贤：《教授假发票案，检定调坦白从宽》，http://www.chinatimes.com/newspapers/20141004000377-260106，2016 年 10 月 4 日访问。

② 如林东茂：《不实的研究经费核销，成立什么罪?》，载《台湾法学杂志》2012 年第 204 期等，其理由包括科研人员不是贪污罪主体，科研经费应属个人所有等。

文书、违反“商业会计法”，坦承公款公用者给予缓起诉处分，处分金的金额由检察官决定。此外，涉案人员若以假发票诈领、溢领补助款，并中饱私囊公款私用者，涉及伪造文书、诈欺取财、违反“商业会计法”，但只要坦承犯行，并先缴回犯罪所得后，亦可获缓起诉处分。

总结我国台湾地区的刑事追责过程，可以得出以下比较明确的结论：其一，从罪与非罪来看，套取科研经费行为构成犯罪，只不过在具体罪名上存在争议；其二，从刑事责任追究的过程与结果来看，即使套取科研经费行为构成犯罪，检察机关依然可以缓起诉，从而事实上实现无罪的效果。

二、罪名适用评析

在 2014 年台湾地区“最高法院”刑事庭会议作出决议之前，对于套取科研经费行为的定罪处罚问题，我国台湾地区各级司法机关对一系列案件已经进行了刑事审判，并形成了一定的裁判规则。2014 年台湾地区“最高法院”对科研人员是否具有贪污罪的主体身份以及科研经费是否属于公款等疑难问题作出了最终裁决，解决了之前各级司法机关在认定科研经费案件中的争议问题，从而形成了涉及套取科研经费案件定罪量刑问题的较为系统全面的司法认定规则。

针对近几年爆发的套取科研经费案件，在罪名认定上存在争议的主要是构成贪污罪还是诈骗罪，抑或是不构成犯罪。而这些争议问题的根源在于科研人员主体身份的认定和科研经费的性质（归属）问题存在争议。

（一）科研人员主体身份认定之争

在科研人员主体身份问题上，存在争议的主要是科研人员是否具备贪污罪的主体身份。在系列套取科研经费案件中，被告人、辩护人均认为科研人员不具备贪污罪的主体身份，因而即使存在套取科研经费的行为，也不构成贪污罪。[①] 理论界的观点也大致如此。[②] 司法机关在该问题上意见前后不一，在台湾地区“最高法院”刑事庭审会议作出决议以前，包括“最高法院”在内的刑事判决均认为科研人员具备贪污罪的主体身份，因而可以构成贪污罪；作出决议之后，各级司法机关开始否认科研人员具备贪污罪的主体身份，因而均认为不能构成贪污罪。

理论界围绕科研人员贪污罪主体身份的争议以及司法机关认识的变化，与对贪污罪的主体——公务员的理解不同密切相关，因此需要结合公务员的认定规则加以解释。我国台湾地区贪污类犯罪集中规定在“贪污治罪条例”中，虽然各类贪污犯罪行为方式表现各异，但是在犯罪主体问题上，都要求必须是公务员才能构成。但“贪污治罪条例”没有对公务员进行界定，认定公务员仍需要借助“刑法”。2005 年台湾地区修正后的“刑法”第 10 条第 2 项将公务员分为三种类型：一为依法令服务于国家或地方自治团体所属机关而具有法定职务权限者（理论界称之为“身份公务员”）；二为其他依法令从事公共事务而具有法定职务权限者（理论界称之为“授权公务员”）；三为受国家或地方自治团体所属机关依法委托，从事与委托机关权限有关的公共事务者（理论界称之为“委托公务员”）。因而，科研人员是否属于公务员并进而可以成为贪污犯罪的主体，就要看其是否属于上述人员的种类。

1. 科研人员是否属于身份公务员

所谓身份公务员，系指依法令服务于国家或地方自治团体所属

① 参见余某某案一审判决书（我国台湾地区云林地方法院 2003 年度诉字第 219 号）、终审判决书（我国台湾地区“最高法院”2011 年度台上字第 459 号）；林某某案一审判决书（我国台湾地区嘉义地方法院 2009 年度诉字第 430 号）等。

② 参见甘添贵：《新修正刑法公务员的概念》，载《刑法公务员概念的比较研究》，社团法人台湾刑事法学会 2010 年版，第 11~13 页。

机关而具有法定职务权限的人员。此类型的公务员，以其身份为准，只要服务于与国家的权力作用有关的国家或地方自治团体所属机关的人员而具有法定职务权限者，即可以认定其为刑法上的公务员。所谓“国家或地方自治团体所属机关”，系指基于国家公权力作用，行使国家统治权之公务机关；“公共事务”乃指与国家公权力作用有关，而具有国家公权力性质之事项；“法定职务权限”则指所从事之事务符合法令所赋予之职务权限，如机关组织法规所明定之职务等。

因公立学校不是行使国家统治权之国家或地方自治团体所属机关，因而包括从事科研活动的大学教授在内的公立学校校长及其教职员工不是依法令服务于国家或地方自治团体所属机关之“身份公务员”（参照我国台湾地区“最高法院”2008 年度台上字第 510 号判决）。

除了公立学校外，国家卫生研究院疫苗研发中心及台湾动物科技研究所等财团法人，其性质与公司化之公营事业机构相同，均属于私法组织形态，并非依法行使公权力之机关，故均非“国家或地方自治团体所属机关”，该单位的研究人员亦非身份公务员。

存在疑问的是来自“国家或地方自治团体所属机关”的科研人员的身份问题。例如，吉某某于 2010 年间任职于“行政院”农业委员会农业药物毒物试验所，担任副研究员，为购买研究所需之显微镜头及数字相机，而让某公司代开了耗材类的发票并进行报销（用 A 款买 B 货），足以损害药物毒物试验所核销经费之正确性。法院认为，药物毒物试验所属于行政院农业委员会下之“国家所属机关”，因而吉某某应属于身份公务员。可是，其属于身份公务员与其购销活动并无必然联系，在从事购销活动中其与来自公立学校的科研人员的身份并无差异，为何要认定其公务员身份，认定其公务员身份有何意义，仍属不明。从案件的最终处理结果来看，似乎认定其为身份公务员，但对定罪并无影响。[①]

2. 科研人员是否属于委托公务员

对于委托公务员，除了委托的主体是国家或地方自治团体所属机关外，司法实务的见解是所委任者必须是该机关权力范围内的事务，受任人且须因而享有公务上的职权及权力主体的身份，同时在受任范围内可以行使公务主体的权力时，始能认其为该条例所称的公务员。[②] 由于科研院所、大专院校本身不属于“国家或地方自治团体所属机关”，因而即使认定科研人员受科研院所、大专院校的委托开展研究，也由于不是接受“国家或地方自治团体所属机关”的委托，而不具有委托公务员的身份。

3. 科研人员是否属于授权公务员

所谓授权公务员，系指依法令授权而从事公共事务且具有法定职务权限之人员。此等人员虽非服务于国家或地方行政机关的人员，但因法令上特别规定将公共事务处理的权限直接交由特定团体的成员为之，从而使其享有法定的职务权限，既依法令负有一定公共事务的处理权限，自应负有服从或保护的特别义务，亦应认定其为刑法上之公务员。

此种类型的公务员系采职务公务员的概念，以其所履行的职务为准，视其具体的职务行为是否属于行使国家统治权作用的行为，而决定其是否为刑法上的公务员。“刑法”第 10 条第 2 项之修法理由第四点指出，如非服务于台湾地区或地方自治团体所属机关，“其他依法令从事公共事务而具有法定权限者”，因其从事法定之公共事项，应视为刑法上的公务员，故于第 1 款后段并规定之。此类公务员，如依“水利法”及“农田水利会组织通则”相关规定

---

① 参见我国台湾地区彰化地方法院 2012 年度诉字第 1377 号、2013 年度诉字第 139 号。

② 参见甘添贵：《新修正刑法公务员的概念》，载《刑法公务员概念的比较研究》，社团法人台湾刑事法学会 2010 年版，第 11 页。

而设置之农田水利会会长及其专任职员属之。其他尚有依“政府采购法”规定之各公立学校、公营事业之承办、监办采购等人员，均属本款后段之其他依法令从事公共事务而具有法定职务权限之人员。

在科研活动中，科研人员经常会依照规定参与采购验收程序(如购买研究所用设备、物品等)，这些人员是否属于“各公立学校、公营事业之承办、监办采购等人员”，并进而成为授权公务员，是我国台湾地区司法机关争执的焦点，也是判决前后不一致的原因。本书结合几个司法判决，对科研人员的身份认定做一梳理。

案例一：余某某教授套取科研经费案。

余某某系嘉义大学教授。嘉义大学系适用“政府采购法”之机关，依“政府采购法”第 47 条、第 49 条规定及“中央机关未达公告金额采购招标办法”、“中央机关未达公告金额采购监办办法”等规定，余某某系嘉义大学与绿益康公司签订之委托研发计划之执行人，负责研究计划中所需相关器材之采购、报销，而相关器材之采购须依“政府采购法”及嘉义大学财物购置程序等规定进行。一审判决认为，公营事业之员工，如依“政府采购法”之规定承办、监办采购行为，其采购内容即使仅涉及私权或私经济行为之事项，但由于“公权力介入甚深”，仍宜解释为“从事有关公权力之公共事务”。本案中余某某自行采购两台酒精泵浦（总价 34 万元)，而以 4 张面额 10 万元以下内容不实之统一发票（内容为其他耗材）核销，其采购行为属于从事与该校有关采购公用器材之公共事务，属于修正后“刑法”第 10 条第 2 项第 2 款之“授权公务员”。其共同连续利用职务上之机会诈取财物，应处有期徒刑叁年陆个月并褫夺公权肆年。[①]

“最高法院”的终审判决基本维持了该见解。[②] 此外，为回应

① 我国台湾地区云林地方法院 2003 年度诉字第 219 号。

② 我国台湾地区“最高法院”2012 年度台上字第 459 号。

辩护人的质疑，“最高法院”还特别指出，公立学校、公立研究机关受政府补助、委托或出资之科学技术研究发展，即使因符合“科学技术基本法”第6条第3项①规定而不适用“政府采购法”，也仅仅意味着其办理采购不适用“政府采购法”之规定，但其承办或监办采购人员，就其从事采购行为而言仍属授权公务员，倘其办理采购有贪污、舞弊情事，自仍有“贪污治罪条例”之适用。

案例二：林某某教授套取科研经费案。

该案一审、二审对科研人员的主体身份所持观点与余某某教授套取科研经费案所持观点基本相同。但是，在上诉到“最高法院”后，“最高法院”的立场发生了重大改变。“最高法院”通过刑事庭审会议决议的方式，认为科研人员不构成授权公务员，其基本理由是：

现行“刑法”已经对旧“刑法”规定的公务员概念进行了限制，刻意将公立医院、公立学校、公营事业机构人员排除在身份公务员之外。虽然立法理由中又将依“政府采购法”规定的各公立学校、公营事业单位承办、监办采购等人员列为授权公务员，然而与身份公务员比较，授权公务员的规定属于次要、补充性规范，解释上更应从严。从“政府采购法”第95条的规定来看，这类采购人员应限制为专业人员，并特别设有一定之资格、考试、训练、发证及管理作为配套规范。因此，所谓可以认定为授权公务员的承办、监办采购等人员，系以公立医院、学校、事业机构之总务、会计等专业人员为主；至于非专业之人员，仍须以采购行为所系本身之事务，攸关国计民生之事项者为限。从事科学研究之公立大学教授等科研人员并非总务、会计等专业人员，采购物品并非其法定职

① “公立学校、公立研究机构、法人或团体接受政府补助、委托或公立研究机构依法编列之科学技术研究发展预算办理采购，除我国缔结之条约或协定另有规定者外，不适用政府采购法之规定。但应受委托、主管或补助机关之监督；其监督管理办法，由中央科技主管机关定之。”

务权限；实际上，科研人员的任务主要在于提出学术研究之成果，政府或公立研究机关（构）对于科研活动并无上下从属或监督之对内性关系，社会公众对于科研成果亦毫无直接、实质的依赖性及顺从性，谈不上攸关国计民生之事项。因而，科研人员即使从事采购活动，也不应认定为“政府采购法”规定的承办、兼办采购人员，进而不应认定为授权公务员。

案例三：洪某某教授等 31 人套取科研经费案。

林某某教授套取科研经费案件经“最高法院”刑事庭审会议作出决议后，其他类似案件陆续采纳该案观点，认为科研人员不具有贪污罪主体身份。部分案件对“最高法院”所持观点进行了进一步的解释与补充，其中尤以洪某某等案件最为典型。该案从罪刑法定原则的明确性角度对否认科研人员贪污罪主体身份的观点进行了补充。

根据前述修法理由，农田水利会会长和专任职员，以及公立学校、公营事业依据“政府采购法”办理采购之承办、监办采购人员均属于“授权公务员”。但对这两个例子进行比较发现，农田水利会会长和专任职员的公务员身份则较为明确具体，理由是：其一，农田水利会之任务规定于“农田水利会组织通则”第 10 条，其中规定的各项任务均系为推行农田水利事业，因而具有公共事务性质，则农田水利会之会长与专任人员依据规定从事公共任务，即系依法令从事公共事务者。这在理论上较为明确。其二，“农田水利会组织通则”第 23 条明确规定：“农田水利会之会长及各级专任职员，视同刑法上之公务员”，对于应视同公务员之人员具体明确，则农田水利会之会长及专任人员确属刑法上之授权公务员，且符合罪刑法定主义下罪刑明确性原则之精神。

相较于此，公立学校、公营事业依据“政府采购法”办理采购之承办、监办采购人员的公务员身份并不明确，理由是：其一，“政府采购法”规定的采购行为系行政辅助行为，除采购之目的与公益有关外，性质上多属于私经济行政行为。从理论上说，采购行为是否属于公共事务，尚存在诸多不明之处。其二，“政府采购法”对于承办、监办采购人员之范围没有具体说明，亦没有“农田水利会组织通则”第 23 条认定公务员身份的明确规范，在此状态下，承办、监办采购人员的范围并不明确，如果不考虑专任、兼任、申请或执行采购事务等属性，即将曾经参与采购过程之所有人员认定为承办、监办采购之人员，进而认定为授权公务员，并以“贪污治罪条例”之重罪论罪，此亦有违罪刑法定主义下罪刑明确原则之要求及其保障人权之精神。

综上，因承办、监办采购人员之范围不明，影响行为人是否具有授权公务员身份之认定，并使国家刑罚权处于不确定之状态，基于人权保障之立场，似不应将此法律状态不明之风险归由人民承担，因而应否定科研人员的授权公务员身份。

(二) 科研经费性质的认定问题

根据我国台湾地区的科研经费管理体制，各类研究经费都应纳入受托单位统一管理。在受托单位中，国立大学最为典型，因而本书主要以国立大学为例加以研究。根据国立大学的管理办法，各类研究经费均应纳入大学的校务基金统一管理。大学除了对科研经费收取一定比例的管理费外，经费的实际支出都是由科研人员决定(即用于何处、额度多少、向谁采购等)。于是就产生了一个问题，在大学校务基金管理之下的科研经费，其所有权是归原委托人还是受托的大学，抑或是课题的研究人员？尤其是社会组织、个人委托课题，更是容易产生类似争议。科研人员通常认为，基于委托研发合约而提供给大学的科研经费，只是由大学代收代付而已，并非大学的公款。对这些科研经费进行套取，不可能构成贪污罪。然而，司法机关则一致认为，无论是国家拨款还是社会组织、个人捐助或者委托的经费，只要纳入校务基金的管理范围，均应属于公款。其理由是：

其一，法律法规的规定。根据“国立大学校院校务基金设置条例”的规定，[①] 科研经费均应纳入校务基金进行管理，其中的社会组织、个人委托研发的经费属于“建教合作收入”，而国家财政拨款属于基金中的“政府编列预算拨付”或者“建教合作收入”。就建教合作收入之管理，各大学分别制定了管理规定。例如，嘉义大学分别制定有“建教合作计划实施要点”、“建教合作计划收支管理要点”等。根据上述规定，嘉义大学之各项收入，包含与私人之建教合作费用，以及“国科会”补助之研究计划经费，均应纳入校务基金，依规定与学校其他预算经费相同，且需受“教育部”、“审计部”之查核。“国科会”对项目补助研究计划也会派员查核。因此，上述纳入校务基金之各项费用显然非科研人员之私人财产。

其二，课题经费中的人事费用及实验费用虽由课题主持人“专款专用”，但是“专款专用”仅系规范大学对校务基金之委托研究计划经费用途之限制，并非课题主持人可以任意使用该经费，亦无碍于该校务基金之经费仍系学校公款之性质。如果受托大学只能对这些研究经费代收代付，那么就留在委托单位并由科研人员直接向委托单位报销即可，没有必要留在受托单位。

其三，除非研究合同有特别约定，研发计划经费所采购之物品，均归属为校产，这也可以说明该研发经费属学校之公款无疑。[②] 例如，“嘉义大学建教合作计划实施要点”第 5 条规定：“本校因办理建教合作案而购置之图书、期刊、仪器、设备等，除建教合作契约另有规定者外，均依其他相关规定列入校产统一管理运用。”“嘉义大学建教合作经费收支处理准则”第 9 条第 1 款更是明确规定“计划内所购置图书仪器设备，除合约另有规定外，应属本校所有，纳入校产管理”。

---

① “设置校务基金之学校，其一切收支均应纳入基金，依法办理。”

② 分别参见余某某案、林某某案等判决书。

(三) 套取科研经费行为的罪名适用规则

根据“最高法院”的见解，科研人员不属于公务员，因此难以构成“贪污治罪条例”之公务员诈取财物罪（贪污罪）。但是，基于科研经费的公款性质，套取科研经费行为并非一律无罪，而是视情况构成其他犯罪，即“倘主持教授有诈领或溢领补助经费等情形，则视具体案情，依刑事法相关之规定论处，自不待言”。[①] 所谓“视具体案情，依刑事法相关之规定论处”，从实践来看，主要包括是否以非法占有为目的、是否涉及伪造文书等情形而分别论以他罪。

1. 以非法占有为目的而套取科研经费行为触犯了刑法上的诈取财物罪

我国台湾地区“刑法”中的诈欺取财罪（诈骗罪）与“贪污治罪条例”中的公务员利用职务上的机会诈取财物罪除了犯罪主体有所不同外，其他构成要件基本相同[②]。承上述，公立大学教师、国家卫生院及动物科学研究所研究人员均非授权公务员，基于此理解，上列相关人员均非刑法上的公务员。至于上述被告人的行为是否另行构成刑法上的诈欺取财罪，应当再就诈欺取财罪之构成要件予以审酌：即以行为人意图为自己或第三人不法所有的意图，以诈术使人将本人或第三人之物交付为要件。所谓以诈术使人交付，必须是被诈欺人因其诈术而陷于错误，若其所用方法不能认为是诈术，亦不致使人陷于错误，即不构成该罪。诈欺取财罪系侵害财产权的犯罪，以施用诈术之一方取得财物，致被诈欺之一方的财产遭受损害为必要条件，若被害人一方并未遭受财产损害，行为人

① 我国台湾地区“最高法院”2014 年度第 13 次刑事庭会议决议。

② 我国台湾地区“最高法院”2001 年度台上字第 5228 号判决表明：同样犯的诈欺取财罪，到底要以“贪污治罪条例”处罚，还是要以普通“刑法”的诈欺取财罪处罚，完全以该人是否为“依据法令从事公务之人员”以及有无“利用职务上机会”为判断标准。

除按其情形或应成立其他罪名外，难以成立诈欺取财罪。

科研人员套取科研经费行为显然是采取了“以诈术使人将本人或第三人之物交付”（即虚报购货单据，用A款买B货）行为，因此是否构成诈欺取财罪，关键要看其是否具有非法占有的目的以及是否损害所在单位的财产权。当然，以非法占有为目的实施非法占有行为的，显然会损害所在单位的财产权。两者实际上是一个问题。因此，如果科研人员在套取科研经费中并不具有非法占有科研经费的目的，而只是使用科研经费采购了与其所报销发票不符的物品，但该物品仍被用于科研活动中或者归科研人员的单位所有，并不会构成“刑法”中的诈欺取财罪。例如，如果行为人持不实发票请款之目的，系为采购教学研究所需之物，即应认为无不法所有之意图，而为有利于被告之认定，应认定不构成“刑法”上的诈欺取财罪。在洪某某教授套取科研经费的案件中，洪某某教授作为系主任，用耗材之发票报销部分修缮款项，由于该部分套取的科研经费被用于单位实验室的修缮工作，并未被其个人或者其指定的第三人非法占有，因而不构成“刑法”上的诈欺取财罪。

但是，如果行为人具有非法占有的目的，则仍可以构成“刑法”上的诈欺取财罪。例如，我国台湾地区彰化师范大学陈某森教授为购买笔记本电脑自用，而找商人陈某彰开具了6张品名为钢块、电容等的发票，在该大学某笔科研经费中报销。法院认为陈某森不遵循购买教学用笔记型计算机之正常程序，反以购买无须列入财产登记之耗材之不实发票购买笔记本电脑，可以证实其以不法方式购买本件之笔记型计算机，确系出于为自己所有之意思。因此，陈某森教授构成“刑法”上的诈欺取财罪，并以诈欺取财罪判处其有期徒刑肆个月。[①] 按照该司法认定标准，余某某教授套取科研经费案中，余某某教授也可能触犯“刑法”上的诈欺取财罪。

---

① 参见我国台湾地区彰化地方法院2012年度诉字第1377号、2013年度诉字第139号。

2. 套取科研经费行为涉及文书犯罪

套取科研经费案件既涉及公文书的犯罪，也涉及私文书的犯罪。例如，在余某某教授套取科研经费案件中就分别触犯以下罪名：

（1）商业负责人以明知为不实之事项而填制会计凭证罪。被告刘某某为科汉公司之业务经理，在执行其职务范围内即为公司负责人，明知无贩卖判决书附表之零件予嘉义大学，仍然填制有贩卖附表一之零件之不实事项之可作为会计凭证之统一发票，已经构成“商业会计法”第71条第1款商业负责人以明知为不实之事项而填制会计凭证罪①。余某某虽非商业负责人，但是依照我国台湾地区“刑法”第31条第1项规定“因身份或其他特定关系成立之罪，其共同实施或教唆帮助者，虽无特定关系，仍以共犯论。”刘某某与余某某两被告就此部分有犯意联络、行为分担，成立共同正犯。商业负责人以明知为不实之事项而填制会计凭证罪，系“刑法”第215条业务上登载不实文书罪的特别规定，依据法条竞合的原理，因而不再论以业务上登载不实文书罪。

（2）行使公务员登载不实文书罪。刘某某与余某某两被告共同谋议，明知为不实之零件买卖事项，却通过余某某登载在余某某于职务上所管理之公文书（财物购置修缮申请单、粘贴凭证用纸）上，并加以使用的行为，足以生损害于嘉义大学（即损害于支撑

---

① 我国台湾地区“商业会计法”第71条规定，商业负责人、主办及经办会计人员或依法受托代他人处理会计事务之人员有左列情事之一者，处5年以下有期徒刑、拘役或科或并科新台币15万元以下罚金：一以明知为不实之事项，而填制会计凭证或记入账册者。

这家国立大学的公众)，触犯“刑法”第216条、第213条[①]“行使公务员明知为不实之事项，而登载于职务上所掌之公文书，足以生损害于公众罪”之规定。刘某某与余某某等登载不实的行为，为行使行为所吸收，不再单独定罪。其二人间有犯意联络、行为分担，都是共同正犯。

刘某某与余某某二人所犯上述填制不实会计凭证罪、利用职务上机会诈欺取财罪、行使公务员登载不实文书罪，三罪之间有方法与结果的牵连关系，是牵连犯，应该按照一个较重的利用职务上机会诈欺取财罪定罪处罚。当然，如果本案发生在“最高法院”决议之后，由于余某某不再被认为具有公务员之身份，因而相应地有关利用职务上机会诈欺取财罪、行使公务员登载不实文书罪等要求具备公务员主体身份的犯罪会变更为诈欺取财罪、行使业务上登载不实文书罪。

在洪某某等教授套取科研经费案件中，洪某某等人分别触犯行使公务员登载不实文书罪和商业负责人以明知为不实之事项而填制会计凭证罪，应从一重罪定罪处罚。根据“商业会计法”第71条第1款的规定，商业负责人以明知为不实之事项而填制会计凭证，原含有业务上登载不实文书之本质，与“刑法”第215条之从事业务之人明知为不实之事项而登载于业务上文书罪，都是规范处罚同一之登载不实行为，属于法条竞合，由于前者为后者之特别规定，依特别法优于普通法之原则，自应优先适用“商业会计法”第71条第1款论处（参照“最高法院”2012年度台上字第5397

---

① 我国台湾地区“刑法”第213条规定，公务员明知为不实之事项，而登载于职务上所掌之公文书，足以生损害于公众或他人者，处1年以上7年以下有期徒刑。第215条规定，从事业务之人明知为不实之事项而登载于其业务上作成之文书，足以生损害于公众或他人者，处3年以下有期徒刑、拘役或500元以下罚金。第216条规定，行使第210条至第215条之文书者，依伪造、变造文书或登载不实事项或使登载不实事项之规定处断。

号判决)。依据上述“最高法院”判决的精神，本案被告洪某某等人均系犯“商业会计法”第71条第1项第1款之商业负责人以明知为不实之事项而填制会计凭证罪及“刑法”第216条、第214条之行使公务员登载不实文书罪。被告均系以一行为触犯两个罪名，应从一重罪以“商业会计法”第71条第1项第1款之罪处之。上述被告有共同之犯意联络及行为分担，构成共同正犯。

综合已判决的套取科研经费案件，可将我国台湾地区罪名适用规则总结如下：(1) 科研人员在办理与科研有关的采购活动中没有从事公务，不具备公务员身份，依法不构成公务员诈取财物罪(贪污罪)。(2) 科研人员如果以非法占有为目的套取科研经费的，可以依法构成刑法上的诈取财物罪(诈骗罪)[①]。(3) 科研人员在套取科研经费过程中，会违反“商业会计法”、“刑法”中的有关规定，触犯“明知为不实之事项而填制会计凭证罪”与“业务上登载不实文书罪”等罪名。如果科研人员以非法占有为目的而套取科研经费，则同时触犯诈骗罪、“明知为不实之事项而填制会计凭证罪”与“业务上登载不实文书罪”罪名。在三个罪名的具体适用中，应先依据法条竞合原理，在“明知为不实之事项而填制会计凭证罪”与“业务上登载不实文书罪”中优先适用特别法条即“明知为不实之事项而填制会计凭证罪”，再依据牵连犯的原理，在“明知为不实之事项而填制会计凭证罪”与诈骗罪中适用重罪即诈骗罪[②]；如果行为人不具有非法占有财物的目的，仅仅是套取科研经费用于其他公共用途，则仅触犯“明知为不实之事项而填制会计凭证罪”与“业务上登载不实文书罪”，应依据法条竞

① 参见我国台湾地区彰化地方法院刑事判决书（2012年度诉字第1377号、2013年度诉字第139号）中关于陈某森的判决部分。

② 参见我国台湾地区彰化地方法院刑事判决书（2012年度诉字第1377号、2013年度诉字第139号）中关于陈某森的判决部分。

合原理优先适用特别法条即“明知为不实之事项而填制会计凭证罪”①。可见，我国台湾地区处理套取科研经费案件的罪名适用规则明确、具体，大体上涵盖了司法实践中的常见情形，理据较为充分。

三、刑事责任追究的结果

2014年6月，“最高法院”刑事庭会议作出决议之后，针对数以百计的套取科研经费案件的涉案人员，我国台湾地区检察机关制定出了统一的结案标准：若涉案人员否认犯行，依诈欺取财、伪造文书、违反“商业会计法”起诉；涉案人员若以假发票诈领、溢领补助款，但用途是公用，涉及伪造文书、违反“商业会计法”，坦承公款公用者给予缓起诉处分，处分金的金额由检察官决定。此外，涉案人员若以假发票诈领、溢领补助款，并中饱私囊公款私用者，涉及伪造文书、诈欺取财、违反“商业会计法”，但只要坦承犯行，并先缴回犯罪所得后，亦可获缓起诉处分。

暂缓起诉处分，是指检察机关对犯罪嫌疑人暂时不予起诉，要求其在一定期限内履行一定义务，如果犯罪嫌疑人在规定期限内履行了规定义务，检察机关就不再对其进行起诉，诉讼程序随之终止；反之，如果犯罪嫌疑人在规定期限内不履行规定义务，检察机关就要对其进行起诉，请求法院追究其刑事责任。② 2002年，我国台湾地区通过修改“刑事诉讼法”增设了缓起诉制度，赋予了检察官更大的裁量权，其要点如下：其一，在适用案件范围上，检察官并非对任何案件都可以作出缓起诉处分，只能对所犯为死刑、无期徒刑或者最轻本刑为3年以上有期徒刑以外之罪的被告人作出缓

---

① 参见我国台湾地区彰化地方法院刑事判决书（2012年度诉字第1377号、2013年度诉字第139号）中关于洪某某的判决部分。

② 参见毛建平、段明学：《暂缓起诉若干问题研究》，载《人民检察》2004年第6期。

起诉处分。此外，对于符合上述刑罚条件的案件，检察官也要“参酌刑法第 57 条所列事项及公共利益之维护，认以缓起诉为适当者”，才可以作出缓起诉处分。我国台湾地区“刑法”第 57 条规定的 10 项考虑事项原本属于法官量刑时应予以考虑的内容，检察官在作出缓起诉处分时也要综合考虑，以决定是否适用缓起诉。所称“参酌公共利益之维护”是指该案的继续追诉并不存在特别的公共利益，此时作为公共利益代表人的检察官，尤其需要审酌放弃追诉是否会造成一般预防及正义观感的负面影响。其二，检察官在作出缓起诉处分后，被告人须在特定的考验期内承担附带处分。我国台湾地区“刑事诉讼法”规定的缓起诉的考验期为 1 年以上 3 年以下，其期间自缓起诉处分决定之日起算。检察官可要求被告人承担以下事项：向被害人道歉，立悔过书，向被害人赔偿损害，提供一定的义务劳动，完成戒瘾治疗、精神治疗、心理辅导或其他适当的处置措施，保护被害人安全的必要命令，预防再犯的必要命令等。其三，缓起诉处分效力的确定。缓起诉处分由检察院作出后，告诉人有权对缓起诉处分提请再议，对于上级驳回该再议的处分，可以申请交付法院审判，如果法院最终作出了驳回申请的裁定，缓起诉处分方才确定，缓起诉的考验期开始计算。其四，缓起诉考验期满后的效果。缓起诉考验期满后，可能会产生两种效果：一为产生不起诉的效果；二为撤销缓起诉处分，由检察院继续侦查或提起公诉。我国台湾地区规定的撤销缓起诉处分的事由有三种：(1) 被告在考验期内故意犯有应该判处有期徒刑以上刑罚之罪，经检察官提起公诉的。(2) 缓起诉前，被告因故意犯他罪，而在缓起诉考验期内受有期徒刑以上刑罚宣告的。(3) 被告违背应履行的义务或应遵守的事项。如果被告在缓起诉考验期内有上述行为之一的，检察院必须撤销缓起诉处分，被告已经履行的部分，不得请求赔偿或补偿，此时即产生被告被继续追究刑事责任的法律效果。若被告无上述行为，待考验期届满，缓起诉即可产生不起诉的效果。其五，告诉人对于缓起诉处分的救济。告诉人如果不服检察官的缓起诉处分，可以在法定期限内通过申请再议寻求救济，如果告诉人的申请被上级法院检察署检察长或检察总长驳回，告诉人还可以申请交付法院审判。

可见，在我国台湾地区，对于涉及套取科研经费案件的众多科研人员来说，只要“坦承犯行”（即认罪，类似我国大陆的认罪认罚制度，但是在效果上还是存在不小区别），不论是以非法占有为目的的套取科研经费案件（因而可能构成刑法上的诈骗罪和文书犯罪），还是不以非法占有为目的的套取科研经费案件（不能构成刑法上的诈骗罪，但是可以构成相应的文书犯罪），也不论套取科研经费数额的大小、情节的恶劣程度、套取科研经费人员的身份（科研人员和共同实施套取行为的科研辅助人员甚至配合提供财务资料的商人），均可以适用缓起诉。而如果在缓起诉期间没有违反法律规定的情形，最终的结局都是不起诉，从而实现事实上无罪的结局。由于在缓起诉期间违反法律规定的情形较为罕见，因此可以认为我国台湾地区事实上均对涉案的套取科研经费的科研人员做了无罪的处理。

以林某某案件为例，法院认为，林某某作为国立中正大学的教授，具有博士学位的知识程度，有正当职业及正常家庭生活状况；素行良好，并无犯罪前科；利用负责采购验收的机会，以耗材、零件等名目办理虚伪采购，作为大学教授，不足为学子身教典范。但是，其是因为经费有限，为充分进行研究或教学工作，或协助学生进行实验研究，在不得已的情形下，实施了与实际项目不符的采购，仅属于行政程序上犯有错误，绝无任何贪污的想法；其购买仪器是出于教学研究的目的，所有仪器均摆放在中正大学实验室，并无任何不法所有的意图。其行为仅仅构成相应的文书犯罪。最终，法院对林某某规定了两年的履行义务期间，期间届满后，检察机关对其作出不起诉的决定，关于林某某侵吞科研经费案件的诉讼程序随之终止。林某某仍为化学工程系的教授，其本职工作仍为教学研究，案件对其科研生涯的影响仅仅是阶段性的，其在化学科学领域的科研工作也没有因为涉及刑事案件而停止。

第二节 其他国家套取科研经费案件的刑事责任追究问题[①]

套取科研经费问题并非我国大陆的独有现象，在我国台湾地区，套取科研经费的现象一度也比较严重，而拥有较为完善的科研经费管理体制的美国、韩国、德国，也时不时地曝出一些套取科研经费的新闻。研究这些国家和地区套取科研经费案件的刑事责任追究问题，可为我国科研经费案件的刑事处理提供有益的比较与借鉴。

一、美国套取科研经费案件刑事责任的追究问题

美国套取科研经费案件刑事责任的追究问题以贝内特贪污科研经费案为典型，因此本书以该案的刑事追究过程加以说明。

（一）案情简介

美国卫生和公共服务部监察长、联邦调查局、美国国立卫生研究院（National Institutes of Health）和美国检察官办公室等的调查证实，西北大学教授贝内特作为美国国立卫生研究院研究项目的首席研究员，于 2003 年 1 月 1 日至 2010 年 8 月 31 日期间，通过西北大学向联邦政府提交虚假的支付凭证所获得的联邦政府资助，为他的朋友和家人提供专业咨询服务，通过签订分包合同报销食品、酒店、差旅费和其他费用。据称，西北大学允许其研究人员贝内特

① 由于语言、检索能力上的不足，本书只检索到韩国黄禹锡案件、美国贝内特案件的相关文献、学术研究、报道资料，其他国家和地区的资料尚未检索到，这是本书存在的一个不足之处，还需在日后的研究中予以完善。

在美国国立卫生研究院的研究资助项目中提交虚假的资料以报销费用。[①]

2013 年 1 月，美国联邦调查局以造假核销研究经费的罪名起诉查尔斯·贝内特，指控其曾在 2003 年至 2010 年间，用从联邦政府申请到的癌症研究经费来支付自己、家人和朋友的旅行费用，还聘请"不合格"的朋友和亲戚担任研究顾问。后来，贝内特同意向联邦地区法院缴纳 47.5 万美元的个人罚款来达成和解，同时西北大学向联邦政府赔偿 293 万美元。西北大学同意在 14 个工作日内支付和解金，但其发言人不承认其在此次案件中的责任。[②] 和解协议签署后，联邦调查局取消了对西北大学向国家卫生研究院提交虚假申报的指控（这些指控包括西北大学资助的贝内特博士的研究项目中所产生的费用，这些项目涉及药物不良、多发性骨髓瘤药物、一种名为血栓的血小板减少性血液障碍，以及癌症患者的护理质量等）。

从使用的罪名来看，美国联邦调查局指控贝内特的罪名大体上相当于我国的诈骗罪。在美国刑法中，诈骗罪（false pretenses）的全称是"以欺诈的方式获取财物罪"。美国学者毕肖普（Bishop）曾经对诈骗罪的含义作过这样的解释，他说：凡是为了骗取财物，把明知是虚假的事实当作真实事实告诉他人，使他人相信虚假事实，并据此将财物交给行为人的，都构成这个罪。不难看出，毕肖普对诈骗罪结构的描述与大陆法系刑法理论把诈骗罪概括为"被告人实施欺诈行为——被害人陷于错误认识——被害人基于错误交

---

① The Daily Northwestern. Lawsuit. https：//dailynorthwestern.com/2013/08/05/campus/charles-bennett-feinberg-school-of-medicine-cancer-research-fraud-lawsuit/，2013-08-05.

② Northwestern University. Information and clarification regarding recent legal settlement［EB/OL］. https：//news.northwestern.edu/stories/2013/08/message-from-northwestern-university-president-morton-schapiro-provost-dan-linzer-and-feinberg-school-of-medicine-dean-eric-neilson/，2013-08-02.

付财物”的基本要素是一致的。现在，美国刑法理论一般把诈骗罪的构成要件划分为四个基本要素，除了上述三个客观要素外，再加上一个主观要素，即明知是虚假事实并且具有欺骗被害人的意图。[①] 贝内特的行为符合上述诈骗罪的四个构成要素。因此，联邦调查局以诈骗罪指控贝内特并无不妥。

在美国，诈骗犯罪的犯罪主体并无特殊要求，也不因是否具有国家工作人员身份而加重或减轻处罚，科研人员的身份对联邦调查局的欺诈指控并没有实质性的影响。因此，在美国理论界与司法界并没有关于贝内特身份性质的争议。

（二）独特的结案方式——和解协议

美国采用和解这种特有的程序来解决贝内特侵吞科研经费的行为。和解（即诉辩交易）是美国特有的刑事程序。美国《布莱克法律词典》称“辩诉交易是指在刑事被告人就较轻的罪名或者数项指控中的一项或几项作出有罪答辩以换取检察官的某种让步，通常是获得较轻的判决或者是撤销其他指控的情况下，检察官和被告人之间经过协商达成的协议。”辩诉双方达成协议之后，法院便不再对该案件进行实质性审判，而仅在形式上确认双方协议的内容。只有当法院认为辩诉交易的内容违反了正义和公正的原则时，才可以拒绝接受双方辩诉交易的协议。但是，该种情形在司法实践中极为罕见。在通常情况下，法官对控方检察官的量刑建议承诺也会给予充分尊重。诉辩交易在美国理论界与法律实务界历经了若干年的废除与存留之争，最终在美国刑事诉讼程序中站稳脚跟，在美国特有的大环境中，诉辩交易制度的存在有其合理性，它已经被设定为无须审判而结束案件的“快速通道”。

根据美国伊利诺伊北部地方法院作出的第09C1943号和解协议书，此协议排除了美国卫生和公众服务机构针对贝内特以及西北

---

① 参见刘士心：《美国刑法各论原理》，人民出版社2015年版。

大学采取的任何执法行动：（1）任何刑事责任；（2）除本协议明确规定外，任何其他行政责任，包括联邦政府的中止和剥夺权利的行为；（3）任何对有缺陷或缺陷产品或服务的明示或默示索赔的责任，包括货物和服务的质量……[①]由此可见，和解协议解决了贝内特以及西北大学虚假报销科研经费的行为，但是由此行为带来的其他责任要通过其他方式去承担，或赔偿损失或消除影响或承担义务。

（三）相关部门对该案发表的意见

伊利诺伊州北部地区联邦检察官加里·S. 夏皮罗（Gary S. Shapiro）说："此次和解，再加上大学内部人士举报欺诈的意愿，应该有助于阻止经费滥用这种不当行为，但如果这样做不足以达到禁止的效果，联邦政府的各位资助者应该明确知道，我们将积极寻求所有可用的法律惩罚措施。"由此可见，和解协议的效力不仅体现在惩罚上，还体现在对以后行为的规制上，这也正体现了美国在科研人员的管理以及科研经费的使用上，重在事前预防的制度，而不重在事后的处罚。

美国联邦调查局（FBI）芝加哥办公室的特别负责人科里·B. 纳尔逊（Cory B. Nelson）说："FBI 对欺诈指控进行了认真的处理，特别是那些内部人士的指控，这些人经常处于最清晰的位置，能够最早发现违法行为。"[②] 该说法表明了执法机关对于科研经费案件的认真、积极的处理态度。

---

① UNITED STATES DISTRICT COURT, NORTHERN DISTRICT OF ILLINOIS, EASTERN DIVISION.SETTLEMENT AGREEMENT[EB/OL].https://www.justice. gov/sites/default/files/usao - ndil/legacy/2015/06/11/pr0730 _ 01a. pdf, 2018-03-14.

② Offices of United States Attorneys. Department of Justice. https://www.justice.gov/usao-ndil/pr/northwestern-university-pay-nearly-3-million-united-states-settle-cancer-research-grant, 2013-07-30.

作为科研经费的资助者和监管者，美国卫生与公共服务部特别负责人、芝加哥地区监察办公室主任拉蒙特·普格珊说："研究人员使用联邦政府拨款支付私人旅行、酒店和餐费，并雇用不合格的朋友和亲戚当'顾问'的行为，违反了公众的信任，资金管理不善或不当支出是不可接受的，是不能容忍的。监察办公室（Office of Inspector General，OIG）将继续努力调查有关这一性质的指控，以确保纳税人的钱得到适当的利用。"该表态表明了资助者和监管者对于套取科研经费行为在内的所有科研经费违法行为绝不姑息的态度。

综合以上在套取科研经费案件办理中不同环节的官方态度，可以发现，美国对于这类违法犯罪案件，监管机构的态度是毫不姑息、绝不容忍的，"发现一起，查处一起"，而具体的办案机关在办理案件过程中则坚持了类似我国宽严相济刑事政策的做法，对于套取科研经费案件的刑事处理做到了"高举轻放"，对于数额巨大的套取科研经费案件仅仅以刑事和解协议结案。

（四）刑事处理结果对贝内特本人的影响

法院审理后决定以贝内特支付 47.5 万美元的和解金来结案。该交易是基于对贝内特财务状况的分析作出的，这样可以最大可能地避免拖延，以及长时间诉讼带来的不方便、不确定性，更重要的是可以节省诸多的人力、财力、物力成本。根据和解协议，贝内特在 12 月 1 日之前支付了 47.5 万美元。

此案判决生效后，贝内特教授被西北大学辞退，现任职于南卡罗来纳大学药学院药物安全中心，担任该中心的主任兼教授。"此次案件以及和解协议的内容并没有阻止贝内特教授在未来获得资助"，麦格克说。贝内特继续他的工作，包括最近发表在《新英格兰医学杂志》上的重要出版物，以及发表在《临床肿瘤学杂志》上的一篇文章。贝内特继续他在南卡罗来纳大学的工作。"从来没有任何迹象表明贝内特博士的科学研究有缺陷或不健全。"贝内特的支持者说他的工作是一流的。①

综上所述，贝内特教授并没有因为套取科研经费案件而停止他的科研活动，美国联邦政府也没有禁止他继续申请科研经费和担任教职。可以说案件对贝内特的影响仅仅是阶段性的，而不是终身性的，联邦政府以及国民看到了贝内特滥用了科研经费，违反了公众的信任，同时也看到了贝内特在肿瘤界以及药物学界的特殊贡献与价值，从而没有“赶尽杀绝”，而是“给出路”，让其继续为社会作贡献。

二、韩国套取科研经费案件刑事责任的追究问题

韩国套取科研经费案件刑事责任的追究问题以黄禹锡教授学术造假、贪污科研经费案较为典型，因此本书结合该案例加以分析。

（一）案情简介

曾任首尔大学兽医学院首席教授的黄禹锡曾被韩国政府授予“韩国最高科学家”荣誉。他对于干细胞的研究一度令他成为韩国民族英雄，被视为大韩民族夺得诺贝尔奖的希望。2006 年年初，黄禹锡学术造假丑闻曝光后，韩国检察机关决定对黄禹锡及其课题组伪造论文、非法获取并使用科研经费的行为展开正式调查。2006 年 5 月 12 日，韩国检察机关对黄禹锡正式提起诉讼，指控他以虚假的研究成果获取 20 亿韩元（约合人民币 1330 万元）私人来源的研究经费，并从政府和私人提供的研究经费中套取 8 亿韩元（约合人民币 532 万元）来购买汽车、住房和送给政治人物的礼物（检察官还描述了黄禹锡精心策划处理现金的细节：为了避免在银行间转移现金而留下痕迹，黄禹锡从银行提出大量现金，将它们装

---

① The Cancer Letter. Bennett, Federal Prosecutors Reach $475, 000 Settlement［EB/OL］. https://cancerletter.com/articles/20141031_5/, 2014-10-31，2016 年 10 月 31 日访问。

在提包里，再转移到另一家银行，他在60多个账户中使用了不同的名字，包括亲属的名字）。2009年10月26日，韩国法院裁定，黄禹锡侵吞政府研究经费、非法买卖卵子的犯罪行为成立，以业务上的侵占罪和非法买卖卵子罪判处其2年有期徒刑，缓刑3年。①

在韩国，科研经费按照来源不同被划分为政府经费以及私人经费，对侵吞不同类型的经费行为适用不同的罪名。针对黄禹锡案件，检察机关也区分套取政府科研经费与套取私人科研经费的行为，按照不同罪名进行起诉。黄禹锡教授的课题组从1998年开始到2005年止，从科学技术部、教育部、京畿道等相关部门和地方自治团体、私有企业获得的资金共计623亿韩元（约合人民币3.75亿元），其中纯研究经费1135600万韩元（约合人民币0.67亿元），实验室等研究设施经费共510亿韩元（约合人民币3.03亿元）。其中，以虚假的研究成果从SK财团和私有金融机构获取约20亿韩元（约合人民币1330万元）的研究经费（这部分经费的性质为私人科研经费），对于该部分行为，检察机关认为涉嫌构成诈骗罪②；对其使用政府研究经费8亿韩元（约合人民币532万元）来购买汽车、住房和送给政治人物的礼物（这部分经费的性质为政府经费），检察机关认为涉嫌构成业务上的侵占罪（从其构成要件要素分析，业务上的侵占罪相当于我国刑法中的贪污罪和职

① 《韩最高法院维持黄禹锡案原判》，载人民网，http://scitech.people.com.cn/n/2014/0303/c1007-24513191.html,2014-03-03，2017年12月2日访问。

② 《韩国刑法典》规定，欺骗他人财物的交付或获取财产性利益的人，处10年以下有期徒刑或2000万韩元以下的罚金。以前款的方法使第三人得到财物的交付或获取财产性利益的人，其刑罚与前款规定相同。

务侵占罪的合体)。[1]

(二) 法院的判决

2006年5月，检察机关以诈骗罪、业务上的侵占罪以及非法买卖卵子罪（该罪违反了韩国的《生命伦理法》）等犯罪起诉了黄禹锡等6人。检察机关认为，黄禹锡在《科学》杂志上发表伪造的干细胞论文后，其从SK财团和金融机构手中收取了约20亿韩元（约合人民币1200万元）的研究经费，涉嫌诈骗罪；套取政府研究经费用于各项个人开支，涉嫌构成业务上的侵占罪。此外，还涉嫌构成非法买卖卵子罪。

2009年10月26日，韩国首尔中央地方法院刑事合议26部在对黄禹锡教授的科研团队进行的公开审判中认定，黄禹锡2004年和2005年在美国《科学》杂志上发表的有关人体干细胞的研究论文部分造假事实成立，但是其团队从韩国SK财团和金融机构获取20亿韩元研究经费并未构成诈骗犯罪，不属刑事犯罪；检察机关指控的业务上的侵占罪名和非法买卖卵子的罪名成立。考虑到黄禹锡本人在科研领域的贡献以及已经受到学校纪律处分等几方面因素，法庭决定对其处以有期徒刑2年，缓期3年执行的处罚。同时，法院还对该科研团队中的其他成员进行了判决：判处首尔大学

---

① 业务上的侵占罪是指违背业务上的任务，实施《韩国刑法典》第355条行为的人，处10年以下有期徒刑或3000万元以下的罚金（《韩国刑法典》第355条规定，对他人财物负有保管义务的人侵占其财物或拒不返还财物的，处5年以下有期徒刑或1500万韩元以下的罚金。对他人事务有管理责任的人以违背其责任的行为获取财产性利益或使第三人获取财物性利益的，处5年以下有期徒刑或1500万韩元以下的罚金)。如果业务侵占的金额超过5亿韩元，则适用《特定经济犯罪加重处罚法》，将处以3年以上有期徒刑；如果超过50亿韩元，将处以无期徒刑或5年以上有期徒刑。《特定经济犯罪加重处罚法》是韩国的一部单行刑法，其在刑法典的基础上对特定的经济犯罪行为作出了加重处罚的规定。参见金昌俊:《韩国刑法总论——延边大学朝鲜韩国研究论集》(第IX集)，社会科学文献出版社2016年版。

教授李炳千和前首尔大学教授姜圣根有期徒刑1年零6个月，缓期2年执行；判处汉阳大学教授尹贤根有期徒刑1年，缓期2年执行；前研究员金善宗被判有期徒刑3年零10个月，缓期2年执行。

（三）相关人士对该案发表的意见

黄禹锡本人认罪认罚，其在最后陈述中表示："如果给我机会，我将努力实现作为一个脱离自己的科学家的本分，实现他人的热情，实现梦想。"

相关人士指出，该案实际上对黄禹锡本人及其科研团队进行了非常宽大的处理：由于其涉案数额超过50亿韩元，应当适用《特定经济犯罪加重处罚法》中的加重处罚规定来定罪处罚，但是检察部门并没有依据《特定经济犯罪加重处罚法》对黄禹锡提出起诉，而是以普通的业务侵占罪进行了起诉。否则，黄禹锡面临的刑罚可能会比现在严重得多。① 当然，之所以对黄禹锡本人及其科研团队进行如此宽大的处理，主要是考虑到科学领域的特殊性以及黄禹锡教授的巨大影响、韩国政府和民众对科学家的特殊情感。

（四）该案件对韩国相关科技领域和对黄禹锡本人的影响

尽管韩国司法机关对黄禹锡本人及其科研团队进行了非常宽大的处理，无论是在刑事诉讼中还是判决的执行阶段，黄禹锡本人及其团队成员的人身基本上是自由的（刑事诉讼中采取了取保候审措施，判决后实行的是缓期执行），但是该案还是对韩国干细胞和克隆技术的发展产生了巨大的负面影响。受黄禹锡案件的影响，自2006年以后，韩国的干细胞研究基本处于停滞状态，但与此同时，美、日、欧的干细胞研究却越发活跃。美国奥巴马政府上台后，颁

---

① 贪污金额超过5亿韩元，则适用《特定经济犯罪加重处罚法》，将处以3年以上有期徒刑；如果超过50亿韩元，将处以无期徒刑或5年以上徒刑。参见《黄禹锡案件始末》，https://ko.wikipedia.org/w/undefined?action=edit§ion=5，2018-03-15，2018年4月2日访问。

布了联邦政府支持干细胞研究的法令，使美国在该领域继续保持国际最先进水平。可以预见的是，今后一段时间，韩国干细胞研究与国际领先水平的差距将越来越大。

虽然黄禹锡因学术造假名誉扫地，但他的研究工作并没有停止。2006 年，黄禹锡被首尔大学开除后，他与二十几名研究人员共同设立了水岩生命工程研究院。起初，黄禹锡在首尔老城区设立了实验室，但是因为邻居的抗议被迫关门。后来，水岩研究财团理事长朴炳洙等及时伸出援手，资助黄禹锡将实验室搬到了京畿道龙仁市。之后，黄禹锡就与外界切断了联系，专心进行研究工作。黄禹锡的研究小组将研究重点从人体细胞胚芽复制转移到了克隆动物领域。2007 年，黄禹锡的团队克隆了美国奥利文集团会长的爱犬“密斯”，随后又连续成功克隆了中国藏獒和在“9·11”事件中表现卓越的救助犬“特莱克”，从而再次受到了人们的关注。2008 年至 2009 年，黄禹锡研究小组一共克隆了 121 只各类动物。虽然黄禹锡不能进行海外论文投稿，但这两年他被登记在国际科学论文引用索引（SCI）上的新论文仍达到 15 篇。

《科学》报道说：“黄禹锡在经历了论文造假事件后，在非营利性研究机构——水岩生命工程研究院带领 40 名研究人员，每年花费 400 万美元的研究费，不断发表学术论文。不仅是韩国政府，连全世界的爱好者都在寻找他的克隆技术。”《科学》还介绍说：“水岩生命工程研究院正在为濒临灭绝的品种和物种提供复制技术，黄禹锡在改良品种和物种上的作为功不可没。”“黄禹锡希望重新开始进行人类胚胎干细胞研究。”美国哈佛大学医学院教授乔治·萨克斯教授说：“谁都可以获得重生的机会。”很多社会团体和医疗、制药企业都在出钱出力支持他的研究工作，如果他真的拿出了实实在在的研究成果，谁能肯定黄禹锡这个韩国神话不会卷土重来呢?①

第三节 科研经费犯罪刑事责任追究比较与借鉴

一、科研经费犯罪刑事责任追究中的争议问题比较与借鉴

综上所述，我国大陆和台湾地区，韩国和美国，近些年来都存在一定程度的套取挪用科研经费行为，也都依法追究了套取挪用科研经费行为人的刑事责任。当然，由于套取挪用科研经费行为的复杂性、科研领域存在的特殊性，也使得在追究套取挪用科研经费案件刑事责任过程中，面临着不少理论上的争议。由于各国和地区法律规定等方面存在的巨大差异，这些理论争议中既存在相同点，也存在不同点。

不同点在于，在我国大陆，司法机关认定科研人员主持科研项目期间，具有贪污罪的主体身份（不论是认定为国有事业单位中从事公务的人员，还是认定为受委托管理国有财产的人员），因而可以构成贪污罪。理论界对此问题则争论不休。在我国台湾地区，司法机关对于科研人员主持科研项目期间的主体身份问题，经历了从认可具有公务员身份到否定具有公务员身份的变化，理论界则始终坚持认为主持科研项目的科研人员不属于公务员，因而不构成贪污罪的观点。而在韩国与美国，对于科研人员的主体身份问题并没有争议，因而也尚未见到相关的学术讨论。

相同点在于，不管是我国台湾地区，还是韩国和美国，都认为科研经费不属于科研人员所有。科研经费的性质来源于科研经费提供者的性质（源头的性质），即如果科研经费来源于国家财政拨款，则科研经费不管经过怎么流转，都属于国家所有。因此，科研

---

① 《黄禹锡也是一门科学》，http：//biz. chosun. com/site/data/html_ dir/2014/01/16/2014011603248. html，2018 年 3 月 4 日访问。

人员套取挪用科研经费的，不论是何种身份，都可以构成犯罪。

这对于我国的启示是：其一，无论如何，套取挪用科研经费行为均可以构成犯罪，只不过构成犯罪的具体罪名不同。那种认为科研经费属于科研人员所有，因而套取挪用科研经费行为不构成任何犯罪的观点，至少从比较研究的角度来看，无法得出这样的无罪结论。其二，在我国大陆适用贪污罪追究科研人员套取科研经费的刑事责任，而在美国、韩国和我国台湾地区，则使用诈骗罪追究科研人员套取科研经费的刑事责任。在我国大陆，贪污罪与诈骗罪相比，构成犯罪的刑事门槛更高（贪污罪一般情形下为 3 万元，诈骗罪一般情形下为 3000 元）、处罚实际上更轻（虽然贪污罪最高法定刑有死刑，但是科研人员套取科研经费案件不可能存在如此巨大的数额和严重情节，而且贪污罪的死刑基本上属于备而不用，只有在极端的情形下才可以使用），因此从实质上说，相对于诈骗罪，贪污罪是轻罪。这一点与我国台湾地区、韩国等国家和地区相比，存在重大区别。因此，在认可科研经费不属于科研人员所有的前提下，盲目借鉴我国台湾地区或者韩国等的规定，对于套取科研经费案件，否定科研人员的贪污罪主体身份，只能招致更为严厉的诈骗罪的刑法评价。如果适用诈骗罪来追究套取科研经费案件的科研人员的刑事责任，对于本来就遭受不公正待遇的科研人员来说，无疑是雪上加霜。其三，我国台湾地区惩罚不以非法占有为目的的套取科研经费行为过于严苛，不值得我国大陆借鉴。如前所述，在我国台湾地区，不以非法占有为目的的套取科研经费行为可以构成“会计法”的犯罪，即明知为不实之事项而填制会计凭证罪。我国台湾地区违反“会计法”上的犯罪罪名设置较多，明知为不实之事项而填制会计凭证罪只是其中之一。如此众多的罪名设置，对于加强会计管理具有积极意义，但是也面临着过度犯罪化的争议。在当前我国大陆重大贪污贿赂案件治理尚未取得根本突破，而在科研人员付出智力活动后得不到合理报酬的情况下，一些会计违法案件显得“小巫见大巫”，追究科研人员违反“会计法”的刑事责任，难以取得良好的社会效果。[①] 因此，至少在当前我国台湾地区“会计法”上的犯罪立法和司法并不值得大陆借鉴。当然，在惩治严重贪污贿赂案件告一段落，社会治理水平明显提升以后，重视“会计法”的预防作用，追究违反“会计法”的刑事责任，将会是遏制包括套取科研经费案件在内的所有套取国家经费的有效途径。

需要说明的是，笔者之所以特别强调不能盲目地借鉴我国台湾地区将科研人员套取科研经费行为不再认定为贪污罪的做法，主要是因为我国大陆与台湾地区在贪污罪犯罪主体以及相应的刑罚体系设置方面存在较大的差别。

（1）我国大陆和台湾地区对贪污罪的主体（公务员或者国家工作人员）的解释方向不同。

我国台湾地区 2005 年修改“刑法”，其中针对公务员概念修改的指导思想是限制、明确公务员的范围，以解决旧法中公务员概念过于泛化、不明确的问题。[②] 这种刑事立法指导思想贯彻到刑事司法中来，势必要求刑事司法中也要限缩公务员概念的范围。具体到认定科研人员的身份问题上，自然也倾向于将科研人员从公务员中排除出去。反观我国大陆，自 1979 年刑法以来，虽然国家工作人员的概念一直在变化，时而限缩时而扩张，但是整体上的趋势是在扩张。[③] 因而，我国大陆在解释国家工作人员概念的时候进行限制解释，将主持科研项目并负有监督管理科研经费职责的科研人员从国家工作人员中排除出去，不符合大的立法和司法趋势。

（2）在我国大陆和台湾地区可能适用的罪名体系中，贪污罪、

---

① 参见刘科：《套取国家财政拨款科研经费行为定罪中的疑难问题》，载《法学杂志》2015 年第 7 期。

② 参见甘添贵：《新修正刑法公务员的概念》，载《刑法公务员概念的比较研究》，社团法人台湾刑事法学会 2010 年版，第 11 页。

③ 参见刘仁文：《刑法中国家工作人员概念的立法演变》，载《河南大学学报》2010 年第 6 期。

诈骗罪的刑罚轻重存在倒置问题。

我国大陆和台湾地区都把科研经费视为科研依托单位管理之下的资产，而不是科研人员的个人资产。因而对于套取挪用科研经费的行为，我国台湾地区可能适用的罪名体系就涵盖了贪污罪、诈骗罪、有关文书犯罪等罪名体系。如果科研人员难以按照贪污罪定罪处罚，则可以按照诈骗罪定罪处罚。① 而诈骗罪相对于贪污罪，刑罚设置较为轻缓，刑事门槛也较高。故理论界在认识到追究科研人员套取挪用科研经费行为的刑事责任不可避免时，为了给科研人员"开脱"罪责，就会倾向于选择较轻的犯罪即诈骗罪。由于诈骗罪与贪污罪的区别主要在于犯罪主体不同，故理论界一直致力于解决科研人员的身份问题，试图把科研人员从贪污罪中解脱出来。

我国大陆则相反。虽然理论界普遍认为贪污罪侵害的法益重于诈骗罪，但无论是从刑事立法还是刑事司法来看，贪污罪的刑事门槛都要比诈骗罪高出很多，相同数额的贪污行为的量刑也远远轻于相同数额的诈骗行为。诈骗罪相对于贪污罪，实质上已经变成了重罪。如果借鉴我国台湾地区的做法，否认科研人员的国家工作人员身份，将其套取挪用科研经费的行为认定为诈骗罪，则科研人员会受到更为严厉的处罚。② 这种做法显然与意图为科研人员"开脱"罪责的想法背道而驰。

二、科研经费犯罪刑事责任追究的结果比较与借鉴

我国台湾地区、韩国、美国对于套取挪用科研经费案件的刑事处理结果，可以用一个词来概括，就是"轻缓"：美国根据和解协

---

① "倘主持教授有诈领或溢领补助经费等情形，则视具体案情，依刑事法相关之规定论处，自不待言。"

② 只要认定科研经费属于公共财产，则势必要按照诈骗罪来处罚（否定了科研人员的从事公务属性，实际上也否定了其具有的管理属性，从而排除掉职务侵占罪的适用）。

议结案，对涉案人员实际上并没有追究刑事责任，只是以支付罚款的方式替代了刑事责任；我国台湾地区对于涉案人员统一以缓起诉处理，暂缓期满没有其他违法事实的，则视同没有追究刑事责任；韩国虽然追究了科研人员的刑事责任，但只对涉案人员判处缓刑。上述处理的结果对于涉案人员来说除了不能在原单位继续从事科研工作以外，其换个单位继续从事科研工作甚至继续申请科研经费都没有受到实质影响。可以说，通过这种轻缓的处理，科研人员虽然受到一定的处罚（缴纳罚款或者缓起诉期间、缓刑期间受到一定的约束），但是科研生命得以保留。

反观我国大陆，对于涉案科研人员几乎都使用了重刑，而且没有适用缓刑措施；涉案人员几乎都被“双开”，获释后能否从事科研工作，尽管没有法律上的明确性的禁止规定，但基于我国科研单位大多属于国有的现状，这些涉案人员继续从事所属领域科研工作的可能性微乎其微。可以说，我国大陆对于涉案科研人员不但要在肉体上加以监禁，而且要在科研上判其“死刑”。

同样是套取挪用科研经费行为，处理结果却大相径庭：一个轻缓、一个严苛，对比鲜明。显然，其他国家和地区的轻缓做法值得我国借鉴。

（一）从宽处理套取挪用科研经费行为的原因

借鉴其他国家和地区的有益做法，对套取挪用科研经费案件采取从宽处理的方式，具有以下理由：

（1）我国科研经费管理体制弊端重重，相当一部分套取挪用科研经费案件属于“迫不得已”，因而从整体上看，套取挪用科研经费案件的社会危害性较小。

科研人员在从事科研活动时套取挪用科研经费的行为到底有无社会危害性？答案是肯定的。因为纵向课题的科研经费来自中央或地方财政拨款，套取挪用科研经费会使国家财产受到损失；横向课题的科研经费虽然来自社会资金，但是在纳入科研依托单位管理后，也属于科研单位的资产，应当专款专用。因此，从科研经费的权属性质和科研经费报销的程序要求出发，科研人员套取挪用科研经费的行为无疑是具有社会危害性的。

但是，套取挪用科研经费行为与其他一些套取挪用国家财政资金的行为相比，其社会危害性较小。理由是：很多情形下科研人员套取挪用科研经费的行为是因为科研经费管理机制的不合理而被迫作出的选择，并不是有意为之。有关我国科研经费管理机制存在的弊端，相信每一位从事科研工作的科研人员都有切身体会并“深恶痛绝”，然而又无能为力。在这种夹缝中生存的科研人员，出现一定程度的套取挪用科研经费行为，从大体上说是科研经费管理机制不合理的结果，社会危害性当然较小。这一点在学术界已成公论，此处不再赘述。

（2）即使对套取挪用科研经费行为从宽处理也足以实现刑罚的目的。

犯罪行为具有一定的社会危害性，其对现有的社会关系造成了不同程度的破坏，因而在法治社会里需要对实施犯罪的行为人给予一定的惩处，使其为自己的过错承担责任。同时，犯罪行为往往使被害人一方的利益遭受损失，引起其情感上的厌恶和愤怒，基于此，对行为人加以处罚也可以安抚被害人一方的情绪，避免其产生过激的行为。在套取挪用科研经费的案件中，通过前文的分析可知，科研人员套取挪用科研经费的行为具有较小的社会危害性，不会对国家的公信力和法律的权威性产生实质性的侵害，因此较轻的处罚足以与其所实施的犯罪行为相匹配。此外，社会公众对于科研人员套取科研经费的行为并没有强烈的负面情绪，相反由于现行科研经费管理制度存在的问题，社会公众对科研人员往往持有一种理解或同情的态度，在这种情况下，司法机关对套取挪用科研经费的行为予以从宽处理，非但不会引起社会公众的抵触情绪，反而在实质上契合了他们的情感诉求，不会导致过激行为的发生。总之，不论是从行为的社会危害性角度，还是从社会公众的情感态度角度进行分析，对套取挪用科研经费的行为予以从宽处理都足以实现惩罚犯罪的目的。[1]

在套取挪用科研经费的行为中，科研人员有相当一部分是基于对法律的错误认识才实施犯罪行为的，他们认为科研经费是其向课题发布单位申请得到的，所有权理应由其自身享有，因而套取挪用科研经费的行为至多是对科研经费管理制度的破坏，而不是对法律甚至是刑法的违反。在这种情况下，对于行为人，乃至社会上的其他潜在犯罪分子，只要通过大力宣传与科研相关的法律知识就能起到较好的教育和威慑作用，而不需要通过过重的刑罚来实现预防犯罪的目的。

套取挪用科研经费的行为所构成的犯罪属于职务犯罪的一种，其与侵害人身权利的犯罪有很大的区别，后者可能必须采取与社会隔离的方式才能防止行为人再次犯罪，而职务犯罪则只需要将行为人与其所从事的职务相隔离，即可达到预防犯罪的效果，从这一点来讲，宽缓的刑罚甚至是免予刑罚都足以实现预防犯罪的目的。对此，美国国家卫生研究院前任学术不端办公室主任戴维·怀特（David Wright）曾经说过，（对于套取科研经费案件）刑事处罚的作用值得怀疑。一个学者如果被禁止申请国家课题项目，即使是短期，也意味着独立的学术生命被判死刑。因而禁止申请项目已经是很重的惩罚。

（3）从宽处理套取挪用科研经费的行为对一个国家的科技进步有重大意义。许多科研人员都是某一前沿领域的专家，对其长时间的监禁对一个国家的科技进步是一种巨大的损失，对此类犯罪从宽处理具有内在的合理性。

建设创新型国家是我国的国策，也是民族复兴的基石。而要建设创新型国家，关键是要有创新型人才。显然，科研人员就是创新型人才的主要组成部分。对套取挪用科研经费的行为从宽处理，具

---

① 参见高贺：《套取科研经费行为犯罪问题研究》，北京师范大学 2017 年硕士学位论文。

有以下特点：

第一，可以使涉案科研人员继续为社会创造价值。我们知道，科研人员具有很强的不可替代性，他们大都是科研上的精英骨干或某一领域的领军人物，手中掌握着先进的技术，对我国经济的发展以及科技的进步具有重大的推动作用。“逮捕一位科研人员，毁了一个重点学科”的现象屡屡发生。甚至在某些重点科技领域，逮捕一位科学家将会使得该科研领域停滞不前。“千军易得，一将难求”的现象在科技领域体现得淋漓尽致。据此，司法机关对科研人员“网开一面”，使其免受监禁刑，早日回归社会，从而继续发挥自己的智慧和才能，为国家和人民创造更多的价值。

第二，可以保护科研人员从事科研活动的积极性。管理科研经费、开展科研活动并不是科研人员的法定义务。在现有的科研体制下，科研人员可以选择申请科研项目，为国家科学事业作贡献，也可以选择不进行科研活动，只从事行政或教学工作。在这种情况下，如果科研人员动辄得咎且处刑严厉，那么其申请项目开展科研活动的积极性将大受打击，我国的科研事业也无法得到可持续的发展。因此，在处理套取挪用科研经费案件中，严格把握最高人民检察院《关于贯彻落实〈中共中央关于全面推进依法治国若干重大问题的决定〉的意见》“依法慎重办理科技活动和科技体制改革中出现的新类型案件，严格区分罪与非罪界限，依法保护科研单位和科技人员的合法权益”的精神实质①，对涉案科研人员依法从宽处理。

此外，对套取挪用科研经费案件从宽处理，也可以有效地节约司法资源。为了使有限的司法资源发挥最大的社会效益，就需要对司法资源进行优化配置。其中，对于套取挪用科研经费等社会危害性较小的犯罪，利用较少的司法资源就可以实现刑罚的目的，这

---

① 参见最高人民检察院《关于贯彻落实〈中共中央关于全面推进依法治国若干重大问题的决定〉的意见》的相关规定。

样，节省下来的资源就可以用于集中打击恐怖活动犯罪等暴力犯罪，增加社会的整体效益。

（二）从宽处理套取挪用科研经费案件政策的具体落实

（1）积极探索套取挪用科研经费案件的出罪机制，能不定罪处罚就不定罪处罚。

美国司法机关用刑事和解方式解决贝内特案件。贝内特将联邦政府资助的科研经费用于支付各项与科研活动无关的开销，数额高达20多万美元，但最终只以和解协议来结案，和解协议对贝内特个人的惩罚仅仅是不到50万美元的罚款。贝内特本人既没有受到监禁刑罚，科研活动也没有受到多大的影响，再换一所大学执教后仍可以继续申请各项科研经费。在我国台湾地区，套取挪用科研经费案件，无论数额大小、情节轻重，也不论是否具有非法占有的目的，均以缓起诉结案。缓起诉的结果通常就是不起诉，进而实现无罪的效果。例如，在我国台湾地区林某某案中，虽然一审法院判决构成贪污罪并判处其有期徒刑10年，但案件最终以缓起诉处理，只要林某某在附条件的两年时间内不违反检察机关的有关规定，等两年过后，检察机关就不得再起诉，从而林某某的行为归于无罪。

相对于我国台湾地区与美国、韩国类似案件的处理，我国大陆对科研经费违法犯罪的处理明显过重（参见表2）。这种过重的处罚首先体现在追究犯罪范围的广泛性上，几乎查处的涉案科研人员均被追究了刑事责任。在中国裁判文书网上以“科研经费”为关键词进行检索，共获得287个结果，其中有34份判决书与科研人员犯罪有关。这34份判决书中，科研人员被判贪污罪的占62%，被判受贿罪的占18%，同时被判贪污罪和受贿罪的占9%，而贪污罪加行贿罪、贪污罪加私分国有资产罪、贪污罪加滥用职权罪、贪污罪加诈骗罪四种情况各占3%。在犯罪主体方面，有74%的犯罪主体为科研人员（25人），另外的26%是与科研相关的行政人员。在科研人员这一主体中，又有68%是高校教授（17人），32%是科研院所人员（8人）。在刑期方面，被判处1~5年有期徒刑的被告人占 43%，6~10 年的占 16%，11~15 年的占 25%，定罪免罚的占 16%。在罪名分布方面，贪污罪占比最大，达到 59%，有代表性的有山东大学实验动物中心主任兼新药评价中心副主任刘某某侵吞科研经费 174 万元，被以贪污罪判处有期徒刑 13 年；北京师范大学前教授兼实验室副主任张某某侵吞科研经费 70 万元，被以贪污罪判处有期徒刑 11 年；浙江大学前水环境研究院院长陈某某因侵吞科研经费近 1000 万元，被以贪污罪判处有期徒刑 10 年；等等。

综上所述，我国对套取挪用科研经费的行为处罚面过宽，从已查处的案件来看，最终都被定罪判刑，而且刑罚动辄就在 10 年以上。如此大范围的定罪处罚既与该类案件较轻的社会危害性不符，也与刑罚目的背道而驰。对涉案科研人员缩小刑事处罚范围，能不定罪就不定罪是大势所趋。在不定罪的操作层面，可以考虑采用我国现行的刑事和解制度和附条件不起诉制度，将涉案的科研人员从定罪处罚的境遇中解脱出来。刑事和解是指在刑事诉讼中，在司法人员的调停、监督下，犯罪人以自愿认罪、赔偿、赔礼道歉等形式与被害人达成和解后，国家司法机关不再追究其刑事责任、免除处罚或者从轻处罚的刑事纠纷解决方式。附条件不起诉制度是指检察机关对应当负刑事责任的犯罪嫌疑人，认为可以不追究刑事责任时，给其设立一定的考察期，如其在考察期内积极履行相关社会义务，并完成与被害人及检察机关约定的相关义务，足以证实其悔罪表现的，检察机关将依法作出不起诉决定。当然，我国现行的刑事和解制度与美国的刑事和解制度，附条件不起诉制度与我国台湾地区的缓起诉制度在适用范围、后果、条件等方面还存在一些差异，在具体适用上还存在一些难以克服的问题（如刑事和解是否适用于套取科研经费案件这一类具有职务犯罪性质的案件，对于数额巨大的套取挪用科研经费案件是否适用等）。但是，既然美国对于套取科研经费案件可以采取刑事和解的方式，我国台湾地区对于套取科研经费案件可以采取缓起诉的方式，最终都实现无罪的效果，那么针对情节相同的套取科研经费案件，我国也完全可以通过修改刑事和解制度、附条件不起诉制度等的适用条件，将套取挪用科研经费案件（以及其他类似的情况比较特殊的案件，如涉众案件、企业家犯罪案件等）尽量不按照犯罪处理或者最终的处理结果是不追究刑事责任。

表2 中、美、韩三则案例对比

	中国：张某某教授贪污科研经费案	美国：贝内特诈骗科研经费案	韩国：黄禹锡诈骗科研经费和学术造假案
涉案数额（换算成人民币）	75.76万元	约200万元	1862万元
刑事处理结果	贪污罪	刑事和解	业务上的侵占罪
刑期	11年	支付397万元刑事和解金结案	有期徒刑2年，缓期3年执行

（2）即使对于涉案科研人员必须定罪处罚，量刑也应当适度轻缓，尽量不采取监禁刑，并扩大减刑、假释的适用范围。

韩国黄禹锡等人套取科研经费案件中，尽管涉案数额巨大、同时构成数罪，韩国首尔高等法院还是仅判处黄禹锡有期徒刑2年，缓期3年执行。其他涉案人员也均适用了缓刑。相关人士表示，考虑到黄禹锡本人在科研领域的贡献以及已经受到学校纪律处分等几方面因素，法庭决定从轻发落，对其处以有期徒刑2年，缓期3年执行的处罚，已经满足需要。从判决结果以及有关人士的解读来看，韩国之所以对涉案科研人员从轻发落，是因为意识到科研人员的才能是独一无二的，是无可替代的，对其不适用自由刑，科研人员的才能才不会被埋没，相关领域的科学研究才能继续，国家科技才能以迅猛的速度发展。韩国对黄禹锡等人套取科研经费案件的处理结果也与我国理论界探讨的能人犯罪网开一面问题有异曲同工之妙[①]，值得借鉴。

在当下的中国，重刑主义思想仍然存在，人们对刑罚尤其是对监禁刑过于迷信和崇拜，认为只有剥夺行为人的人身自由才能使其得到应有的惩罚，将其置于完全隔离的状态才不会对社会产生危害。这两种观点都是十分狭隘的，前者是将自己代入被害人的角色，利用较重的刑罚对行为人加以报复；后者则只注重隔离时的短暂效益，却忽视了行为人出狱后的长远影响。事实上，对于监禁刑而言，只要行为人的人身危险性消失，监禁刑就已经圆满地完成了自己的使命，如果再继续关押下去，可能会导致行为人与社会的严重脱节，进而产生新的问题。从这一角度讲，对套取挪用科研经费的行为尽量不适用监禁刑（如适用缓刑）、适当缩短自由刑刑期、扩大减刑及假释的范围等也是十分有必要的，其可以使行为人更好地回归社会甚至是不离开社会，从而避免因长时间隔离或者“交叉感染”所产生的新的犯罪风险，也可以让行为人尽快地回归科学研究，不至于造成科研人才的浪费和相关领域的研究停滞。因此，借鉴韩国对涉案科研人员的处理方式，采用轻缓的处罚方式，对涉案科研人员采取非监禁刑并适当扩大减刑、假释的适用条件和范围，在依照现行法律规定必须定罪的情况下，这种方案也将是一个次优的选择。

---

① 处理“能人”犯罪时，除了要做到依法认定犯罪和有根据地从轻追究刑事责任之外，还应注意：必须坚持“可判可不判的坚决不判”的原则；必须慎重采用逮捕、拘留等强制措施；依法适当多判一些缓刑、管制、罚金与没收财产。参见张明楷：《对“能人”犯罪从轻追究刑事责任的依据》，载《法学》1992 年第 7 期。

第四章 套取挪用科研经费行为的出罪思路

2014年以前[①]，我国套取挪用科研经费行为普遍存在是基本事实，司法机关仅仅追究了部分科研人员的刑事责任也是基本事实。也就是说，在套取挪用科研经费行为中存在巨大的“黑数”。问题是该“黑数”的存在，是套取挪用行为比较隐蔽、有关部门难以发现导致的“黑数”，还是案件处理本身存在巨大争议，有关部门有意放过套取挪用科研经费行为而形成的黑数，值得进一步的思考。结合有关高层的讲话精神[②]、最高人民检察院的通知精神[③]，本报告认为是有关部门有意为之。所谓有意为之，即有关部门（审计机关和司法机关等）发现了大量的套取挪用科研经费行为，但由于种种原因，并没有一律追究刑事责任，而只是选择其中的部

① 2014年以后，中共中央办公厅、国务院办公厅以及各课题发布单位、课题依托单位等先后发布一系列文件，开始对科研经费的使用进行极为严格的管理，这使得实践中套取挪用科研经费行为几乎不再可能。现有的套取挪用科研经费案件，其行为基本上都发生在2014年以前。

② 全国人大常委会委员、曾任中央第十巡视组组长的令狐安说：“报销啊假账啊，用审计的话来讲，套取国家资金私分。对于这些问题，我们的态度很明确，除了非常严重的问题之外，一般行为不予追究。”参见《不追究逼良为娼的科研经费报销问题》，载《中国青年报》2015年3月12日。

③ 最高人民检察院于2016年发布的《关于充分发挥检察职能依法保障和促进科技创新的意见》规定，对于关键岗位的涉案科研人员，尽量不使用拘留、逮捕等强制措施。该意见虽然仅要求“尽量不使用强制措施”，但其对套取挪用科研经费案件刑事追责的导向作用是很明显的，事实上起到了缓和追责、不予追责的作用。

分人员追究了刑事责任。换句话说，有关部门在套取挪用科研经费问题上采取了“过滤”处理机制①。值得研究的是，这种“过滤”机制的正当性依据何在、标准如何把握。鉴于司法实践中已经追究部分科研人员的刑事责任，这个问题也可以置换为：对于套取挪用科研经费行为为什么要予以出罪处理？出罪的路径如何？出罪的具体标准如何掌握？本章将对这些问题予以详细研究。

第一节　套取挪用科研经费行为的出罪机制概说

近些年来，“出罪”这一术语在我国刑法学界被频频使用。但是，对什么是出罪、出罪与相关术语的关系等问题却缺乏深入的研讨。因此，有必要先对该问题予以澄清。

一、“出罪”术语的不同含义

我国刑法学界始终在两种意义上使用“出罪”术语。第一种是在无罪的意义上使用，即不构成犯罪的意义上使用。例如，有人提出“侵犯商业秘密罪出罪与入罪的界限已十分明显，犯罪圈内的侵犯行为应具有以下犯罪特征……”② 这里的“出罪”显然是指犯罪圈外不成立犯罪的情况，“出罪与入罪的界限”即指罪与非罪的界限。

---

① “过滤机制”是本书作者的自创，用以描述司法机关仅追究一部分套取挪用科研经费行为而放过了大量的套取挪用科研经费行为的现象。但也有学者提出，“过滤机制”通常是按照一定的标准有意为之，而我国司法实践中对于套取挪用科研经费行为的刑事追究随意性较大，并无统一的标准，使用“过滤机制”术语似有不妥。本书作者尚未找到更为合适的术语来描述这种现象，只好姑且使用该术语。

② 涂学华：《试论侵犯商业秘密行为入罪与出罪的界限》，载《江汉大学学报》（社会科学版）2006 年第 3 期。

第二种是在把有罪归为无罪的意义上使用“出罪”术语。例如，有人认为：“司法上的非犯罪化，即对于立法上规定的犯罪，在司法运作中通过各种方法不作为犯罪处理。”① 这里的“非犯罪化”即“出罪”，就是把构成犯罪的行为按照无罪来处理。

两种“出罪”的含义的一致在于：它们都是司法上得出的无罪结论。也就是说，从司法的最终处理结果来看，都是无罪。二者的差异性在于：前一种情形是因为不构成犯罪而无罪；后一种情形是构成了犯罪但不按照犯罪处理而无罪。

尽管“根据法治原则，严格按照标准定罪，就不可能存在实体法上的出罪，只能在确认或者承认有罪的基础上以诉讼措施出罪”②，但基于以下两点的考虑，本书同时在两种意义上对科研人员套取挪用科研经费行为的出罪问题予以研究：其一，我国学界广为采用出罪的两种含义。例如，有学者总结了我国刑法中的七种出罪事由，其中包括罪刑法定原则即刑法第 3 条后半段的出罪规定——“法律没有明文规定为犯罪行为的，不得定罪处刑”；犯罪概念上的出罪事由即刑法第 13 条的“但书”规定，该“但书”规定的内容缺乏可罚的违法性因而得以出罪；犯罪构成要件上的出罪事由；法定的排除社会危害性的行为；等等。③ 有学者提出“行政许可发挥出罪功能的范围，主要集中在环境犯罪等大量具有行政附属性的犯罪类型”④，这也是在实体法上无罪的意义上使用出罪术语。其二，尽管出罪术语的两种含义明显不同，但事实上每一起引起争议的疑难案件在讨论出罪问题时都会同时涉及这两个方面的含

① 参见储槐植、张永红：《刑法第 13 条但书的价值蕴涵》，载《江苏警官学院学报》2003 年第 2 期。

② 夏勇：《试论“出罪”》，载《法商研究》2007 年第 6 期。

③ 参见储槐植、张永红：《善待社会危害性观念——从我国刑法第 13 条但书说起》，载《法学研究》2002 年第 3 期。

④ 参见车浩：《行政许可的出罪功能》，载《人民检察》2008 年第 15 期。

义。例如，在著名的“陆勇案”即销售进口癌症药案①中就存在两种含义上的出罪问题。在本案中，陆勇涉嫌妨害信用卡管理罪和销售假药罪两个罪名。关于陆勇通过淘宝网从他人处购买 3 张以他人身份信息开设的借记卡，并使用其中户名为夏某某的借记卡的行为认定中，该行为即存在根据刑法第 13 条的“但书”规定予以出罪（实体法上的出罪）还是按照程序法上的出罪来处理的争议。关于陆勇自己购买和帮助他人购买未经批准进口的抗癌药品的行为认定中，也存在是按照程序法上的出罪还是按照实体法上的出罪来处理的争议。② 通常来说，对于一些疑难案件的出罪问题，实体法上的出罪是优先考虑的问题，只有在实体法无法解决出罪问题时，才会求助于程序法上的出罪机制。如下文所述，在套取挪用科研经费行为的司法处理过程中，同样存在实体法上的出罪和程序法上的出罪思路的争议，因而本书在不同的含义上使用出罪这一术语。

二、套取挪用科研经费案件出罪的两种思路

针对套取挪用科研经费的行为，有关机关采取了“过滤”处

---

① 江苏省无锡市慢粒白血病患者陆勇曾因帮助上千名病友购买印度廉价抗癌药而被称为“抗癌药代购第一人”。此前，陆勇因涉嫌妨害信用卡管理罪、销售假药罪而被检察机关提起公诉。2015 年 2 月 26 日，湖南省人民检察院官方网站《权威发布》栏目发布消息称，湖南省沅江市人民检察院 26 日已正式决定对陆勇不予起诉。

② 沅江市人民检察院经依法审查查明，陆勇的行为不是销售行为，而是买方行为，并且是白血病患者群体购买药品整体行为中的组成行为，寻求的是印度赛诺公司抗癌药品的使用价值。因此，该行为不符合刑法第 141 条的规定，不构成销售假药罪。显然，人民检察院选择了实体法上的出罪思路来解决这个问题。

理机制，选取部分科研人员以贪污罪等罪追究了刑事责任。[①] 这种处理机制似乎得到了高层的认同。[②] 但是，同样是套取科研经费的行为、同样的主体身份，司法机关对有的科研人员追究刑事责任，对有的科研人员却没有追究刑事责任[③]，这种司法上的“过滤”处理机制是否存在合理性（法律依据何在）？“过滤”的标准如何把握（如是否适用贪污犯罪的法定构成数量、情节标准，是否只追究课题组负责人尤其是只追究担任一定行政职务的课题组负责人的刑事责任）？科研经费管理体制的积弊对套取挪用科研经费案件定罪量刑的影响如何？从公布的几起套取科研经费犯罪案件来看，“过滤”标准尚不清晰，体制积弊的影响未见讨论，[④] “过滤”的理由也值得研讨。

对于套取挪用科研经费行为，学术界研讨尚不够深入，但从为数不多的论文中可以看出学术界的基本倾向：试图将套取挪用科研

① 陈某某、李某某、王某某、刘某某、宋某某、张某某等人套取科研经费案均以贪污罪定罪处罚，也有部分案件按照私分国有资产和挪用公款罪定罪处罚。

② 全国人大常委会委员、曾任中央第十巡视组组长的令狐安说：“报销啊假账啊，用审计的话来讲，套取国家资金私分。对于这些问题，我们的态度很明确，除了非常严重的问题之外，一般行为不予追究。”参见《不追究逼良为娼的科研经费报销问题》，载《中国青年报》2015 年 3 月 12 日。

③ 中国科协曾有研究指出，国内每年科研经费支出多达上万亿元，其中 60%的经费均被贪污或者挪作他用，只有 40%真正用到了科研项目上，以致科技部部长万钢对此公开表示“愤怒、痛心、错愕”（参见新华报业网 2011 年 11 月 5 日的报道《中国科协调查显示，国内科研经费仅 40%用于项目》）。尽管该报道的真实性存在很大疑问，但是，大范围的套取挪用科研经费行为是不争的事实，司法机关只是有选择地追究了少部分人员的刑事责任，即采取了“过滤”处理机制，这也是不争的事实。

④ 关于“过滤”问题，迄今为止准官方的表态就是前述中央巡视组组长令狐安同志所说：“除了非常严重的问题之外，一般行为不予追究。”问题是，何谓“非常严重的问题”？如何把握“非常严重的问题”？未见下文。

经费行为非犯罪化（出罪）。但是在具体出罪路径和范围上明显存在两种思路：第一种思路以犯罪构成为论证基础，认为套取科研经费行为不符合贪污罪的犯罪构成，因而无罪。既然无罪，当然不能追究所有的套取科研经费行为的刑事责任。① 这是一种实体上的出罪思路。第二种思路同样以犯罪构成为论证基础，认定套取科研经费行为符合贪污罪（或者至少符合诈骗罪）的犯罪构成，但是基于我国科研经费管理体制弊端重重的现实，主张原则上不追究或者只追究情节严重的套取挪用科研经费行为的刑事责任。② 这是一种程序上的出罪思路。

就出罪效果而言，实体上的出罪思路最为彻底。然而，要实现实体上的出罪效果，有几个问题必须予以合理解释：（1）划入课题依托单位之后的科研经费是否属于科研人员的个人财产（这与课题制经费管理机制密切相关）？（2）能否排除科研人员的贪污罪的主体身份（这与课题组负责人对课题的管理活动是否属于“依法从事公务”密切相关）？（3）科研人员对科研经费性质的违法性认识错误是否足以阻却责任？对上述问题一和问题三只要能作出肯定回答，就足以排除构成犯罪的问题，从而实现实体法上的出罪效果；对问题二能作出肯定回答，就足以排除构成贪污罪的问题（但不能排除构成诈骗罪或者其他犯罪）。就程序上的出罪思路而言，在认定套取挪用科研经费行为构成犯罪的情况下，何以可不追究刑事责任（即出罪机制的合理性何在）？这是一个理论界较少涉足的话题。此外，在肯定过滤机制合理性的基础上，如何合理地过滤，也与上述司法实践中采取过滤机制所存在的争议问题一样，需

---

① 参见肖中华：《科研人员不当套取国家科研经费不应认定为贪污罪》，载《法治研究》2014 年第 9 期。

② 参见孙国祥：《套取并占有科研经费的刑法性质研究》，载《法学论坛》2016 年第 2 期；刘科：《套取国家财政拨款科研经费行为定罪中的疑难问题》，载《法学杂志》2015 年第 7 期。

要深入研讨。

长期以来，我国科研活动中套取挪用科研经费行为普遍存在是不争的事实。如果不能实现有效“出罪”，即使现在“收手”，但数年前的套取挪用科研经费行为，只要不过诉讼时效，仍有可能被追究刑事责任。因而应否出罪、如何出罪，自然会引起部分涉案科研人员的关心；而不同的出罪路径面临的理论争议不同、现实可操作性相差巨大，相对而言对科研人员的命运影响也大不相同，从而使得该问题成为一个重大的现实问题，值得深入研究。

第二节　实体上的出罪思路评析

实体上的出罪思路即否定套取挪用科研经费行为构成犯罪的出罪思路。不论是大陆法系通行的三阶层犯罪构成理论，还是我国传统的四要件犯罪构成理论，都认为犯罪构成是认定犯罪的唯一标准。因而，如果套取挪用科研经费行为不符合特定犯罪的犯罪构成，自然就不会构成犯罪，从而得以彻底实现出罪化。当前，司法机关对套取科研经费行为均以贪污罪定罪处罚，因而在学术界，相关争议主要围绕着套取科研经费行为是否构成贪污罪而展开。在贪污罪的犯罪构成要件要素层面，科研经费的性质、科研人员是否具备国家工作人员的身份、违法性认识错误是否阻却刑事责任等问题，都是套取科研经费行为是否构成贪污罪的争议问题，因而实体法上的出罪思路也主要围绕这几个争议问题而展开。

一、否定科研人员的贪污罪主体身份的思路评析

一般认为，“从事公务”是认定国家工作人员身份的实质标准。具体到套取科研经费的行为性质认定中，课题组对于课题所具有的管理活动（课题组负责人对于课题调研计划的安排、经费的使用等方面都有一定的裁量权）是否属于“从事公务”就成为科研人员能否构成贪污犯罪主体的关键。我国司法机关以贪污罪追究

了套取科研经费行为的刑事责任，但是判决书中只是笼统地以科研人员所在单位为国有事业单位、科研人员的任职文件[①]为依据，认定科研人员为“国有事业单位中从事公务的人员”，至于科研管理活动是否具有公务性质、如何分清“双肩挑”科研人员行政管理的公务活动与科研活动中的公务活动，都未作论述，因而引发了重大争议。一部分学者从贪污罪的主体身份入手，否认科研人员的科研活动属于从事公务，否认其可以构成贪污罪的主体，从而意图从实体法上实现套取科研经费行为的出罪目的。

在笔者看来，否定科研人员构成贪污罪主体身份的出罪思路，除了在研究方法上忽视了贪污罪主体是否仅限于国家工作人员的争议以外[②]，更为关键的是，存在以下问题难以解决：

（1）难以充分否定科研人员对科研经费的管理活动的从事公务的性质，进而难以否定科研人员构成贪污罪主体的可能。

关于该问题，本书第二章有详细的论述，此处仅仅补充说明一下。从反对将科研人员（主要是课题组负责人）认定为贪污罪主体的主要观点来看，其反对理由主要是科研活动是劳务性活动，是

---

① 判决书中通常列举了国有事业单位的组织代码证以及科研人员的任职文件，以证实国有事业单位工作人员身份。例如，北京市海淀区人民法院刑事判决书（2013）海刑初字第 2271 号：“北京师范大学系国有事业单位法人；张某某系北京师范大学教授，并被中国科学院遥感应用研究所、北京师范大学共同任命为遥感科学国家重点实验室副主任，属于国家工作人员”。

② 刑法第 382 条第 2 款属于注意规定还是拟制规定，理论界存在争议。刑法理论通说及实务均采法律拟制说立场，即认为受委托管理、经营国有财产的人员不是国家工作人员，参见王作富主编：《刑法学》，中国人民大学出版社 2011 年版，第 504 页；最高人民法院于 2000 年 2 月 13 日通过的《关于对受委托管理、经营国有财产人员挪用国有资金行为如何定罪问题的批复》。因而仅仅依据科研活动是否从事公务的角度来论证是否具备贪污罪主体身份，在逻辑上存在漏洞。

个人行为，不具有从事公务的性质等。[①]

本书认为，持反对说的学者忽视了科研人员在课题制中的多重身份（普通的课题组成员的身份、课题组负责人的身份），忽略了课题组负责人对课题进行管理（科研经费管理和课题本身的组织管理工作）的公务属性，而是笼统地认定科研活动不具有公务属性，这显然是不准确的。

事实上，在课题制中，科研活动既包括狭义上的科研活动，也包括广义上的科研活动（即科研管理活动）。狭义上的科研活动是对事物规律的探索性活动，科学研究中如何做试验、如何设计问卷、如何撰写论文等，都是典型的劳务活动，只不过是智力型的劳务活动，本身并非公务活动。这一点并无争议。但是，根据课题制的运行机制，课题组负责人不仅要从事具体的科研活动，还是项目资金使用的直接责任人，"对资金使用的合规性、合理性、真实性和相关性承担法律责任"。[②] 而从课题承担单位的内部规定来看，科研经费使用的基本流程是：课题组负责人签字认可—院系主管科研工作的负责人签字—财务部门报销。在这个流程中，科研经费用在何处、用多少、何时用，只要符合预算，都在科研人员的职权范围内。可以说，对经费使用、核销具有决定权力的正是科研人员，从而使得科研人员对科研经费的管理活动与从事公务中的管理活动具有同质性。[③] 孙国祥教授也明确指出，"从经费入账、申领使用到核销有许多环节，科研人员在使用科研经费时要进行经费的申领和核销，该申领和核销活动是单位科研经费公款管理的一个重要环

---

① 参见肖中华：《科研人员不当套取国家科研经费不应认定为贪污罪》，载《法治研究》2014 年第 9 期；姜涛：《科研人员的刑法定位：从宪法教义学视域的思考》，载《中国法学》2017 年第 1 期。

② 《国家社会科学基金项目资金管理办法》第 5 条。

③ 刘科：《套取国家财政拨款科研经费行为定罪中的疑难问题》，载《法学杂志》2015 年第 7 期。

节，属于典型的经手公共财物的行为，应属于公务活动”。[①]

所以，科研人员是否具有从事公务的主体身份的核心问题，不是看其狭义上的科研活动是否属于从事公务，而是看其科研管理活动（科研经费的管理活动和科研本身的组织管理活动）是否属于从事公务。而在这一点上，反对者或者语焉不详，或者把科研经费的使用视为从属于科研活动的一部分。然而，即使把科研经费的管理、使用、核销视为科研活动的附属性活动，也难以否定其构成贪污罪主体的可能。正如孙国祥教授提出的质疑：国有单位的工作人员利用单位报销医药费之机，虚开医药费到单位报销，均可以认定为国家工作人员，成立贪污罪，为什么科研人员利用对经费的部分管理权报销科研经费，就不能认为是国家工作人员呢？[②]

（2）我国台湾地区“最高法院”对科研人员从事公务性质的否定，对我国大陆否定科研人员贪污罪主体身份出罪思路的参考价值有限。

2014年6月，我国台湾地区“最高法院”刑事庭会议作出决议，认定公立大学教授（科研人员）接受委托研究办理采购事项，不是刑法上的公务员，因而不构成贪污罪，这似乎可以为我国大陆提供参考。

但是，在本书看来，我国台湾地区与大陆在罪名体系、刑罚轻重等方面存在较大差异，我国台湾地区否定科研人员从事公务性质的出罪思路对我国大陆可以提供的借鉴意义非常有限。

第一，我国大陆和台湾地区对贪污罪的主体（公务员或者国家工作人员）的解释方向不同。

我国台湾地区2005年修改“刑法”，其中针对公务员概念修

---

① 孙国祥：《套取并占有科研经费的刑法性质研究》，载《法学论坛》2016年第2期。

② 参见孙国祥：《套取并占有科研经费的刑法性质研究》，载《法学论坛》2016年第2期。

改的指导思想是限制、明确公务员的范围，以解决旧法中公务员概念过于泛化、不明确的问题。[1] 这种刑事立法指导思想贯彻到刑事司法中来，势必要求刑事司法中也要限缩公务员概念的范围。而要限缩公务员的概念范围，对公务员的核心要素即从事公务加以限制解释是最佳途径。这种限制解释具体运用到认定科研人员的身份问题上，自然会否定科研人员从事科研活动的公务性质，进而将科研人员从公务员中排除出去。

反观我国大陆，自 1979 年刑法以来，虽然国家工作人员的概念一直在变化，时而限缩时而扩张，但是整体上的趋势是在扩张。[2] 因而，我国大陆在解释国家工作人员概念的时候进行限制解释，将主持科研项目并负有监督管理科研经费职责的科研人员从国家工作人员中排除出去，并不符合现行的刑事立法和司法趋势。

第二，在我国大陆和台湾地区可能适用的罪名体系中，贪污罪、诈骗罪的刑罚轻重存在倒置问题。

我国大陆和台湾地区司法机关都把科研经费视为科研依托单位管理之下的财产，而不是科研人员的个人财产。因而对于套取挪用科研经费的行为，我国大陆和台湾地区可能适用的罪名体系就涵盖了贪污罪、诈骗罪、有关文书犯罪等罪名体系。如果科研人员套取科研经费行为不构成贪污罪，则可能构成诈骗罪。[3] 然而，在我国大陆和台湾地区，贪污罪、诈骗罪的刑罚轻重存在倒置问题。在我国台湾地区，诈骗罪相对于贪污罪，刑罚设置较为轻缓，刑事门槛也较高。故理论界在认识到追究科研人员套取挪用科研经费行为的

---

① 参见甘添贵：《新修正刑法公务员的概念》，载《刑法公务员概念的比较研究》，社团法人台湾刑事法学会 2010 年版，第 11 页。

② 参见刘仁文：《刑法中国家工作人员概念的立法演变》，载《河南大学学报》2010 年第 6 期。

③ “倘主持教授有诈领或溢领补助经费等情形，则视具体案情，依刑事法相关之规定论处，自不待言。”

刑事责任不可避免时，为了给科研人员“开脱”罪责，就会倾向于选择较轻的犯罪即诈骗罪。由于诈骗罪与贪污罪的区别主要在于犯罪主体不同，故理论界一直致力于研究科研人员的身份问题，试图通过否定科研人员的贪污罪主体身份把科研人员从贪污罪中解脱出来，而论之以较轻的诈骗罪。

我国大陆则相反。虽然理论界普遍认为，贪污罪侵害的法益重于诈骗罪，但无论是从刑事立法还是刑事司法来看，贪污罪的刑事门槛都比诈骗罪要高出很多，相同数额的贪污行为的量刑也远远轻于相同数额的诈骗行为的量刑。诈骗罪相对于贪污罪，实质上已经变成了重罪。如果借鉴我国台湾地区的做法，否认科研人员的国家工作人员身份，将其套取挪用科研经费的行为认定为诈骗罪，则科研人员会遭受更为严厉的处罚。[①] 这种结果显然与理论界意图为科研人员“开脱”罪责的想法背道而驰。

第三，否定科研人员的行为属于从事公务的出罪思路是否合理，即使在我国台湾地区，也存在争议。正如有学者指出的，在未区分不同的采购事务参与类型的情况下，就骤下“教授非专业人士，不具有办理采购事务之法定职务权限”之结论，这不但与实务向来的认定标准产生冲突，亦可能矫枉过正，连同其他在现行实务上理应论以授权公务员之情形，如前述教授经手办理大学教学图仪器材之采购事务，也一并排除在外。如此认定的理据并不充分。[②]

（3）对于实践中出现的套取科研经费案件，我国司法机关均把涉案的科研人员认定为国家工作人员，尽管有关司法文书在说理

---

① 只要认定科研经费属于公共财产，则势必要按照诈骗罪来处罚（否定了科研人员的从事公务属性，实际上也否定了其具有的职务上的管理属性，从而也排除掉职务侵占罪的适用）。

② 参见谢煜伟：《论授权公务员概念》，载《台大法学论丛》2015 年第 3 卷。

上存在不少缺憾（如没有准确区分“双肩挑”人员行政管理职权与科研经费管理职权），但司法实践具有一定的惯性，既然众多司法机关都这么认定了，反对者又没有充足的理由来反驳司法机关的这种认定，那么短期内也难以扭转司法机关对科研人员的贪污罪主体身份的认定。

(4) 与我国台湾地区面临的问题一样，① 即使否定科研人员的贪污罪主体身份，但如下所述，只要无法认定科研经费的性质属于科研人员所有，在科研人员不当地套取科研经费的情况下仍可能构成诈骗罪等犯罪，从而也难以有效地实现套取挪用科研经费行为的出罪。

二、否定科研经费的公共财产性质的思路评析

无论是贪污罪，还是诈骗罪，构成犯罪都要求“以非法占有为目的”，即将不属于自己所有或者占有的财物非法占为己有。因而科研经费如果属于科研人员所有或者占有，就不构成犯罪。换句话说，如果科研经费在申请获批以后归属科研人员（课题组）所有或者占有，则不涉及犯罪的问题。因而科研经费的性质问题关涉犯罪的构成与否。

有学者试图从否定科研经费属于贪污罪犯罪对象的角度出发，否定套取科研经费行为构成贪污罪，进而实现出罪的目标。其主要理由是：科研经费是由国家有关部门审定的，作为科研人员从事课题研究的对价存在。因此，在科研人员取得科研经费的结果上是不可责难的。至于套取科研经费的手段不正当，其违反的纯粹是科研

---

① 在我国台湾地区，对于套取科研经费的行为，虽然不能再以贪污罪定罪处罚，但可以论以诈骗罪以及其他犯罪定罪处罚。“教授如有以不实发票诈领补助研究款私用等不法行为，将以刑法诈欺取财（诈骗罪）、伪造文书等罪定罪处罚。”

经费的管理制度，危害性不及国家财产所有权。①

本书也不赞同该出罪思路。在笔者看来，之所以在该问题上产生争议，与科研经费的运行机制的特殊性有关。在课题制中，课题申请获批以后，课题发布（委托）单位将经费汇入课题依托单位，由课题依托单位履行经费的监督管理职能，并由课题组根据科研需要进行使用、核销。由此产生以下疑问：科研经费的所有权是仍由课题发布单位享有，还是由课题依托单位享有，抑或是由课题组享有？上述问题涉及课题发布单位、依托单位以及课题组等不同参与主体的角色划分。

本书认为，课题经费在划拨至课题依托单位后，并没有改变课题经费的性质，课题经费仍然属于课题发布单位，课题经费也不能简单地看作是科研活动的对价。因而，试图从否定科研经费的性质入手构建套取科研经费行为的出罪思路缺乏说服力。

其一，从课题委托单位、依托单位与课题组的民事关系来看，课题委托单位与课题依托单位是委托关系，而根据委托关系的基本原理，在课题经费划拨至依托单位后，所有权仍归属于课题委托单位，委托关系的存在并不改变财产的所有权性质。既然如此，课题经费虽然在依托单位管理之下，但是所有权仍应归属于委托单位。也就是说，科研经费即使已经划拨至依托单位，但所有权既不属于依托单位，也不属于课题组。无论是纵向课题经费还是横向课题经费，其从来源上看，要么是国有财产，要么是私有财产，但有一点是共同的，即都属于委托单位所有。关于这一点，翻阅我国所有的科研经费管理制度，无论是国家社科基金还是国家自然科学基金，都可以发现一个基本的事实：科研经费的所有权一直归委托单位所有，而不是课题依托单位和课题组所有。

其二，从科研经费的具体运行来看，科研人员仅仅享有科研经

---

① 参见肖中华：《科研人员不当套取国家科研经费不应认定为贪污罪》，载《法治研究》2014 年第 9 期。

费的使用权，而不享有所有权。对此，有学者做了较为详细的论证：(1) 科研经费并不是个人自由支配的款项，其用途是特定的，即只能用于特定项目的科研活动。(2) 该款项不是直接拨付给申请者个人的，也不是由申请者个人管理的，而是进入单位的账户，由单位进行管理的。(3) 款项的使用和核销必须符合相关财务制度的要求。(4) 用科研经费购置的各种设备、资料等都纳入了公共财产的管理范围。该学者还列举了一部分国外的判例、规定来论证科研经费的公共财产性质。①

其三，不同的国家和地区虽然采用不同的科研经费管理模式，但是在科研经费的所有权问题上均无一例外地承认国家所有或者原委托单位、课题依托单位所有，而不是归课题组所有。例如，美国西北大学教授查尔斯·贝内特从 2003 年至 2010 年，使用联邦政府的科研经费支付亲属、朋友的旅行这一类的与科研无关的费用，还聘请不合格的亲友担任研究顾问并支付劳务费。其行为类似于我国套取科研经费的行为。贝内特和所在单位（课题依托单位）西北大学一并被告上法庭，西北大学最终交付 293 万美元的罚款了结此案（贝内特本人也支付了 47.5 万美元）。西北大学之所以要为贝内特的行为承担责任，就是因为其作为项目依托单位，对于贝内特套取科研经费的行为疏于监管，而向美国政府（项目委托单位）承担赔偿责任。从这一案件可以看出，作为项目依托单位的西北大学并不享有课题经费的所有权。如果其享有课题经费的所有权，那就不可能就自己享有所有权的课题经费被套取而向国家（联邦政府）承担赔偿责任。

在该问题上，我国台湾地区的司法实践中也一致认为，科研经费不属于科研人员的个人财产，并在刑事判决书中详细加以论证：(1) 法律、法规规定的依据。根据“国立大学校院校务基金设置

---

① 参见孙国祥：《套取并占有科研经费的刑法性质研究》，载《法学论坛》2016 年第 2 期。

条例”的规定，[①] 科研经费均应纳入校务基金进行管理，其中的社会组织、个人委托研发的经费属于“建教合作收入”，而国家财政拨款属于基金中的“政府编列预算拨付”或者“建教合作收入”。就建教合作收入之管理，各大学分别制定了管理规定。例如，嘉义大学制定有“建教合作计划实施要点”等。根据上述规定，嘉义大学之各项收入，包含与私人之建教合作费用，均应纳入校务基金内，依规定与学校其他预算经费相同，且需受“教育部”、“审计部”之查核。因此，上述纳入校务基金之各项费用，显非科研人员之私人账户。（2）课题经费中的人事费用及实验费用，虽由课题主持人“专款专用”，但是“专款专用”仅系规范大学对校务基金委托研究计划经费用途的限制，并非课题主持人可以任意使用该经费，亦无碍于该校务基金之经费仍系学校公款之性质。（3）除非研究合同有特别约定，研发计划经费所采购之物品，均归属为校产，这也可以说明该研发经费属学校之公款无疑。[②]

其四，课题经费也不能简单地看作是科研活动的对价。这里有必要结合纵向课题与横向课题的区分来加以说明。所谓横向课题，一般是指企业、事业单位作为课题的发布者，提供经费资助科研活动的行为。横向课题中一般没有行政机关的参与，其目标一般也不是针对社会公益的科研行为，课题发布者与课题组双方权利地位完全对等，这种关系可以视为一种民事合同。由于横向课题关注的主要不是公共利益，而是课题发布者的自身利益，因而一般都不投入基础理论研究，而是投入应用研究；更加关注成果的应用价值而不是成果的研究过程。因此横向课题通常把经费与研究成果直接挂钩，将其理解为“花钱买科研成果”或者科研经费是科研成果的“对价”并无不妥。只要科研人员按时提供科研成果、发布单位按时提供经费，即可以视为合同履行完毕，至于其经费如何使用，委

---

① “设置校务基金之学校，其一切收支均应纳入基金，依法办理。”

② 分别参见我国台湾地区关于余某某案、林某某案等的刑事判决书。

托方并不十分关心，通常也不干预。但是纵向课题与之不同，纵向课题通常是基于国家重大战略问题的需要而设置的，其宗旨是社会的公共利益，而由于其投入领域的长期性、重大性、战略性，从而形成了“鼓励探索、宽容失败”的实施环境。在这种环境下，纵向课题的实施不但关注研究成果，也关注研究过程；只要研究过程合法合规，研究成果即使没有达到预期甚至没有完成，也不会产生违约的问题。查遍所有的国家财政拨款的科研经费管理规定，都看不到由于成果因鉴定为不合格而被要求追回已拨经费的规定。[①] 而按照合同的对价原理，如果项目成果没有完成，应该视为违约，原有的经费不但要返还，甚至还要承担一定的赔偿责任。显然，在纵向课题的研究过程中，完成预期的研究成果固然是重要的，但是研究过程的合法合规也是同等重要的。因此，在国家财政拨款的科研活动中，认为科研经费是科研成果的“对价”，只要提供了符合要求的科研成果，套取科研经费的行为就不属于侵害国家财产的认识是不正确的。

也许有人提出，国家拨款的科研项目与国家投资的工程项目（如修建高速铁路）具有性质上的同一性，从实践中看，建设单位在承包国家工程项目的时候，虚列费用支出、投标时虚报成本等现象都不按照犯罪处理，为什么对于套取国家财政拨款的科研经费的行为要按照犯罪处理？笔者认为，这里有两点区别：其一，从形式上看，科研经费是直接划拨给课题依托单位进行管理的，从而没有改变其公共财产的属性；而工程项目资金则是按照合同约定，直接

---

① 例如，《国家社会科学基金项目经费管理办法》规定，对无故不完成研究任务者，全国社科规划办停止拨款，并追回已拨经费；对因故中止研究者（指项目负责人因出国、生病、死亡或其他原因不能继续研究的），全国社科规划办停止拨款，并追回已拨经费的剩余部分；对因严重违反财务制度或其他原因而被撤销项目的，追回已拨经费。该经费管理办法并没有就课题成果不合格而要求追回课题经费进行规定。

拨付项目建设单位的，从而使得资金的公共财产属性丧失。其二，从实质上讲，科研活动中的科研成果并不是课题经费的“对价”，即使科研成果验收不合格也不会追回已经使用的经费（可能需要追回尚未使用的经费），更不会要求赔偿；而工程项目中，工程则是国家投资的工程资金的“对价”，如果工程完不成，除了不可抗力外，建设单位不但要退回工程款，可能还要承担一定的赔偿责任。当然，如果国家拨款的工程项目采用与科研项目类似的管理机制，由专门的机构监督管理资金使用，对项目成果不做硬性要求（如石油勘探、航天工程等高风险的工程项目），则该工程资金仍属于公共财产，套取该工程资金的，可以构成贪污罪。

目前国家科研经费预算支出项目一般包括图书资料购置费、国内调研差旅费、问卷调查费、计算机耗材费、设备费、劳务费等，这些项目并没有包括本应包括的体现科研人员智力投入的劳动报酬。这种不合理的科研经费预算结构与国家鼓励科研人员科技创新的精神是相违背的，既是我国当前套取挪用科研经费行为频发的重要原因，也是认定科研经费的公共财产属性问题上产生分歧的关键。笔者认为，科研经费预算编排上的不合理性是客观存在的，对此需要进一步的深化改革予以解决（本书第五章将予以详述），但不能因此而否认科研经费的公共财产的性质。

三、欠缺违法性认识可能性的思路评析

科研人员普遍对科研经费的性质存在模糊认识，尤其是理工科科研人员和普通的课题组成员，认为科研经费“谁申请到就归谁所有、使用”。①

---

① 例如，在杜某贪污科研经费案中，杜某认为自己申请到了科技部的项目并担任课题组组长，有权利支配该课题范围内的经费，只要能按期完成科研任务就行了。参见殷文静等：《课题费怎么成了“私房钱”?》，载《江南时报》2005年2月2日。

如果科研经费事实上归国家所有或者至少不归科研人员个人所有，那么科研人员的上述错误认识是否阻却犯罪的成立?

成立犯罪是否需要违法性认识（违法性认识的可能性），在理论上是一个有争议的问题。大陆法系国家的通说认为，缺乏违法性认识的可能性意味着没有责任，即是一种责任阻却事由。实施了违法构成要件的行为人不具有违法性认识的可能性时，不能对其进行法的非难。[①] 笔者曾撰文详细论述了违法性认识错误对科研人员套取科研经费案件刑事责任的影响[②]，即以违法性认识错误理论为解释依据，那些涉案金额巨大、情节恶劣或者担任行政职务的课题组负责人一般具有违法性认识错误的可避免性，因而不阻却责任；那些情节、危害一般的非担任行政职务的课题组负责人一般不具有违法性认识错误的可避免性，因而阻却责任。

笔者的论述是基于 2014 年之前的法律法规实施状况，但是，目前这些条件均已发生重大变化，再以违法性认识错误的不可避免性为出罪理由，存在以下难以克服的问题：

其一，如该文所述，就行为人能够认识自身行为的具体的违法性来说，需要具备以下条件：基于犯罪事实的认识，行为人被给予检讨自己行为法律上是否允许的机会；由于这个机会使自己产生实施适法行为的动机，即形成反对动机是可能的。[③] 而就“认定行为人被给予检讨自己行为法律上是否允许的机会”而言，必须存在相应的指向套取科研经费行为贪污性质的管理规范。在国务院《关于改进加强中央财政科研项目和资金管理的若干意见》公布以前，我国是欠缺相应的管理规范的，因而也就欠缺“给予检讨自

---

① 参见张明楷：《刑法学》，法律出版社 2011 年版，第 302~303 页。

② 参见刘科：《套取国家财政拨款科研经费行为定罪中的疑难问题》，载《法学杂志》2015 年第 7 期。

③ 参见王胜华：《违法性认识错误避免可能性的判断》，载《西部法学评论》2013 年第 5 期。

己行为法律上是否允许的机会”，除了个别的担任行政职务的课题组负责人以外，绝大部分科研人员都应被认定为欠缺违法性认识的可能性，因而以之作为出罪理由是合适的。但是，在国务院《关于改进加强中央财政科研项目和资金管理的若干意见》公布以后，套取挪用科研经费行为违反刑事法律性质已经非常明确，这显然不同于国务院《关于改进加强中央财政科研项目和资金管理的若干意见》颁布之前的模糊状态。也就是说，“给予检讨自己行为法律上是否允许的机会”已经非常明确，行为人已经充分具有违法性认识的可能性，再以之作为出罪理由并不合适。

其二，针对套取挪用科研经费的案件，自 2014 年以来，我国司法机关陆续作出多个刑事判决，并已经全部在网上发布。自媒体时代信息传媒高度发达，这些信息都已经唾手可得。在我国台湾地区，“最高法院”虽然判定科研人员不属于公务员，因而对套取科研经费案件排除贪污罪的适用，但是又明确这种情况可以构成诈骗罪。因此，在司法机关认定套取挪用科研经费的行为构成犯罪并作出生效判决的情况下，再以欠缺违法性认识的可能性为之开脱，明显说不过去。

其三，学界已有比较成熟的讨论。例如，继肖中华教授提出无罪说以后，孙国祥教授也发文对此进行了研讨，并坚持有罪说。虽然在是否构成犯罪问题上有不同声音，但是违法性认识的判断是以“违法性认识的可能性”为标准的，而不是要求行为人必须认识到其具有违法性。既然学术界有学者主张套取科研经费案件的刑事违法性并公开发表，判断是否具备违法性认识错误的避免可能性的“给予检讨自己行为法律上是否允许的机会”就已经明确了，科研人员欠缺违法性认识的可能性问题也就难以再作为出罪理由。

综上，在实体法上的出罪思路的各种考量因素中，有的因素只可以解决一部分涉案人员的出罪问题（如运用违法性认识错误理论，可以解决国务院《关于改进加强中央财政科研项目和资金管理的若干意见》公布以前的部分科研经费案件的出罪问题），有的因素则只能解决罪名的适用问题（如否定了科研人员的贪污罪主体身份，只是否定了构成贪污罪的可能，而没有解决可能构成诈骗罪的问题）。而且，完全、彻底地否认科研人员套取挪用科研经费行为构成犯罪，对于广大普通科研人员虽然是“福音”，但科研人员套取数百万元科研经费而不构成犯罪的观点恐怕既不符合常理，也难以服众；而在科研经费管理体制弊端重重的情况下，全面追究套取挪用科研经费行为的刑事责任既不符合国家的刑事政策，对科研人员来说也极为不公平。因此，解决套取科研经费行为的出罪问题，除了实体法上的出罪思路以外，还需要求助于程序上的出罪思路。

第三节　程序上的出罪思路评析

程序上的“出罪”是指司法者定罪时将属于“犯罪圈内”的有罪情形放在圈外处理。只有这样理解，“出罪”所指的情形才与其本来语义相匹配。① 因此，承认套取挪用科研经费行为构成犯罪，但又主张可以不追究刑事责任，这是严格意义上的出罪思路。然而，这种程序上的出罪思路也面临两个难题：其一，犯罪构成是认定犯罪的唯一标准，在符合犯罪构成的情况下，何以不追究刑事责任？也就是说，程序上的出罪思路的合理性何在？其二，按照这种出罪思路，套取挪用科研经费行为是否可以全部出罪？如果不能完全出罪，出罪的标准如何把握？

一、程序上出罪思路的合理性

程序上的“出罪”思路反映了司法定罪上的轻缓取向，是与刑法谦抑潮流相呼应的一种主张，具有理论依据和实践依据。

---

① 参见夏勇：《试论“出罪”》，载《法商研究》2007年第6期。

（一）理论依据

某种行为符合犯罪构成，为什么可以不追究刑事责任？这是因为司法机关是否最终启动刑事程序，除了行为符合犯罪构成以外，还要考虑是否符合公共利益。“行为触犯刑法法规、该当构成要件，只是启动刑事诉讼的前提条件，但绝不是充分条件。”所谓充分条件，“从政策的角度来说，就是看刑事追究是否符合公共利益，只有符合公共利益的才实际启动刑事程序；如果不符合公共利益，就不追究刑事责任”。因而“公共政策的考虑成为司法机关决定是否启动刑事程序的终极依据”。无论是大陆法系国家还是英美法系国家，“这样的理念都是一个基本的共识，而不是简单强调只要行为触犯刑法法规，就要毫无例外地去追究刑事责任”。①

构成犯罪却又不追究刑事责任，从某种意义上而言是一种法外开恩。然而，这种法外开恩具有一定的合理性，并非一概需要禁止。我国无论是理论界还是实务界，原则上均反对法外开恩。但正如梁根林教授所说：“法外开恩能够绝对禁止吗？法外开恩现象的存在有没有一定的普遍性？如果有一定的普遍性，这种普遍性的背后有没有它一定程度的合理性？我想司法实践中不可避免地会存在法外开恩的现象，而且这种情况可能还有一定的普遍性。”② 在本书看来，法外开恩的普遍性不仅体现在早期处理“能人犯罪”、“医生收受红包”案件上，也体现在贪污贿赂案件立案标准在一些地方事实上的不断突破上。③ 对那些本来已经达到法定的立案标准而司法实践中却不予追诉，对那些本来已经构成犯罪的却不按照犯

① 梁根林：《现代法治语境中的刑事政策》，载《国家检察官学院学报》2008 年第 4 期。

② 梁根林：《现代法治语境中的刑事政策》，载《国家检察官学院学报》2008 年第 4 期。

③ 赵秉志：《略谈最新司法解释中贪污受贿犯罪的定罪量刑标准》，载《人民法院报》2016 年 4 月 19 日第 3 版。

罪追究刑事责任，这样的做法当然是法外开恩。法外开恩不但具有普遍性，近期中央领导人在涉及“民营企业原罪”问题的讲话中事实上也肯定了法外开恩的必要性[①]。因此，“我们的任务是如何解读这样的法外开恩，它到底合理不合理？在罪刑法定原则的视野中，它到底能不能被允许？如果被允许，我们怎么规制它，防范它被滥用”。[②]

程序法上的出罪机制并不违背罪刑法定原则。罪刑法定的限制机能和保障人权的诉求，在司法者适用刑法的过程中，就派生出了两个具体的适用解释机能，即法外入罪禁止机能和法内出罪正当化解释机能。[③] 在入罪上必须考虑合法性问题，我国刑法第 3 条后半段也是这样规定的。但是，在出罪问题上必须考虑合理性问题。对此，我国学者梁根林教授精辟地指出，法有明文规定一般情况下是有罪的。但是，立法者毕竟不是万能的上帝……所以必然会有这样的情况发生，即有些被告人的行为形式上该当构成要件、触犯刑法法规，本来一般情况下要作为犯罪处理，可是在个别情况下，它却不具有实质的违法性，不具有实质的社会危害性。根据罪刑法定的要求，对一个人入罪，不但要符合最低限度的形式合理性，在此基础上还要进一步考虑他的行为有没有实质的社会危害性，有没有处罚的必要性，从而得出最终判断。只有满足了形式合理性与实质合理性基础上的定罪量刑，才能让被告人心服口服，刑罚权的行使才具有正当性，个案处理才具有公正性。[④] 科研人员套取挪用科研经

---

① 参见孟建柱：《民营企业经营不规范导致的问题，不盲目翻旧账》，载《人民日报》2017 年 2 月 15 日。

② 梁根林：《现代法治语境中的刑事政策》，载《国家检察官学院学报》2008 年第 4 期。

③ 梁根林：《现代法治语境中的刑事政策》，载《国家检察官学院学报》2008 年第 4 期。

④ 梁根林：《现代法治语境中的刑事政策》，载《国家检察官学院学报》2008 年第 4 期。

费案件出罪化机制所涉及的情形显然属于上述情况，对其从程序上予以出罪符合罪刑法定原则对定罪量刑所提出的实现形式合理性与实质合理性相统一这一要求。

（二）立法依据

行为人实施了犯罪行为，并不意味着一定要追究刑事责任。换言之，实施犯罪行为只是追究刑事责任的前提和常态，除了追究刑事责任以外，还有其他方式来作为法律后果。如经特赦予以释放的犯罪人、已超过追诉时效期限的犯罪人，以及已死亡的犯罪人，其刑事责任都已基于一定的事实而消灭即终结，国家司法机关不能再追究刑事责任。此外，刑法第 449 条规定："在战时，对被判处三年以下有期徒刑没有现实危险宣告缓刑的犯罪军人，允许其戴罪立功，确有立功表现时，可以撤销原判刑罚，不以犯罪论处。"其中的"撤销原判刑罚，不以犯罪论处"就是一条纯粹的"出罪"规定。刑法第 201 条第 4 款规定："有第一款行为，经税务机关依法下达追缴通知后，补缴应纳税款，缴纳滞纳金，已受行政处罚的，不予追究刑事责任……"其中的"不予追究刑事责任"也意味着即使行为人的行为构成犯罪，但是符合法定条件的（经税务机关依法下达追缴通知后，补缴应纳税款，缴纳滞纳金，已受行政处罚的），也可以不作为犯罪处理，即按照无罪处理。

当然，刑法中的出罪事由相对来说还是比较罕见的，而且在到底是否属于严格意义上的出罪事由上还存在争议。但是，我国程序法上的出罪事由却是很明确的。刑事诉讼法第 177 条第 1 款规定，犯罪嫌疑人有本法第 16 条规定的情形之一的，人民检察院应当作出不起诉决定。该法第 16 条规定的 6 种情形中，至少有 3 种为构成犯罪而不追究刑事责任的情形："……（二）犯罪已过追诉时效期限的；（三）经特赦令免除刑罚的……（五）犯罪嫌疑人、被告人死亡的……"第 177 条第 2 款规定："对于犯罪情节轻微，依照刑法规定不需要判处刑罚或者免除刑罚的，人民检察院可以作出不起诉决定。"在上述情形下，前提都是有罪，处理都是无罪，使那些经检察机关根据刑法规定的犯罪构成认定为有罪的行为不能最终得到审判机关的最终确认，从而达到了从有罪认定转为无罪处理的“出罪”目的。尤其是“对于犯罪情节轻微，依照刑法规定不需要判处刑罚或者免除刑罚的，人民检察院可以作出不起诉决定”的规定，实际上赋予了检察机关对于有罪案件（轻罪）的不追究刑事责任的权力。

应当注意的是，刑事诉讼法“不追究刑事责任”的情形意味着因犯罪产生了刑事责任而不追究，这与刑法中关于精神病人、正当防卫、紧急避险等条文中的“不负刑事责任”的规定有着本质区别。这种“不追究刑事责任”引起的无罪与本不构成犯罪的“无罪”相比，它只是无犯罪记录意义的“无罪”，是刑事诉讼程序对某些实体上有罪情形的处理机制及结论，这种处理可以使罪行轻微或者情有可原的行为人避免贴上犯罪的“标签”，有利于他们改过自新、弥补损失、回归社会，同时也可以满足被害人的补偿和抚慰心理，还可以节约司法成本，改善司法理念，促进社会和谐。①

综上，即使在按照刑法标准衡量案件事实应当得出“有罪”结论的前提下，根据刑事诉讼法的规定也可以将其不作为“有罪”处理，这种程序上的出罪思路具有立法上的依据。

（三）实践依据

司法解释中广泛存在特定情形下的“可以免除处罚”、“可以依法不追究刑事责任”和“可以不作为犯罪处理”等程序上的出罪事由规定。（1）1984 年 4 月 26 日最高人民法院、最高人民检察院、公安部联合发布的《关于当前办理强奸案件中具体应用法律的若干问题的解答》规定：“第一次性行为违背妇女的意志，但事后并未告发，后来女方又多次自愿与该男子发生性行为的，一般不

---

① 夏勇：《试论“出罪”》，载《法商研究》2007 年第 6 期。

宜以强奸罪论处。”从其表述来看，“第一次性行为违背妇女的意志”实际上就已构成强奸罪，但在“事后并未告发，后来女方又多次自愿与该男子发生性行为”的情形下却又规定“一般不宜以强奸罪论处”，在构成犯罪的情况下却又不以犯罪论处，实际上就是本书所主张的程序上的出罪机制。从该解释的适用效果来看，其能够体现出刑法对被害人利益的关注，弥补传统报应刑的不足，符合宽严相济刑事政策的要求，对于稳定社会关系起到积极作用，因而受到积极评价。(2) 最高人民法院、最高人民检察院于 2009 年 10 月 12 日颁布的《关于办理妨害信用卡管理刑事案件具体应用法律若干问题的解释》第 6 条第 5 款规定：“恶意透支应当追究刑事责任，但在公安机关立案后人民法院判决宣告前已偿还全部透支款息的，可以从轻处罚，情节轻微的，可以免除处罚。恶意透支数额较大，在公安机关立案前已偿还全部透支款息，情节显著轻微的，可以依法不追究刑事责任。”其中“情节显著轻微的，可以依法不追究刑事责任”也是这种出罪思路的典型表现。[①] (3) 最高人民法院、最高人民检察院于 2010 年 11 月 26 日颁布的《关于办理国家出资企业中职务犯罪案件具体应用法律若干问题的意见》之“八、关于宽严相济刑事政策的具体贯彻”规定：“办理国家出资企业中的职务犯罪案件时，要综合考虑历史条件、企业发展、职工就业、社会稳定等因素，注意具体情况具体分析，严格把握犯罪与一般违

---

① 需要注意的是，此处的“情节显著轻微的，可以依法不追究刑事责任”的规定不同于刑法中的“但书”的规定，“但书”规定的是“情节显著轻微危害不大的，不认为是犯罪”，因而依据“但书”规定予以出罪实质上还是一种实体法上的出罪，即不符合犯罪构成要件因而不构成犯罪基础上的出罪；而“情节显著轻微的，可以依法不追究刑事责任”中的“情节显著轻微”情形依然是符合某种犯罪构成的，在此基础上的出罪是在符合犯罪构成基础上的出罪，因而是一种程序法上的出罪机制。下文《关于办理国家出资企业中职务犯罪案件具体应用法律若干问题的意见》中的“情节较轻，危害不大的，可以不作为犯罪处理”也是如此。

规行为的区分界限。对于主观恶意明显、社会危害严重、群众反映强烈的严重犯罪，要坚决依法从严惩处；对于特定历史条件下、为了顺利完成企业改制而实施的违反国家政策法律规定的行为，行为人无主观恶意或者主观恶意不明显，情节较轻，危害不大的，可以不作为犯罪处理。”其中“情节较轻，危害不大的，可以不作为犯罪处理”也是这种出罪思路的典型表现。（4）最高人民法院于2006年1月11日颁布的《关于审理未成年人刑事案件具体应用法律若干问题的解释》第9条第3款规定：“已满十六周岁不满十八周岁的人盗窃自己家庭或者近亲属财物，或者盗窃其他亲属财物但其他亲属要求不予追究的，可不按犯罪处理。”从整体上看，该条规定就是未成年人盗窃犯罪的出罪机制。可见，在司法解释中，广泛存在着诸如“情节轻微的，可以免除处罚”、“情节显著轻微的，可以依法不追究刑事责任”和“行为人无主观恶意或者主观恶意不明显，情节较轻，危害不大的，可以不作为犯罪处理”等的出罪事由。①

二、套取挪用科研经费行为的出罪理由

如前所述，除了行为符合犯罪构成以外，司法机关是否最终启动刑事程序，还要考虑是否符合公共利益。追究套取挪用科研经费行为的刑事责任，何以不符合公共利益？理论界尚未进行深入探讨。但从常识来看，无外乎科研经费管理弊端重重②、科研人员的

---

① 高诚刚：《我国经济犯罪司法认定中的出罪事由》，载《青海社会科学》2015年第4期。

② 我国台湾地区套取科研经费案件大量爆发以后，“国科会”长官出面给科研人员说情，要求不按照犯罪处理，其中就专门提到要检讨科研经费管理制度之弊端。我国大陆科研经费管理弊端重重更是学界众人皆知，无须赘述。

不可替代性①、特殊预防必要性低等因素。

（一）根本原因：我国科研经费运行机制存在实质性缺陷

我国科研经费运行机制存在根本性缺陷，即在预算中缺乏科研人员的劳动报酬，无法有效补偿科研人员的劳动价值，这是对套取挪用科研经费行为予以出罪处理的根本原因。

2014年以前，套取挪用科研经费行为之普遍是令人震惊的。然而，正如全国人大常委会委员、曾任中央第十巡视组组长的令狐安面对《中国青年报》记者采访时所说：普遍存在的报销问题，都属于“办法规定及制度不合理造成的‘逼良为娼’的现象。”（《中国青年报》2015年3月12日第3版）这种现象最为典型的就是在应该体现科研人员科研劳动多劳多得的制度设计中，却丝毫不见科研人员的劳动报酬！换句话说，在现行的科研经费管理体制下，对于科研人员来说，科研纯粹是一种义务，科研的劳动价值丝毫得不到补偿。

1. 现状描述——我国科研经费预算中是否存在劳动报酬或者劳动报酬性质的奖励

我国科研项目中都有科研经费的预算，总金额从几万元到几千万元，甚至上亿元不等。那么，其中是否存在科研人员的劳动报酬呢？笔者经研究认为，尽管经费支出范围名目繁多，但严格来说，科研经费的预算中并没有科研人员的劳动报酬这一项，科研人员也不能从科研项目中获得劳动报酬。

（1）根据我国现行的科研经费管理规定，经费使用范围包括各种直接支出（如设备费、差旅费等）和间接支出（如项目依托单位的管理费、辅助人员的劳务费等），唯独没有科研人员的劳动

① 拘留、逮捕一位科研人员，就可能导致一个项目甚至一个单位科研事业的夭折，以至于最高人民检察院发文要对科研人员“慎用刑事强制措施”，更何况要对科研人员定罪量刑。事实上，科研人员的不可替代性在众多行业中都广泛存在。

报酬。即使现有的经费管理规定中存在数目有限的劳务费的规定，但正如有学者指出的“按照现行政策，国家社科基金和自然科学基金规定，劳务费只能发给参与项目的研究生、非课题组成员或无工资人员，课题组成员不可以有任何劳务费，而且发给这些人的劳务费还要求不可以超过项目总额的5%～10%，这意味着100万元的项目最多只允许支出10万元的劳务费。假如要5个研究生参与研究工作，每个研究生一年的津贴只有2万元，相当于目前的最低工资，难怪有研究生状告导师或者背地里说自己是廉价劳动力，实际上那个导师更冤枉，他连这点劳动报酬都还没有呢！”①

（2）其他一些可以供科研人员支出或者使用的费用不属于劳动报酬。例如，科研人员出差，会有适量的差旅费补贴（每天100元的交通费和80元的伙食费补贴），但是这种补贴与劳务报酬显然不是一回事；项目依托单位的配套经费也不同于劳务报酬，因为所有的配套科研经费在管理上都等同于主项目的经费管理，在经费开支范围上也不存在劳务费的问题，况且并不是所有单位都有配套的科研经费。

（3）不能混淆科研奖励与劳动报酬，不能用科研奖励替代劳动报酬。在实践中，有些科研单位为鼓励多申请项目，尤其是申请国家级的项目，会在申请到项目后给予科研人员一定的奖励。本书认为，这种科研奖励与科研人员应得的劳动报酬不是一回事。劳动报酬是对科研人员付出的正常劳动的报酬，属于常规报酬或加班工资，而科研奖励是对优质劳动进行的选择性奖励，与各种评奖是同一性质，不属于常规报酬；奖金是项目依托单位发放，而劳动报酬应该是委托单位发放；科研奖励资金来自项目费用之外，而劳动报酬应该来自项目费用之内；科研奖励是完成科研成果的奖励，而劳动报酬是完成科研成果的对价；科研奖励是非法定的、随机的，有

① 《科研体制改革要从允许课题组成员获得劳务费开始》，载《南方周末》2016年1月11日。

的单位有，有的单位没有，有的单位多，有的单位少，有的单位今年有，明年不一定有，而劳务费的发放应该是规范的、全国统一的，至少是委托单位内部实施统一的标准；科研经费管理单位提取的管理费实际上是单位管理科研经费的报酬，该部分经费并没有用于支付给科研人员，因而不是科研人员的劳动报酬。所以，不能用科研奖励取代劳动报酬。

2. 科研经费预算中缺乏科研人员劳动报酬的不合理性

根据按劳分配、多劳多得原则以及劳动法和合同法，只要科研人员付出了科研劳动，他们就应该获得相应的劳动报酬。我国现行的科研经费预算中缺乏科研人员的劳动报酬，明显具有不合理性。

其一，以科研人员都是国家工作人员、都有工资为理由，否定科研人员应得的劳动报酬，混淆了额内劳动与额外劳动，显然不合理。

我国民法学者孙宪忠教授在 2014 年曾经向财政部提出建议案，要求对科研人员劳动报酬问题进行说明。财政部等部门对此的回答是，我国科研人员基本上都是国家工作人员，在单位已经获得了工资，因此不应该再从科研经费中获得报酬。这一回答显然是不正确的，其根本缺陷是没有区分额内劳动和超额劳动。纵向课题的承担，虽然有一些和科研人员的工资是挂钩的，但是也有相当一部分不是科研人员的本职工作，和科研人员的工资并无关联。而横向课题则完全是市场化的运作，和科研人员的工资没有任何的联系。因此，以科研人员有工资为由，禁止科研人员从科研经费中取得劳动报酬的观点是无法成立的。① 因此，孙宪忠教授建议：无论如何，我们也应该考虑到科研劳动的艰辛，从科研友好型观念出发，从科

① 参见孙宪忠：《关于建立“科研友好型”经费使用管理制度的建议（征求意见稿）》，http：//blog. sina. com. cn/s/blog_ 6216a1750102wd0u. html，2017 年 3 月 31 日访问。

研项目的法律性质出发来研究和解决科研人员的劳动报酬问题。①

其二，允许科研辅助人员和其他人员获得劳动报酬，却不允许科研人员获得劳动报酬，存在自相矛盾的现象。一方面，按照现行规定，科研人员不能从科研经费中获得劳动报酬；但另一方面，科研经费预算中却又有专家咨询费和管理费，专家咨询费是付给接受咨询的专家的，管理费由科研依托单位提取并用于科研依托单位对科研经费的管理工作。这里就存在矛盾：在现行体制下，接受咨询的专家也大都是体制内的专家，都有工资性收入；真正分享管理费的是科研单位的管理人员，也都有工资性收入，为什么科研人员不能从科研活动中获得劳动报酬，而咨询专家和管理人员就能从科研项目中获得劳动报酬？如果说科研人员本来就是该搞科研的，科研工作是分内工作，那么体制内的咨询专家本来不应该接受咨询？接受咨询难道不是分内工作？科研依托单位的管理人员难道不该从事科研管理工作？对科研经费的管理难道不是这些管理人员的分内工作？现行的科研经费预算机制何以厚此薄彼，专门剥夺科研人员的劳动报酬获得资格？

而且，这种自相矛盾的科研经费预算体制还容易诱发道德风险。科研经费预算中允许支出专家咨询费，于是很多科研人员只在熟悉的科研人员之间交换咨询费，甲做乙课题组的咨询专家，领取乙课题组的咨询费；而乙同时也做甲课题组的咨询专家，领取甲课题组的咨询费。如果这种咨询专家提供了“货真价实”的咨询内容，确实为课题组付出了脑力劳动，领取专家咨询费倒也未尝不可，但是，如果这种咨询专家只是挂了个名，并未提供实质性的咨询内容，为了弥补自己的劳动投入而交换咨询费，那就属于套取科研经费的违法行为。由于在科研活动中，到底是否提供了“货真

① 参见孙宪忠：《关于建立“科研友好型”经费使用管理制度的建议（征求意见稿）》，http：//blog. sina. com. cn/s/blog_ 6216a1750102wd0u. html，2017 年 3 月 31 日访问。

价实”的咨询服务，很难准确测量和评估，因此在实践中这种互为咨询专家、咨询费“肥水不流外人田”的现象也无法避免，从而容易诱发道德风险。

其三，以“科研经费属于公共财产，是公款，不能挪作私用”为由，否认科研人员应得的劳动报酬的观点太过牵强。的确，许多科研经费来自公共财产，但公共财产所有权是可以通过一定的法律事实（如签署合同、转移支付）进行转移的。例如，国家工作人员的工资、国家财政支付的工程款原本也属于公共财产，但这种公共财产通过劳务、交易等方式可以转化成公务员的工资或企业利润。否则，如果公共财产一直保持一种所有权状态，那么这种公共财产又有何用？如何兑现其“来自于民，用之于民”的承诺？同样的道理，财政拨款的科研经费虽然来自公共财产，但是在科研人员付出辛苦劳动的情况下，完全可以将一部分科研经费作为劳动报酬而转化为科研人员的收入。

其四，科研人员通过承担课题而获得劳动报酬，与公共权力无关，不存在以权谋私的问题。科研人员承担课题、获得报酬，凭借的是劳动技能，而不是公共权力。科研人员获得劳动报酬本质上是劳动的结果，是对科研劳动的补偿，这与工人、农民劳动致富，商人经商致富的原理是一样的。

目前的科研经费管理制度只强调科研人员的义务，而没有贯彻责、权、利的统一，没有体现出对科研人员智力劳动的尊重，因而是不科学的，也难以持续下去。①

我国的科研经费运行机制，除了以上欠缺科研人员劳动报酬的实质性缺陷以外，尚存在其他诸多问题。国务院《关于改进加强中央财政科研项目和资金管理的若干意见》颁布后，科研经费运行机制中的部分问题有所改进，但是仍存在很多制度性的缺陷，亟

① 邓曦泽：《学者能否从科研经费中获利?》，http：//www. stdaily. com/ruidongyuan/rdy/2016-08/08/content_ 77171. shtml，2016 年 12 月 3 日访问。

待完善。对于该问题，第五章将有详细论述，此处不再赘述。

（二）科研人员具有不可替代性，追究套取挪用科研经费行为的刑事责任不符合社会公共利益

建设创新型国家是我国的国策，也是民族复兴的基石。而要建设创新型国家，关键是要有创新型人才。显然，科研人员就是创新型人才的主要组成部分。与其他人员相比，科研人员具有一个鲜明的特征，即不可替代性。因而追究套取挪用科研经费行为的刑事责任不符合社会公共利益。

（1）对涉案科研人员追究刑事责任可能会导致相关领域科学研究的停滞，长期来看会影响国家的科技进步乃至某些领域的国家安全。

我们都知道，科研人员具有很强的不可替代性，他们大都是科研上的精英骨干或是某一领域的领军人物，手中掌握着先进的技术，对我国经济的发展以及科技的进步具有重大的推动作用。因此，“逮捕一位科研人员，毁了一个重点学科”的现象屡屡发生。甚至在某些重点科技领域，逮捕一位科学家将会使得该科研领域长期停滞不前。“千军易得，一将难求”现象在科技领域体现得淋漓尽致。

正是认识到这一点，在美国，即使法治非常完善，基本上做到有罪必究，但是刑事司法中仍要对涉案的科研人员网开一面，对于套取科研经费 20 多万美元的贝内特，仅仅是罚款 40 多万美元而结案；韩国对贪腐犯罪的态度是决不饶恕，不惜一切代价追究了数位前总统的贪腐问题，但对于套取经费数额巨大的黄禹锡等科研人员还是做到了“高举轻放”，不但不按照《特定经济犯罪加重处罚法》予以加重处罚，还有意放过了诈骗等罪行，只是以业务上的侵占罪名而判处缓刑。在我国台湾地区，对于涉案科研人员的刑事追究问题，甚至超越了两党内斗，当局一致主张对科研人员从宽处理，司法机关最终都按照缓起诉处理，最终得以实现无罪的效果。

在我国，涉案的科研人员也基本上属于“大咖”级别的学术

大佬。例如，北京师范大学教授张某某是国家重点实验室的副主任；北京邮电大学教授宋某某是拥有国家重点学科的学院执行院长，也是承担着国家重点研发计划的骨干成员；中国科学院的段某某准院士是相关领域的国际上比较权威的专家；中国农业大学教授李某更是我国克隆领域的领跑者，也是最年轻的院士。这些著名的科学家一旦涉案被追究刑事责任，本人的科研生命就此终结不说，相应的国家某个学科也就基本上停滞不前了。“十年树木，百年树人”，而培养一个顶级的科学家，建设一个具有创造力的学科群，何止“百年”？由此给国家相关科技领域带来的损害又有多少年才能恢复？正义从来都是多面向的，为了追求有罪必罚的效果，为了几十万元的科研经费，而要葬送一个科学家甚至一个学科群的“生命”，孰轻孰重，哪个更能体现社会的整体正义观，这是不言自明的。在这一点上，美国、韩国和我国台湾地区对该类案件的处理规则已经为我国大陆提供了有益的借鉴。

（2）在科研经费管理体制弊端重重的情况下，追究套取挪用科研经费行为的刑事责任会打击科研人员从事科研活动的积极性，从长期来看有损于我国科技的发展和创新型国家战略的实现。

需要注意的是，以主持、参与财政拨款的科研项目的形式开展科研活动并不是科研人员的法定义务。在现有的科研体制下，科研人员可以选择申请财政拨款的科研项目，为国家科学事业作贡献；也可以只申请横向科研项目，在提高自身科研水平、满足单位考核要求的情况下，还能提高自身的收入；或者什么科研项目都不申请，而只是按照自己的科研兴趣开展科研活动；甚至也可以选择不进行任何科研活动，只从事行政或教学工作。

在这种情况下，如果主持、参与国家财政拨款的科研项目的科研人员动辄得咎且处刑严厉，那么科研人员基于趋利避害的想法，会将精力用于横向科研项目，甚至不再申请科研项目。由于纵向科研项目往往聚焦于国家重大战略领域的基础科学研究、前沿科学问题研究，科研人员对纵向科研项目不感兴趣，自然就会使得我国相关科技领域的基础性问题、战略性问题得不到重视，我国的科研事业无法得到可持续的发展，创新型国家的建设也将成为空中楼阁。根据我国民法学者孙宪忠教授的研究，最近几年，在我国国家社科基金的申请者中，具有高级职称的科研人员已经明显减少，相应的科研项目的完成质量也存在下降趋势。这不能不说与我国对待纵向科研项目政策中的管理过严、惩罚过严相关。长期下去，必然会造成科研人员和国家科技事业的双输局面。

综上，对套取挪用科研经费案件追究刑事责任并不符合社会公共利益原则。我们应该严格按照最高人民检察院《关于贯彻落实〈中共中央关于全面推进依法治国若干重大问题的决定〉的意见》"依法慎重办理科技活动和科技体制改革中出现的新类型案件，严格区分罪与非罪界限，依法保护科研单位和科技人员的合法权益"的精神实质①，对涉案科研人员予以出罪处理。

第四节 出罪机制的具体设计

如前所述，我国学术界同时在无罪与有罪但不追究刑事责任的意义上使用出罪机制这一术语，相应地，在套取挪用科研经费行为出罪问题的具体设计上也可以分别从实体和程序的角度入手。

一、实体上出罪机制的具体设计

实体法上的出罪机制实际上是对刑法上某种犯罪的构成要件要素作实质性的解释，或者对犯罪构成要件的某些要素做适当的限缩，进而在实体法上实现出罪的效果。结合科研人员套取挪用科研经费案件的实际情况，从实体法上实现出罪的效果，可以从以下角度入手。

---

① 参见最高人民检察院《关于贯彻落实〈中共中央关于全面推进依法治国若干重大问题的决定〉的意见》的相关规定。

（一）对“公共财产”作限制解释

公共财产作为贪污罪和挪用公款罪的犯罪对象，其范围宽窄的界定事关贪污罪和挪用公款罪的成立与否。因此，对科研经费的公共财产属性作限制解释，将横向科研经费和部分纵向科研经费从公共财产中排除出去，可以解决套取挪用该部分科研经费行为的出罪问题。

我国刑法第 91 条规定：“本法所称公共财产，是指下列财产：（一）国有财产；（二）劳动群众集体所有的财产；（三）用于扶贫和其他公益事业的社会捐助或者专项基金的财产。在国家机关、国有公司、企业、集体企业和人民团体管理、使用或者运输中的私人财产，以公共财产论。”

按照上述规定，从形式上看，以下科研经费均为公共财产：其一，所有来自公共财产的科研经费（包括各类财政拨款的科研经费和国有企业、事业单位使用国有资产形成的科研经费），不管项目的依托单位是国有单位还是私有单位（主要是各类高新技术企业），均属于公共财产，套取挪用这类科研经费的，均可以构成贪污罪或挪用公款罪；其二，即使是来源于私有单位使用非公共财产形成的科研经费（如腾讯公司技术研究院作为项目委托单位拨付的科研经费），只要项目依托单位是国有单位，这些项目经费也将由于属于“在国家机关，国有公司、企业，集体企业和人民团体管理、使用或者运输中的私人财产”而应以公共财产论。

然而，这种对科研经费的公共财产属性的理解是片面的，最为突出的问题就是不区分科研经费的来源，也不区分经费使用上的行政法律关系和民事法律关系，把基于民事委托合同而形成的科研经费也视为公共财产。①

---

① 参见孙宪忠：《关于建立“科研友好型”经费使用管理制度的建议（征求意见稿）》，http：//blog. sina. com. cn/s/blog_ 6216a1750102wd0u. html，2017 年 3 月 31 日访问。

在本书看来，在公共财产的计算上应当做以下限制：

首先，将横向课题经费从公共财产中排除出去，进而将套取挪用横向科研经费的行为予以出罪化。横向课题是指社会机构、个人等为了取得或者购买科研人员的劳动成果，而与科研单位签订协议设立的课题。从双方的法律关系来看，相当于民法上的承揽关系，课题的委托、成果的完成、费用总额及其支付方式完全采取市场化的方式，课题组需要干多少事情，应该拿到多少报酬，报酬如何使用，都应该由项目委托方和课题组协议决定。这显然是一种典型的民事合同法律关系。如果在履行横向课题合同中出现了争议，应该按照民事合同的方法进行处理，该赔偿的赔偿、该退回的退回，政府只能建立规则予以引导，而不能将其纳入强制管理，不应强行干预。事实上，我国司法实践中也是这么操作的。目前已经进入刑事程序的案件均是针对财政拨款的科研经费，尚未见到针对套取挪用横向课题经费而构成犯罪的刑事判决书。[①]

其次，将一部分基于政府购买服务而设立的课题经费从公共财产中排除出去，进而将套取挪用该部分科研经费的行为予以出罪化。即使是财政拨款的科研经费，也应该区别对待。从我国财政拨款科研经费的运行实际来看，大部分是出于单纯帮助科研人员完成有益于国家或者社会的科研活动，甚至仅仅就是支持科研人员按照自己的意愿开展科研活动（例如，各种人才类、基地类的科研项目的科研经费，完全由科研人员按照自己的研究兴趣开展科研活动），经费提供者并没有自己的经济目的，只是为了国家和社会的公益目的。国家社会科学基金项目和国家自然科学基金项目的设立

① 需要说明的是，这是本书作者目前掌握的数据，不排除实践中存在追究套取挪用横向课题经费行为的刑事责任的可能。因为按照对刑法的形式理解，套取挪用横向课题经费行为依然可以构成犯罪（在我国台湾地区也是这么理解的）。正因为如此，本书把横向课题经费从公共财产中排除出去的观点仍具有现实意义。

就是如此。[①] 在这些项目中，涉及课题委托单位、课题依托单位和课题组，由此形成的法律关系更多的是行政法律关系，将科研经费认定为公共财产没有问题。但是，也确实存在一部分财政拨款的科研项目，其设立的目的就是取得（或者说购买）科研人员所创造的劳动成果，以满足自己的政治或者经济需要。这一类比较典型的就是各类政府采购服务。在这类政府采购服务中，课题组与课题委托单位（政府及其有关部门）形成的是民事合同关系。因此，这类科研经费尽管来源于财政拨款并在国有单位管理之下，也不应当认定为公共财产。

（二）计算套取挪用科研经费的数额时应适当扣除科研人员的应得报酬以及其他合理开支

对套取挪用科研经费案件出罪处理的一个重要原因在于科研经费管理体制不科学，这种不科学集中体现在经费预算中不包括科研人员应得的劳动报酬，经费管理过于死板（该现象被形象地称为“买酱油的钱不能用来买醋”）等。因此，在计算套取挪用的科研经费数额时应做以下扣除：（1）扣除科研人员应得的劳务费（或者相当数额的奖金、报酬等）。当前，科研人员劳务费问题虽然在中央和各部委纵向课题中尚无进展，但在湖北省、上海市等地方纵向课题中已经“破冰”；根据李克强总理的讲话精神，中央和各部委纵向课题经费预算中纳入科研人员的劳务费也只是时间早晚的问题。基于此，应认为科研人员在完成课题的情况下应该得到合理的劳务费（或者相当数额的奖金、报酬等）。因此，计算套取挪用科

---

① 例如，《国家社会科学基金管理办法》（2013 年 5 月修订）第 1 条规定：“为了规范国家社会科学基金（以下简称国家社科基金）管理，提高国家社科基金使用效益，促进多出优秀成果、多出优秀人才，更好地发挥国家社科基金的示范引导作用，推动我国哲学社会科学繁荣发展，充分发挥认识世界、传承文明、创新理论、咨政育人、服务社会的重要功能，制定本办法。”

研经费的数额时应把科研人员应得的劳务费扣除。至于扣除标准，可以初步设计如下：每个课题中劳务费标准不超过经费总额的30%（或者50%），而且参与的课题组成员每人年均总额不超过5万元（或者年均总额不超过课题组成员年收入的30%）。如果科研人员套取的经费数额超过上述标准，则可以计入贪污数额。或者参照美国的劳务费扣除标准，即每位科研人员年收入的20%~30%，或者参照我国台湾地区的标准，即每年提取固定数额的劳务费（如博士生人均1万元），当然也可以设计其他合理标准。如果科研人员套取挪用的数额超过上述标准，则可以考虑计入犯罪数额。（2）扣除一切最终用于科研活动的开支。有的科研人员套取科研经费用来补偿本课题的先期投入，有的用于其他课题的科研活动，有的用于弥补应发劳务费的差额（预算中的劳务费不够实际支出），等等。只要套取挪用的科研经费最终用于科研活动，都不应计入犯罪数额。当然，有的科研人员套取挪用科研经费完全用于个人生活，甚至用于违法犯罪活动，该部分数额应当计入贪污数额。（3）区分违反财经纪律的使用与贪污科研经费的问题。例如，课题中提取的劳务费即使超标，但只要该劳务费是与科研活动有关的，都不能计入贪污数额。

（三）运用违法性认识错误理论，将国务院《关于改进加强中央财政科研项目和资金管理的若干意见》颁布之前的部分套取挪用科研经费行为予以出罪化

在国务院《关于改进加强中央财政科研项目和资金管理的若干意见》公布以前，《国家社会科学基金项目经费管理办法》以及其他各类科研经费的使用管理规定都只是笼统地强调了科研经费的依法使用，对于科研经费的违规违法使用，最为严厉的处罚措施也只是追回已拨科研经费、停止5年内的申报资格，始终没有明确其违反刑事法律的性质；我国科研经费运行机制弊端重重；实践中很多课题依托单位基于调动科研人员积极性的考虑，也往往对科研经费的套取挪用等行为持默认的态度。在这样的情况下，科研人员普

遍存在一种认识，即科研经费是我申请的，只要按期完成符合要求的研究成果，钱想怎么花就怎么花，并不认为套取挪用科研经费是违法犯罪行为。也就是说，科研人员普遍存在违法性的错误认识。

笔者曾撰文详细论述了违法性认识错误对科研人员套取科研经费案件刑事责任的影响①，即以违法性认识错误理论为解释依据，将那些涉案金额不是特别巨大（如100万元以下）、情节不是很恶劣（将套取的科研经费用于“包二奶”等则属于比较恶劣的情形）以及不担任行政职务的课题组负责人予以出罪化。按照这种处理办法，即可以将国务院《关于改进加强中央财政科研项目和资金管理的若干意见》颁布之前的大部分套取挪用科研经费行为出罪化。

二、程序上的出罪机制的具体设计

（一）现有的“过滤”机制及其弊端

如前所述，针对套取挪用科研经费的行为，有关机关采取了“过滤”处理机制，选取部分科研人员以贪污罪等罪追究了刑事责任。② 由于这种“过滤”机制是建立在承认套取科研经费可以构成犯罪③的基础上的，因而属于本书所称的程序上的出罪机制。然而，在我国当前采用的“过滤”处理机制中，“过滤”标准如何把握（例如，是否适用贪污犯罪的法定构成数额、情节标准，是否只追究课题组负责人，尤其是只追究担任一定行政职务的课题组负责人的刑事责任），“过滤”是否存在明确的法律依据及操作程序

---

① 参见刘科：《套取国家财政拨款科研经费行为定罪中的疑难问题》，载《法学杂志》2015年第7期。

② 陈某某、李某某、王某某、刘某某、宋某某、张某某等人套取科研经费案均以贪污罪定罪处罚，也有部分案件按照私分国有资产罪和挪用公款罪定罪处罚。

③ 以犯罪构成为论证基础，认定套取科研经费行为符合贪污罪（或者至少符合诈骗罪）的犯罪构成。

还存在不少疑问。从公布的几起套取科研经费犯罪案件来看，“过滤”标准尚不清晰，法律依据不明，操作程序缺失。①

我国大陆采用的“过滤”措施由于没有明确的法律依据及操作程序，可谓“法外”措施；而我国台湾地区的缓起诉则具有“刑事诉讼法”的明确规定，是一种“法内”措施。将两者予以对比，就可以发现其优劣。

在我国台湾地区，所谓缓起诉，就是暂缓起诉的处分，或者说是一种附条件的不起诉处分，条件成就之后处分才会确定。② 其适用条件是：适用于被告所犯法定刑为死刑、无期徒刑或者最轻本刑为 3 年以上有期徒刑以外之罪；犯罪事实已经查清并达到起诉条件。符合上述条件的，检察官需要参考以下因素作出决定：犯罪人本人之条件，如品行、智识程度、与被害人的关系；犯罪本身之事项，如动机、目的、手段等；犯罪后之事项，如犯罪的危害、犯罪后的态度等。即使符合以上条件，如果缓起诉不符合公共利益原则，如缓起诉会让一般民众产生严重违反正义的观感，与刑罚的一般预防功能相抵触，也不应缓起诉。③ 缓起诉期间一般为 1~3 年，只有期间届满，且满足一定条件（故意犯有期徒刑以上之罪经检察官提起公诉，或者缓起诉前所犯他罪于期间内经法院判处有期徒刑以上之罪，或者违反检察官命令遵守事项）才予以不起诉。期间届满，如果没有撤销处分的事由，则除非发现新的犯罪事实或者证据，否则不得对原犯罪事实再行起诉。从缓起诉的实际运行来看，只要不违反相应规定，缓起诉的最终结果都是无罪。因而在我

---

① 关于“过滤”问题，迄今为止准官方的表态就是前述中央巡视组组长令狐安同志所说：“除了非常严重的问题之外，一般行为不予追究。”问题是何谓“非常严重的问题”？如何把握“非常严重的问题”？未见下文。

② 参见林钰雄：《刑事诉讼法》（下），中国人民大学出版社 2005 年版，第 60 页。

③ 参见何赖杰：《缓起诉处分要件及撤销》，载《法学讲座》2002 年第 5 期。

国台湾地区，套取挪用科研经费案件，无论金额大小、情节轻重，只要认罪并遵守相应规定，最终都能实现无罪的结果。

比较我国大陆和台湾地区程序上的出罪路径，除了出罪的前提都是认定套取行为构成犯罪这一点相同以外，其他方面都存在相当大的差异。其一，是否具有法律依据不同。缓起诉是我国台湾地区“刑事诉讼法”中明文规定的程序，并有“检察机关办理缓起诉作业要点”予以具体化，因而适用缓起诉是合乎法治原则的，是“法内”措施。而我国大陆的“过滤”机制缺乏法律依据，是“法外”措施。其二，是否具有明确的实体条件和程序不同。实施缓起诉处分必须具备法定的条件并有一套程序约束。“过滤”处理机制的实体条件与程序则不明确，如是否适用普通的贪污犯罪刑事门槛？是否只追究课题组负责人尤其是只担任行政职务的课题组负责人的刑事责任？[①] 其三，后果不相同。作出缓起诉决定后，只要涉案人员遵守相应规定，期满就不再起诉，因而对于涉案人员来说，缓起诉的处理具有相对安定性（实体上无罪与程序上不得再起诉）。但“过滤”机制与之不同，“过滤”标准尚不清晰、过滤措施不具有终局性（现在被“过滤”出去并不代表以后不能再被圈进来），从而使得涉案人员缺乏安定性。

综上，我国大陆程序上的出罪机制属于“法外”出罪，适用对象不明确，程序性规定缺乏，后果难以预料。相对来说，我国台湾地区的缓起诉这种“法内”的程序上的出罪路径更为可取。

（二）“过滤”机制的完善

我国台湾地区出罪机制最大的优点是法治化，无论是缓起诉的适用条件还是适用程序，都有具体制度来保障，不至于由于因人而异、时事变迁而偏离公平正义的目标。因此，借鉴我国台湾地区缓起诉这种“法内”的出罪路径，构建我国大陆程序上的出罪机制

---

① 前引令狐安的说法：“除了非常严重的问题之外，一般行为不予追究。”问题是，“非常严重的问题”如何把握？其与“一般行为”如何区分？

的关键在于将各种出罪措施纳入法治轨道，即法治化。

值得注意的是，我国大陆程序法上并非不存在法治化的出罪机制。刑事诉讼法第 177 条第 1 款规定：“……有本法第十六条规定的情形之一的，人民检察院应当作出不起诉决定。”第 2 款规定：“对于犯罪情节轻微，依照刑法规定不需要判处刑罚或者免除刑罚的，人民检察院可以作出不起诉决定。”这些不起诉决定，前提都是有罪，处理都是无罪，是刑事诉讼程序对某些实体上有罪情形的处理机制及结论。① 但是，这些法治化的出罪情形适用范围比较有限，无论是第 1 款援引的该法第 16 条规定的几种情形“……（二）犯罪已过追诉时效期限的；……（五）犯罪嫌疑人、被告人死亡的……”，还是第 2 款规定的罪轻不起诉，都只能适用于极少数的套取挪用科研经费案件，对于大部分案件都无法适用（因为罪轻不起诉的标准是“犯罪情节轻微”，而不少套取挪用科研经费案件都不属于情节轻微）。

然而，在我国司法实践中，20 世纪 90 年代频繁发生的“能人犯罪”案件，2016 年最高人民法院、最高人民检察院《关于办理贪污贿赂刑事案件适用法律若干问题的解释》出台前的涉案金额 5 万元以下的贪污贿赂案件、目前正在处理的民营企业家犯罪案件，大部分都不符合“罪轻不起诉”条件，但事实上都被出罪处理了。如果我们认可这种“法外”出罪机制的合理性，就需要进一步完善我国“法内”的出罪机制。完善的途径之一就是提高“罪轻不起诉”中罪轻的标准，如提高到我国台湾地区“刑事诉讼法”中规定的“死刑、无期徒刑或者最轻本刑为 3 年以上有期徒刑以外之罪”，再辅之以“犯罪人本人之条件，如品行、智识程度、与被害人的关系；犯罪本身之事项，如动机、目的、手段等；犯罪后之事项，如犯罪的危害、犯罪后的态度等”特殊条件限制，对其起诉不符合公共利益需要的，即可作出不起诉决定（当然，是否还

---

① 夏勇：《试论“出罪”》，载《法商研究》2007 年第 6 期。

有必要借鉴我国台湾地区的做法，设立缓起诉期间，还可以再研究），而不是现有的“依照刑法规定不需要判处刑罚或者免除刑罚”的标准，从而使得“罪轻不起诉”可以适用于绝大多数由于公共政策原因而需要做出罪处理的案件。[①] 此外，针对科研人员的不可替代性特征，即使由于部分情节严重的套取科研经费案件（如套取数额高达上千万元、套取科研经费用于非法活动等）无法适用“罪轻不起诉”条件而只能定罪处罚，也可以通过完善我国刑法中的赦免制度等途径，将涉案的关键领域的科研人员予以赦免，使其可以“戴罪立功”，不至于因为套取科研经费案件而导致某个关键科研领域的停滞。

---

① 具体到套取挪用科研经费案件中，只要具备科研成果经鉴定合格等条件，就可以认为符合“罪轻不起诉”的条件，做不起诉处理。

第五章　我国科研经费运行机制存在的问题及其完善

科研经费是开展科学研究的基本条件和重要保障，其运行机制是否完善，决定了科研经费配置的效率，进而直接影响国家竞争力的提升和创新驱动发展战略的实现。客观地说，近些年来我国科研经费领域的违法犯罪行为频发多发，除去部分科研人员的贪欲、市场经济的负面作用等一些外在因素的影响外，当前我国科研经费运行机制不够畅通、设计不够合理等内在因素才是决定性的因素。"最好的社会政策是最好的刑事政策"，要想从根本上治理套取挪用科研经费的违法犯罪问题，必须从完善科研经费运行机制入手。

第一节　科研经费运行机制概述

近些年来，通过一系列改革，我国逐步形成了以稳定支持为基础、竞争性科研经费占主导的资助模式，① 形成了以课题制为中心的科研管理体系，建立了以课题发布单位、课题依托单位、课题组分工参与、各尽其责的运行机制，这对增强科研人员的创造力和提高科技经费投入的效率产生了积极作用。

① 参见聂常虹：《科研经费，各国如何监管?》，载《人民日报》2015年1月16日第23版。

一、运行机制概述

目前，很多人在使用“实施机制”或者运行机制术语，但对其真实含义未必清楚。事实上，从使用者的角度来看，其只是想描述某一社会现象或者行为实际发生作用和产生影响的内在机理。在为数不多的涉及实施机制的文献中，人们只是把它理解为一种既定的制度安排或者制度环境，而不是实际产生减少或者扩大犯罪量和效力的运行机体。[①] 换句话说，现有的研究仅限于静态的研究，而机制的真正使命在于动态的运行，后者正是现有研究中所缺乏的。

机制作为来源于自然科学的术语，最初被用来描述产生自然现象的物理过程或者物理学中的机械运动，后来被广泛应用到生理学、化学、经济学等多门学科中。例如，企业的运行机制、市场经济的运行机制等术语均来自于此。总结各门学科对机制这一术语的使用，可以判断机制这一术语的基本含义是制度加方法或者制度化了的方法。其包括以下要素：（1）机制是经过实践检验证明有效、较为固定的方法，是具有相互联动或影响的结构部分；（2）机制本身含有制度的因素，并且要求有关人员遵守，并遵循一定方式做相对运动；（3）机制是在各种有效方式、方法的基础上总结和提炼的随时间发生变化的过程；（4）机制是依靠多种方式、方法来起作用的，相对运动的性质主要取决于构成部分的数量及其联系或者影响方式。[②]

作为一种动态的运行机制，其构成要素至少包括运行机制的参与主体、各参与主体之间的相互关系、运行机制的目标、动力来源、矫正方法等。就科研经费的运行机制而言，至少包括以下因

---

① 参见姜涛：《我国刑事政策的实施机制研究》，载《法商研究》2008年第3期。

② 参见姜涛：《我国刑事政策的实施机制研究》，载《法商研究》2008年第3期。

素：（1）科研经费运行机制的整体目标。根据国家社科基金委员会的有关文件，其基本的目标可以确定为“效益”或者说成果目标。例如，《国家社会科学基金管理办法》（2013 年 5 月修订）第 1 条规定：“为了规范国家社会科学基金（以下简称国家社科基金）管理，提高国家社科基金使用效益，促进多出优秀成果、多出优秀人才，更好地发挥国家社科基金的示范引导作用，推动我国哲学社会科学繁荣发展，充分发挥认识世界、传承文明、创新理论、咨政育人、服务社会的重要功能，制定本办法。”科研经费作为经费的一种，本质上是一笔财产，而财产的终极意义就是通过自己的消耗换取新的社会财富，以实现社会财富的升级换代。（2）参与主体。根据我国的现有规定，科研经费运行机制中的参与主体至少包括三方：课题发布单位（委托方）、课题依托单位与课题组。三方之间的关系是什么？如何协调三方的关系以实现整体目标？这是需要深入研究的。在这三方之间，目标并不完全一致，有时甚至存在矛盾，但是在科研经费运行机制之中，要求三方和谐相处，否则无法有效实现整体目标。（3）矫正机制。运行机制就像一列运行的火车，运行不畅会出问题，因此需要不断调整和矫正。科研经费运行机制中存在哪些问题，自身又具有何种调整机制？这也是值得研究的。

科研经费运行机制与科研经费管理制度具有相似性，但是并不完全相同。科研经费管理是科研管理的重要内容，这一术语偏重于强调管理一方或者委托一方的需要，而没有兼顾课题组成员或者课题本身的需要。① 而且，科研经费管理制度偏重于制度层面，是一个静态的概念，而科研经费运行机制偏重于事实层面，是一个动态的概念。因此，本书选择使用运行机制这一术语进行研究。

---

① 尽管其也强调保护各方利益，似乎与运行机制术语存在混同，但就制度的本来含义来看，还是偏重于管理层面的。

二、我国现阶段的科研经费运行机制

（一）科研经费运行机制的整体目标

运行机制的整体目标是整个运行机制的动力来源，整个运行机制应当围绕着运行目标进行设计。不同的科研项目，其科研经费运行机制的目标会略有不同，但从整体上说都是效益优先。从表现形式来看，科研经费运行机制的整体目标一般都集中规定于各个科研经费管理规定中的序言部分。例如，《国家社会科学基金管理办法》（2013 年 5 月修订）第 1 条规定："为了规范国家社会科学基金（以下简称国家社科基金）管理，提高国家社科基金使用效益，促进多出优秀成果、多出优秀人才，更好地发挥国家社科基金的示范引导作用，推动我国哲学社会科学繁荣发展，充分发挥认识世界、传承文明、创新理论、咨政育人、服务社会的重要功能，制定本办法。"

其他种类的科研基金的整体目标大都如此。例如，《上海市科研计划专项经费管理办法》修订后，有关负责人表示，修订该办法的总体思路是："建立健全符合科研规律的科研项目经费管理机制，简政放权，将多项权利下放至项目（课题）承担单位；尊重科研人员，更好地体现科研项目中创新型劳动的价值。"这种所谓的"总体思路"实际上也是科研经费运行机制的整体目标的表现形式。

因此，综合来看，科研经费运行机制的整体目标就是建立一套完善的科研经费管理体制，使得参与各方权责明确、有序运行，最终实现出成果、出人才的目的。

（二）科研经费运行机制的载体

运行机制的核心在于相互制约、相互作用的运转机制。运行机制的良好运行离不开一个内部协调一致、权利义务关系明确的良好的载体。我国科研经费运行机制的载体历经变化，最终选择了课题制这一在世界范围内被广为采用的载体形式。课题制是指按照公平竞争、择优支持的原则和规定的立项程序确立课题，并以课题为中心、以课题组为基本活动单位来进行课题的组织、管理和研究活动的一种科研管理模式。①

1. 课题制的产生

在决定采用课题制之前，我国进行过一些改革，尝试过许多管理制度（科研载体），如基金制、合同制、同行评议等制度，但并没有有效地解决科研项目管理中固有的一些矛盾与问题。

随着科教兴国政策的不断深入，我国的科研体制改革也在不断深入，从“十一五”计划开始，通过国家财政拨款的各类科研项目全面实行课题制。课题制在被我国采用之前已经被世界上很多国家和地区所采用，可以说是经过很多国家实际验证的卓有成效的科研项目管理载体。我国首先提出采用课题制的管理模式是在1999年的国家科技计划中，首次试行是在国家重大基础研究计划中。经过多年对科研项目管理的探索，国家科技部等四部委于2001年年底联合发布了政府对于科研项目的管理原则《关于国家科研计划实施课题制管理的规定》，其中不仅对课题制的适用范围作了强制规定，即国家科技计划只要资金来源是国家财政拨款就必须采用课题制，还分别制定了各类科技计划的专项经费管理办法。此后，各地方政府和高校也纷纷效仿国家科技计划推行课题制，制定专门的经费管理办法。②

2. 课题制的运转流程

科研项目分为纵向课题和横向课题，由于资金来源、支持目标等不同，其具体的运转流程也有所不同。

---

① 参见刘波：《基于“课题制”的大学科研经费管理——与美国的比较研究》，载《科研管理》2003年第1期。

② 参见王永益：《科研课题制与科研经费管理制度改革研究》，载《科学管理研究》2013年第6期。

科研领域的国家纵向课题，项目从招标发布到验收的基本流程是：国家有关部门（如科技部、教育部、司法部、全国哲学社会科学规划办公室；各省市自治区厅局；各省市自治区及新疆生产建设兵团、全军哲学社会科学规划办公室等）发布课题指南—科研人员组成课题组，进行项目申请或投标（申请书一般有固定格式，内容包括课题主持人及课题组成员基本情况、课题研究设想、研究方法、研究计划进度及阶段性成果、最终成果形式、经费预算及其开支科目）—国家有关部门组织评审（如全国哲学社会科学办公室先组织同行专家进行通讯评审，再组织学科规划评审组专家进行会议评审）—国家有关部门对拟资助项目及资助经费数额审批决定—对决定予以资助的，国家有关部门予以公布，并书面通知申请人及责任单位—国家有关部门、项目负责人（课题主持人）以及其所在的科研机构（或高校）订立三方协议或合同书—国家有关部门拨款至项目负责人（课题主持人）所在的科研机构（高校）—项目负责人（课题主持人）组织开展课题研究—课题完成后，项目负责人（课题主持人）提交最终研究成果和项目结项申请—国家有关部门对成果进行鉴定、审核、验收—验收通过后拨付预留经费。上面是纵向课题的完整流程，有的纵向课题的设立与结项程序相对简单一些。①

横向课题由于是来自社会和个人的资助，因此申请与结项程序较为简单。一般是资金提供方发布招标指南，各科研人员组成课题组进行申报，经过批准后由科研机构（课题依托单位）与资助方（课题发布单位）签署协议即可。

3. 课题制中科研经费的运行机制

作为配合课题制而产生的现行的科研经费管理办法已经成为课题制体系中非常重要的一部分。全额预算管理制度则是科研经费管

---

① 参见郎雨竹、肖中华：《科研人员假借他人名义套取课题经费的行为性质辨析》，载《中国检察官》2014 年第 9 期。

理的核心，其适用范围包括所有的经费管理和使用。在课题制下，科研经费的来源分为两大类，即横向科研项目经费和纵向科研项目经费。横向科研项目经费是指科研人员与企业单位、事业单位、民间组织以及其他社会部门联合开展研究、科学技术服务等，并由合作单位支付联合研究中的项目经费。纵向科研项目经费是指项目经费来自国家各级政府的科研管理部门，需要经过申报审批，按照一定程序才能下达完成。这类项目经费主要涉及的研究范围有基础性研究、涉及国家安全的研究、公益性研究、行业关键技术研究等。科研项目经费的支出情况主要由课题组负责人核定，主要参考标准是项目的具体任务和经费需求。而项目依托单位在课题制下的新职责则是控制科研经费的使用，使其发挥最大效益，要使得科研经费的使用不仅要合法，还要符合各项相关规定，并根据已经制定好的预算情况掌控经费的总体使用进度。[①]

4. 课题制中的参与主体及其关系

在各类科研经费的参与者中，主要有三类主体，即课题发布单位（如上所述），课题依托机构（高校、科研院所、企业等社会组织）和课题组（由科研人员组成）。目前科研经费在几类主体中的流转管理过程是：课题发布单位负责科研经费的预算审批、预算拨款；课题依托单位财务部门进行项目经费的收支和监督管理；课题组负责人负责项目预算编制、项目预算执行；审计部门进行预算决算审计；等等。本书以最为常见的课题依托单位——高校为例予以说明。在高校，科研经费收入入账和支出审核等预算执行的管理工作由高校财务部门负责。项目负责人按照科研项目经费预算，合法、合理使用项目经费。项目完成后，审计部门负责出具项目经费审计报告。项目验收部门（课题发布单位）根据项目结题报告和审计报告对整个项目的执行情况进行评价和验收。

---

① 参见王永益：《科研课题制与科研经费管理制度改革研究》，载《科学管理研究》2013 年第 6 期。

（三）科研经费运行机制的保障机制

科研经费运行机制的有序运行离不开良好的保障机制。科研经费运行机制的保障机制就是针对科研经费的各种管理规定。科研经费管理是科研经费运行机制中的重要问题，各国政府和项目发布单位对此都高度重视。在科研经费运行机制中，存在各种各样的科研经费管理规定。从我国来看，现阶段既有国家层面的国务院办公厅下发的《关于改进加强中央财政科研项目和资金管理的若干意见》，也有各个科研项目发布单位制定的经费管理办法（如《国家社会科学基金项目经费管理办法》等）。此外，各个课题依托单位也通常制定有详细的科研经费管理办法。例如，在北京师范大学就有《北京师范大学科研项目专家咨询费发放实施细则（试行）》、《北京师范大学国内差旅费管理办法（修订稿）（试行）》、《北京师范大学野外科研工作差旅费实施细则（试行）》、《北京师范大学社会调查费实施细则（试行）》、《北京师范大学关于规范网上申报人员费、劳务费的管理指导意见（试行）》等一系列的规定等。这些层级不同的科研经费管理、使用规定使得科研经费的管理和使用受到最严格的内部和外部监管，从而建立起一系列完善的法律法规体系和合理的评估审核机制，从机构和制度上保证科研经费的高效利用，杜绝科研经费使用中的违法犯罪现象。

第二节　近年来我国科研经费运行机制改革述评

近年来，我国科研经费运行机制存在的问题引起了社会的广泛关注。党中央、国务院和各级课题发布单位高度重视该问题，分别从顶层设计和具体操作等层面进行了一系列的改革工作，科研经费运行机制有所完善。但是，现行科研经费运行机制仍存在效率低下、运转不协调、参与主体权责不一致等问题，有待进一步的改革与完善。

一、国务院《关于改进加强中央财政科研项目和资金管理的若干意见》颁布前科研经费运行机制中存在的问题

我国科研经费领域的违法犯罪问题引起社会关注始于“准院士捐精门”等几个热点案件。这些热点案件的发生引发了我国有关部门和科研人员对现行科研经费运行机制的反思。2014 年，国务院发布了《关于改进加强中央财政科研项目和资金管理的若干意见》，对原有的科研经费运行机制进行了重大改革。因此，研究我国科研经费的运行机制问题，可以将其大致划分为两个阶段，即国务院《关于改进加强中央财政科研项目和资金管理的若干意见》颁布以前的旧的体制机制阶段和颁布之后的新的体制机制阶段。

对于国务院《关于改进加强中央财政科研项目和资金管理的若干意见》颁布之前科研经费运行机制中存在的问题，我国学者进行了充分的研究，尤其是来自财政部的有关专家对此问题进行了详细的概括。① 综合以上各种意见，可以将国务院《关于改进加强中央财政科研项目和资金管理的若干意见》颁布之前科研经费运行机制中存在的问题概括如下。

（一）科研经费监管机制运转不畅

科研经费监管机制是科研经费运行机制有效运转的重要保障。《国家社会科学基金项目资金管理办法》等一系列的经费管理规定都对科研经费的有效监管作出了规定，并对不同环节的监管主体提出了具体的监管要求。但是，从实践来看，相关监管主体的监管措施并没有到位，更没有形成监管合力，致使监管流于形式。

---

① 财政部“政府科研经费管理制度改革和创新研究”课题组（执笔刘军民）：《科研管理制度“重创”国家创新力》，载《社会科学报》2013 年 9 月 12 日第 1 版。

1. 课题组负责人监管不到位

科研经费通常实行“课题组负责人负责制”，经费的管理和调配主要由课题组负责人负责。但课题组负责人负责制并不意味着科研经费不需要监管，恰恰相反，课题组负责人负责制既赋予了课题组负责人相当大的科研经费的自主使用权，同时也赋予了课题组负责人监管课题经费使用的责任和义务。[①] 例如，在课题经费使用中，各个课题组成员乃至科研秘书都可能存在一定程度的滥用科研经费甚至套取挪用科研经费的现象。对此，课题组负责人就有权利，也有义务行使监督职能，保证课题经费的合理合法使用。[②] 尤其是在大型课题研究中，课题下面设立各种子课题，在子课题组负责人层层负责的情况下，课题组的总负责人更应切实负起责任来，监管整个科研经费的合法合理使用。

但在现实中课题组负责人监管缺位现象普遍存在，课题组负责人监管环节屡屡出现问题。例如，在震惊学界的中科院候选院士段某某等人贪污案中，其科研秘书就曾经在段某某毫不知情的情况下虚报冒领科研经费数万元。另据报道，北京某著名大学二级学院的会计人员先后在给该院科研人员报销经费过程中，私自将自己个人消费的发票混在其中予以报销，金额高达20余万元，最终获刑10年。上述案件中，其实科研秘书和会计人员的作案手法并不高明，只要课题组负责人严格履行监管责任，每次报销时审核一下相关单据（无论是课题组成员还是科研秘书进行报销，都需要课题组负责人签字），或者经常查询一下自己的科研经费余额，上述套取科

---

① 参见刘武俊：《“桃色新闻”曝科研经费监管之失》，载《法制日报》2011年7月16日第7版。

② 财政部、全国哲学社会科学规划领导小组2016年9月7日发布的《国家社会科学基金项目资金管理办法》第5条规定：“项目负责人是项目资金使用的直接责任人，对资金使用的合规性、合理性、真实性和相关性承担法律责任。”

研经费的行为就不会得逞。然而，由于课题组负责人监管的缺位（例如：有的课题组负责人嫌麻烦，直接将自己的私人印章交由科研秘书保管，报销时由科研秘书直接加盖私人印章，而不是由课题组负责人亲笔签名；也有的课题组负责人很“大方”，对于找其签字报销科研费用的单据看都不看，大笔一挥直接就签了字），课题组负责人应当履行的监管职能形同虚设，致使课题组其他成员、科研助手等人套取挪用科研经费行为一再发生。

2. 各个监管主体没有形成监管合力

从表面上看，课题依托单位都有完备的内部控制制度，都设置了科研、审计、纪检监察等监督管理部门，相关财务制度、科研管理制度都比较规范、健全。但是，在实际工作中并没有将监管真正执行到位，各部门从各自职能、职责角度出发，各自为政、缺乏配合，对内控制度的执行也存在差异，致使监管流于形式，没有形成监管合力：科研管理部门负责项目管理，“通常不跟踪经费使用的合理性和有效性”；财务部门负责经费的到款、支出和结算管理，对科研项目的具体研究进展以及经费使用的合理性、有效性无从了解与判断，其只能根据财务系统设定的比例要求以及支出内容（票据）的真实性进行形式上的判断，无法对项目进行合理的监督和管理；审计部门几乎在科研经费管理中处于缺位状态。① 上述分析虽然是针对高校的人文社科科研项目监管中存在的问题进行的，但也适用于其他科研院所的科研项目。可以说，各个监管主体各自为政、缺乏监管合力的状况是所有科研项目经费管理中存在的共同问题。

课题组负责人掌管着项目经费的使用大权，基于现行的经费管理体制，课题组负责人倾向于尽快把科研经费“花干花净”，因此在经费使用上难免会出现违规违纪现象。因此，依靠课题组负责人

---

① 参见李俊杰、周震：《高校人文社科科研经费管理的问题成因及对策分析》，载《高教探索》2012 年第 4 期。

监督课题组成员以及科研助手滥用科研经费的行为是有效的，但是对于课题组负责人自身的滥用行为，除了自律以外，就只好诉诸课题依托单位进行监督。而在实践中，各个依托单位要么缺乏专业知识而疏于监管，要么有意放纵而不愿监管，从而导致科研经费的滥用。例如，段某某作为科研项目立项申请、项目执行直至结题验收的总负责人，其所在单位对其科研经费的申报、核销不做严格审核，从而为段某某的贪污挪用公款打开了“方便之门”。据悉，段某某的课题组在宁夏银川根本没有任何课题项目，可保姆王某某给了段某某来自银川的发票共计 20 万元左右，全部在科研经费中报销；他还以部分课题组成员的名义报销了差旅费用，但这些成员压根就没有出差。

（二）科研经费管理体系单一，缺乏分类管理

1. 缺乏针对基础研究、应用研究、开发研究的不同管理机制

科研活动基本可以分为基础研究、应用研究及开发研究三类。基础研究主要是指探索客观世界基本原理的科研活动，不以应用为目的，旨在揭示客观事物的本质和运动规律；应用研究主要是指针对特定目的，探索达成目标的新方法、新途径、新原理的科研活动；开发研究主要是指为生产新的产品、材料和装置等，在基础研究、应用研究所获得知识的基础上探索新的工艺、技术、服务规程的科研活动。不同的科学研究层次对于科研经费管理机制也有不同的要求。

但是，我国科研经费管理机制还比较单一，不管是基础研究，还是应用研究、开发研究，主要是由政府进行投资，政府与企业在科研经费投入中权责不清，从而导致科研经费运行机制比较混乱，效率低下。据有关资料统计，目前我国科技成果转化率平均仅为 20%，实现产业化的不足 5%，专利技术的交易率也只有 5%，远远低于发达国家水平。造成上述现象的主要原因就是研发与产业脱钩，科技成果转化率与绩效无关，一切围绕经费申请与发表论文转。

关于科学研究的层次性以及科研经费资助的重点领域，可以参照美国的做法，以对我国不同层次的科研经费分类管理进行完善。在美国，除了美国国家自然科学基金、国家卫生研究院、国家宇航局等少数机构的政府经费外，科研经费基本由企业和民间出资，研究者也以民间机构、企业为主。由于基础性研究服务于人类，更服务于未来，其价值难以短期显现，其经费来源主要是政府机构和民间基金会，但应用研究和开发研究基本由企业和其他市场化机构资助并进行，包括跨国公司、创投基金、私人股权基金等营利性公司①。借鉴美国的做法，可以对我国的科研经费管理体制进行以下调整：（1）由财政资金支持的科研活动主要包括两大类：一是基础研究和战略性研究，如支持国家重点实验室的建设和使用；二是与公共利益有关的，如医疗卫生、能源保障等行业。这一类的财政资金形成的科研经费，应按照国家有关部门的要求严加管理。（2）应用于经济领域的科技研发工作，大部分都应由企业自己去做，以市场为导向。② 对于这一类的科研经费，应主要由企业出资并由企业自己制定科研经费的管理办法，政府对此不予干预。

2. 横向科研经费管理制度混乱

在科研经费管理方面，纵向科研课题的经费管理一般都有明确、可供操作的指导性文件，而且从标准化的预算制定到经费支出

---

① 参见陈志武：《科研经费：由谁出？如何出？》，载《南方周末》2012年6月14日E31版。

② 我国已经充分认识到该问题的重要性，并着手进行改革。国务院总理李克强2014年1月22日主持召开国务院常务会议，决定改革中央财政科研项目和资金管理办法。会议指出，要把政府引导支持和企业主体作用有效结合。财政资金积极支持基础前沿、战略高技术、社会公益和重大共性关键技术研究，建立财政投入与社会资金搭配机制。对市场导向类项目突出以企业为主体，自主决定研发方向、要素配置等。此外，强化资金监管，建立科研信用“黑名单”制度，杜绝一题多报、重复资助等现象，消除行政化定项目、分资金的弊端。

的规范细则都在相应的上级管理部门的监督指导下，管理上相对较为规范。而对于经费数额往往成倍于纵向课题经费且名目繁多的横向课题经费，国家并没有统一的课题管理规范，各个课题依托单位执行起来存在两极分化的现象。有些课题依托单位由于所获横向科研经费不多，财务、科研管理部门对于经费的管理过于小心谨慎，严格参照纵向科研经费的管理模式，要求科研人员又请示又报告，对科研人员过多地干预限制，不仅给科研人员造成额外的负担，影响了课题的研究进展，也在一定程度上影响了科研人员争取课题的积极性和横向科研经费的总量。而有些课题依托单位为鼓励科研人员多争取横向科研经费，“以横养纵”，促进单位整体的科研水平，有意弱化课题依托单位的监管职责，对横向科研经费的管理比较随意。甚至有的单位误认为横向课题经费是科研人员自己争取来的，应该由科研人员自由支配，不适用单位的财务、审计等相关制度，致使横向课题经费管理混乱。①

（三）科研经费预算中无法体现人力资本价值②

1. 科研人员得不到合理的劳动报酬

在科研活动中，人是第一要素。但是，长期以来，我国的科研经费预算中重视“物”而不重视“人”的现象非常突出。科研经费预算中可以列支科研仪器、设备、会议费，差旅交通费等，却不允许列支科研人员的劳务费，致使科研人员的创造性劳动的价值得不到补偿。例如，我国主要依靠财政投入的纵向科研项目，如国家科技支撑计划、“863”项目及“973”项目、国家重大科技专项、国家自然科学基金项目、国家社会科学基金项目、教育部人文社科

---

① 参见李艳霞：《高校横向科研经费管理研究问题与对策》，载《山西财经大学学报》2012 年第 1 期。

② 财政部“政府科研经费管理制度改革和创新研究”课题组（执笔刘军民）：《科研管理制度“重创”国家创新力》，载《社会科学报》2013 年 9 月 12 日第 1 版。

一般项目、全国教科规划课题等均制定了具体的经费管理办法(项目管理规定或者项目经费管理办法)。这些管理办法对人员经费开支范围均做了严格的限制，开支范围仅限于在课题研究开发过程中支付给课题组成员中没有工资性收入的相关人员（如在校研究生）和课题组临时聘用人员等的劳务性费用，承担科研项目的在职人员津贴、补助等则不能直接开支。① 由于国家级科研项目的科研经费管理办法如此规定，省、部级以下单位的纵向科研经费管理办法大都参照国家有关办法制定，因而也不允许科研人员获得劳务费。

这种预算编排方法最大的问题在于真正从事科研活动的科研人员无法从科研活动中得到劳动报酬，使得科研人员从事科研活动都是“无私奉献”，既挫伤了科研人员的积极性，也扭曲了现有的科研经费评价体系：一是引发可能的“消极怠工”现象，大大挫伤科研人员的工作积极性。科研人员缺乏足够的动力去争取和承担国家纵向科研任务，无法安心于本职科研工作。② 二是产生“横向替代纵向”效应。由于国家科技计划等纵向科研项目实施非常严格的直接成本补偿，无法体现人力资本价值和劳动投入，由此影响到部分科研人员申报、承担并完成纵向科研项目的积极性，转而将主要精力用于争取经费使用上相对宽松的横向课题。三是诱发“钻空子”行为。为了弥补科研人员的劳动消耗，调动科研人员的积极性，有些单位采用变通的暗补办法，如做假账、假发票等，因而

---

① 如《国家社会科学基金项目经费管理办法》（2007 年 4 月公布）对劳务费有明确的规定：“劳务费：指在项目研究过程中发生的支付给直接参与项目研究的在校研究生和其它课题组临时聘用人员等的劳务性费用。劳务费的支出总额，重大项目不得超过项目资助额的 5%，其它项目不得超过项目资助额的 10%。”

② 例如，高校部分教师除了为晋升职称以外，没有足够的动力提高科研质量，也不去争取更多具有战略意义的纵向科研项目，或者去承担具有原创意义的基础研究课题。

滋生许多不良的后果。①

2. 课题组辅助人员的劳务费设计不合理

包括国家社科基金项目在内的一批国家财政拨款的科研经费预算中，允许没有工资性收入的相关人员（如在校研究生）和课题组临时聘用人员等从中提取劳务性费用。但是，该劳务费比例偏低，远远低于实际需要。例如，西北工业大学对提取劳务费的规定为：纵向科研项目的提取比例≤10%，横向科研项目的提取比例≤20%。在高校的劳务费管理规定中就算劳务费所占比例较高的横向项目，一般来说至多也仅有40%，而纵向项目的劳务费比例一般只有10%~20%。② 与美国劳务费比例占比通常超过40%相比，我国劳务费比例过低的弊端显现无疑。由于这种劳务费比例的限制，课题组的研究生等辅助人员所得远远低于社会平均工资，致使有的科研项目（如工科项目）无法找到能够胜任的高级实验人员。应该说，自国务院《关于改进加强中央财政科研项目和资金管理的若干意见》颁布以来，我国科研经费管理体制针对劳务费问题做了重大改进，但这种改进与美、英等国科研经费中的人员费（劳务费）制度相比，还显得偏于保守、比例过低，无法体现科研人员和辅助人员在科研活动中的创造性贡献。

（四）预算编制不合理、不真实的问题比较突出

国家缺乏科学的支出科目预算体系和预算定额标准，又要求科研人员在申请项目时就填报项目预算，致使我国科研经费管理在立项阶段的预算编制内容不完整，编制方法不统一。在实践中，科研项目经费预算编制流于形式，编制的预算缺乏可操作性，预算的不

---

① 财政部“政府科研经费管理制度改革和创新研究”课题组（执笔刘军民）：《科研管理制度“重创”国家创新力》，载《社会科学报》2013年9月12日第1版。

② 陈洪转、刘思峰、方志耕等：《科技工作者视角下的高校科研经费使用问题与对策研究》，载《科技进步与对策》2010年第21期。

合理性问题比较突出。① 例如，在科研人员申报科研项目时，就要求科研人员填报精确的预算，把几乎每一笔经费都写清楚。例如，差旅费预算要精确到出差地点、出差时间、人数、乘坐的交通工具等，图书费要精确到多少本书，复印费要精确到复印多少张等。由于尚未开展科研活动，这种看似精确的预算又怎么可能会是真的呢？科研人员面对这种“神预算”，也只能“神应对”，瞎填一气。这种胡乱填写的预算本来就不合理，执行时也不可能照章执行，从而导致预算与决算不一致，“不查没问题，一查一大片”。

由于预算编排本身就不合理，从而导致预算的真实性也大打折扣。在现行体制下，不少课题组负责人同时实施多个项目，既有纵向科研项目，也有横向科研项目；既有已完成马上就要申请结项的项目，也有刚刚申请到手的项目。不同的项目经费报销难度不一，经费余额也不同，于是就给课题组负责人混用科研经费提供了机会。例如，横向课题经费中劳务费开支比较容易，有的课题组负责人就在横向课题经费中多开劳务费，而把开展横向课题研究所需要的成本（科研项目使用的水、电、气等直接费用，现有仪器设备和房屋使用费等间接费用）纳入纵向课题进行核销。这种情况导致“科研成本指标不能真实反映科研项目的全部耗费情况，也导致科研项目经费各方面的量度和比例没有数据基础，成本控制和费用补偿没有依据”。②

预算编制过于严格、过于细致，还将造成一个不良后果：要么严格按照预算执行，导致科研项目经费结余较多，从而造成科研经

① 财政部“政府科研经费管理制度改革和创新研究”课题组（执笔刘军民）：《科研管理制度“重创”国家创新力》，载《社会科学报》2013 年 9 月 12 日第 1 版。

② 财政部“政府科研经费管理制度改革和创新研究”课题组（执笔刘军民）：《科研管理制度“重创”国家创新力》，载《社会科学报》2013 年 9 月 12 日第 1 版。

费的闲置和浪费现象；要么想方设法、费尽心思套取挪用科研经费，以把科研经费“花”掉，从而造成科研经费的流失，同时也把科研人员推向违法犯罪的边缘。

（五）预算执行不规范，缺乏有效监管

与常规的差旅费、会议费等经费支出相比，科研经费的各项支出具有比较明显的差异化、个体化特征，依托单位的财务部门对来源各异、数量众多的科研经费也没有办法详细掌握。因此，实践中依托单位财务部门报销科研经费时，通常会增设一个环节，如要求科研主管部门负责人（或者院系主管科研工作的负责人，通常是副院长）就报销票据的相关性、真实性、支出合理性签字确认。这种做法的优点是有利于对科研经费使用的合理性、合法性等进行监管，但最大的弊端是效率过低。每个科研依托单位的科研经费众多，主管科研工作的部门负责人通常是兼职，也没有精力去详细审核每一笔经费，从而造成要么拒不签字、拖延签字，科研经费报销难上加难；要么为提高工作效率，“大笔一挥”签字了事，从而使得监管流于形式。①

（六）项目管理费收取的合理性存疑，收取标准不一致，收取比例不合理

我国几乎所有的科研依托单位都会对课题收取一定比例的项目管理费，用以贴补使用本单位现有仪器设备及房屋，日常水、电、气、暖消耗，以及其他有关管理费用。教育部和财政部联合下发的《关于进一步加强高校科研经费管理的若干意见》规定，对于项目管理费，项目管理办法或项目合同没有明确规定的，由依托单位制定管理办法予以规范，但管理费的提取比例不得超过项目经费总额

---

① 财政部“政府科研经费管理制度改革和创新研究”课题组（执笔刘军民）：《科研管理制度“重创”国家创新力》，载《社会科学报》2013 年 9 月 12 日第 1 版。

的10%，提取的项目管理费必须纳入学校预算统筹使用。有一部分管理费被实际用于科研依托单位科研管理人员的奖励等支出。

在我国，科研依托单位大都是国有单位，国家已经按照一定的程序，对国有单位的科研条件和设施（如实验仪器、设备，必要的办公条件等）进行了财政投入，具体从事科研管理的工作人员本来也是体制内的国家工作人员（如各科研单位的社会科学处、自然科学处、财务处的工作人员等），享有国家工资性收入。在这种情况下，课题依托单位在承担课题时，另外再收取项目管理费，合理性存在疑问。如果认为科研依托单位额外支出了成本和费用、科研管理人员付出了额外的劳动，因而应该得到额外的补偿或报酬，这就会造成一个重大的矛盾：为什么真正从事科研工作的课题组成员却不能从科研项目中获得劳务费？如果说科研人员是应该专门搞科研的，那么科研管理人员不应该专门从事科研管理工作吗？大家不都是拿着国家工资的吗？

此外，我国项目管理费还存在收取标准不一致、比例不合理的问题。有学者对所选取的28所高校进行了统计得知，各高校科研项目的管理费收取标准各不相同。例如，厦门大学对理工科纵向和横向课题收取2%的图书资料及网络使用费、3%的学校管理费、2%的院管理费；对文科纵向和横向课题收取1%的图书资料及网络使用费、3%的学校管理费、2%的院管理费。西北工业大学学校收取纵向科研项目的管理费比例为11%，横向科研项目为2%；学院收取纵向科研项目的费用比例为≤3%，横向科研项目为≤3%。据调查显示，有51%的人认为学校的提取比例过高，且认为合适的提取比例为6%；有44%的人认为院系的提取比例过高，且认为合适的提取比例为2%。①

---

① 陈洪转、刘思峰、方志耕等：《科技工作者视角下的高校科研经费使用问题与对策研究》，载《科技进步与对策》2010年第21期。

（七）结余经费管理有待完善

课题组在科研过程中经常出现经费存在结余和经费不够的情况。如果经费不够，科研人员只好以后再想办法申请项目来解决，或者自行解决经费（包括自掏腰包），这倒也没什么。问题是在科研经费存在结余的情况下，纵向科研经费一律收回，横向科研经费的去向模糊不定，致使科研人员无法使用该科研经费继续从事科研活动，这明显存在不合理性。

1. 纵向科研经费一律收回不合理

关于科研项目完成后的结余经费如何处理，我国有关管理政策经历了一个变化的过程。1996 年公布的《科技三项经费管理办法（试行）》（财政部、国家计委、国家科委等部委联合颁布）第 13 条中规定“已完成并通过鉴定、验收后的项目结余费，可提取不超过 10%的经费作为对项目研究人员的奖励”。也就是说，根据该规定，结余经费中的 10%（最多）可以作为奖励发放给科研人员。但是，结余经费中剩下的 90%如何处理？却没有规定。2006 年国务院办公厅发布《关于改进和加强中央财政科技经费管理的若干意见》中规定“科研项目结余经费应严格按照国家有关规定执行，不得归项目组成员所有、长期挂账，严禁用于发放奖金和福利支出”。至此，结余经费实际上被要求全部收回，既不能用于发放奖金和福利支出，也不能归项目组成员所有和长期挂账。

这种“一刀切”地收回结余资金的做法产生了严重的逆向激励，即越是节约搞科研，反而越“吃亏”；越是大手大脚把经费用完，反而越占便宜，从而助长铺张浪费的风气等逆向选择。① 同时，与经费不够情况下的“不补”结合起来，经费结余情况下的“多退”也显得很不公平。

---

① 财政部“政府科研经费管理制度改革和创新研究”课题组（执笔刘军民）：《科研管理制度“重创”国家创新力》，载《社会科学报》2013 年 9 月 12 日第 1 版。

2. 横向科研经费“项结账不结”，缺乏有效的管理措施

在横向科研经费管理上，很多科研依托单位提取管理费和代扣税金后就不再过问。科研项目结项后，如果有多余的经费，通常采取长期挂账的形式，科研人员可以继续使用该经费从事科研活动，从而导致“项结账不结”的现象普遍存在。这种做法的好处是，结项后不立即收回科研经费，有利于保护科研人员争取横向科研经费的积极性，为科研人员长期从事科研活动提供了较为稳定的经费支持，但也会造成科研项目成本失实、项目绩效评价失真的缺陷。①

（八）科研经费到账时间太晚，导致经费运行机制发生混乱

按照科研经费的运行机制的要求，科研项目获批后，科研经费应尽快到账，以保障科研活动的顺利进行。也就是说，科研项目获批—科研经费到账—开展科研活动是一个正常的流程，不能颠倒。但是从实践来看，部分科研经费的到账时间与科研活动的开展时间存在倒挂现象：有的项目在上一年度获批后，直到本年度科研经费才到账；有的年初获批的项目，年底经费才到账，而且要求年底就把当年度的经费花完。这就造成很多问题：有的项目研究都进行完了，科研经费还没有到账；也有的科研项目必须等到科研经费到账后才能开展科研活动，而科研经费却迟迟不到账，致使科研活动一再推迟；也有的科研人员开始混用科研经费，即使用其他项目的科研经费来开展本项目的研究，致使项目的绩效考核、成本核算等一再失真。

（九）前期研究经费无法在项目经费中核销

在科研项目申请环节，课题发布单位通常都要求课题组具备一定的前期研究基础。一些课题在申报时，前期研究工作已经占到整

---

① 参见李艳霞：《高校横向科研经费管理研究问题与对策》，载《山西财经大学学报》2012 年第 1 期。

个项目工作量的1/3左右。前期准备工作越充分，相关的科研成果越多，获得批准的概率越大。但是，前期的研究工作同样需要成本，这部分成本支出如果不能在新项目中核销，就与项目的实际成本核算不一致，课题组成员的该部分投入也无法得到补偿；如果课题组用其他票据在新获批的项目中核销，就会出现报销类别与预算不一致的情况，存在套取科研经费的嫌疑；如果使用原来的票据进行核销，也会存在项目预算与实际开展科研活动时间不一致的问题，致使预算失真。因此，解决该问题的合理途径就是在项目预算中允许核销一部分前期的科研投入。

（十）横向科研项目合同签订不规范

有些科研依托单位只注重争取横向科研项目，但是对于科研合同却疏于把关，科研单位的下属二级单位（学院、系、部）甚至是课题组都可以对外签订合同。由于合同签订没有统一规范的格式要求，出现了一些口头合同、简式合同，合同条款存在疏漏、不合理甚至违反合同法等现象。这些签订程序存在瑕疵、内容不合理的横向课题合同给横向科研经费的管理增加了一定的难度，也给科研依托单位造成了法律风险。①

（十一）科研经费分配时存在较为严重的行政色彩

在国务院《关于改进加强中央财政科研项目和资金管理的若干意见》发布以前，我国科研经费分配领域存在比较严重的行政化色彩是不容置疑的。有人曾这样描述：我们的财政科研经费主要来自国家各级科研主管部门，教育部、科技部以及相应各部委，但是科研经费怎么分配，由大大小小不同的政府机构决定，导致凡是不愿意投其所好去结交朋友的知识分子或没有行政职务的知识分子常常被排挤在科研经费分配圈之外。这种分配体制极大地挫伤了科

---

① 李艳霞：《高校横向科研经费管理研究问题与对策》，载《山西财经大学学报》2012年第1期。

研人员的积极性。行政机关具体负责科研经费分配，即使分配时要找一些专家，美其名曰提高分配的科学性，但找的大多是离行政圈最近的专家，可能找校长、所长、院长当专家，还是无法避免科研经费分配时的行政化问题。①

本书认为，该学者的说法比较偏颇，也不完全符合现阶段我国科研经费的分配实际。但是，文中所述的行政化现象确实是存在的。据笔者所知，除了教育部、国家社科基金委员会、国家自然科学基金委员会以外，其他部委的项目和地方各级政府设置的科研项目确实存在过度行政化的问题。项目评审中虽然有专家参与，但评审专家大多走个过场，真正具有决定权的是科研管理部门的工作人员。2013 年，广东省科技行政系统逾 50 人被卷入腐败窝案就曾引发舆论哗然。根据广州市人民检察院反贪污贿赂局的负责人介绍，广州市科信局 19 个处室，具有项目管理职能的有 14 个。这些部门的处级干部，既负责项目的组织实施，又负责项目的投资管理。广州市科信局普通干部、处长都有项目第一手资料，他们利用信息不对称，把这些信息告诉自己熟悉的企业。在这样的运作模式下，没有科技主管部门工作人员的配合，科研人员估计连如何申请科研项目都不清楚；即使遇上机会申请了科研项目，也会在各种行政化的审批程序中被刷下来。

除了以上问题以外，在国务院《关于改进加强中央财政科研项目和资金管理的若干意见》发布以前，我国科研经费运行中还存在科研项目管理的立法缺失、② 科研合同不健全③等问题，限于

---

① 参见羊春乔：《常给科研殿堂掸掸灰》，载《检察风云》2013 年第 12 期。

② 参见杨秋波、钟鸣：《遏制科研腐败亟须完善立法规定》，载《检察日报》2011 年 11 月 1 日第 3 版。

③ 参见徐英军：《我国科研合同责任的立法不足及其完善》，载《中州学刊》2012 年第 1 期。

篇幅，本书不再详述。

二、国务院《关于改进加强中央财政科研项目和资金管理的若干意见》等对科研经费运行机制的完善措施

针对我国科研经费运行机制中存在的种种问题，2014 年国务院印发《关于改进加强中央财政科研项目和资金管理的若干意见》，旨在通过进一步简政放权、放管结合、优化服务、强化落实，改革和创新科研经费使用和管理方式，促进形成充满活力的科技管理和运行机制，更好地适应科研活动规律和特点，更好地激发广大科研人员的积极性和创造性。之后，中共中央办公厅、国务院办公厅 2016 年联合印发了《关于进一步完善中央财政科研项目资金管理等政策的若干意见》（以下简称《意见》）。国务院《关于改进加强中央财政科研项目和资金管理的若干意见》和《意见》发布后，各科研依托单位和发布单位按照国务院《关于改进加强中央财政科研项目和资金管理的若干意见》和《意见》的精神，陆续开展了一系列的管理改革措施，努力以管理改革释放创新活力，科研经费运行机制有所改善。

（一）转变政府职能，政府不再直接管项目

国务院《关于改进加强中央财政科研项目和资金管理的若干意见》颁布以前，国家社科基金委员会、国家自然科学基金委员会、教育部相关部门均已完成了政府与科研项目脱钩，政府不再直接管理项目的改革。例如，国家社科基金是由我国独立的事业单位国家哲学社会科学规划办公室统一组织管理，自然科学基金则由国家自然科学基金会统一组织管理。但是，在国务院其他部委和一些地方政府中，政府部门直接管理科研项目的问题还比较普遍。例如，据笔者调研得知，农业部、自然资源部、最高人民法院等各部委、司法机关都有大大小小的科研项目设立权，每年都会发布一些年度课题、特别委托课题等，课题发布、经费核准、结题验收等科

研管理中的有关问题也都是由相关部委机关的内设机构进行，行政化色彩难以避免。

国务院《关于改进加强中央财政科研项目和资金管理的若干意见》颁布后，各部委和地方各级人民政府开始认真转变政府职能，逐步从项目管理中脱身，以建立更为完善的科研项目管理体制和科研经费运行机制。例如，2014 年年底，科技部调整内设机构，科研条件与财务司改称资源配置与管理司，政策法规司改称政策法规与监督司，名称的变化意味着管理职能的重新定位。根据改革计划，科技部下属司局将最大限度地减少对科研项目的具体管理，将项目评审和组织实施等具体工作委托专业机构进行，而将工作重点放在科技发展战略、规划、政策、监督等宏观统筹上。

针对科研项目管理和科研经费运行机制中存在的“权力过于集中、自由裁量权过大、基础性工作不足、宏观手段不够”等问题，广东省、广州市科技系统痛定思痛，对财政投入科研的资金管理进行改革，以建立分权制衡、公开透明的管理体系。按照该省监察、财政、审计等部门的要求，科研管理单位的关键岗位 5 年必须轮换，500 万元以上的科技资金必须建立一定比例的随机抽查审计制度等监督措施，根据科研活动的特点，加强对使用环节的考核，以避免科研经费滥用的现象。据了解，广东省科技厅设立“科研信用管理工作委员会”，针对项目依托单位、科技人员和中介机构等不同类型的主体，采取黑名单记录、收回财政科技经费等惩戒措施，涉嫌违纪违法的移交相关部门处理。①

（二）扩大项目依托单位的管理权限

与“转变政府职能，政府不再直接管项目”相对应的是，在科研项目管理中，将原来由项目发布单位（政府部门和其他科研管理机构）对科研项目的管理权，适度转移给项目依托单位，从

---

① 参见熊丙奇：《行政放权是治理科研经费腐败的第一步》，载《东方早报》2013 年 10 月 15 日 A15 版。

而扩大项目依托单位（高校和科研院所）的管理权限，以适应科研管理的实际需要。根据《意见》的规定，扩大项目依托单位管理权限，可以从以下几个方面入手：

其一，扩大科研项目资金管理权限。主要包括：项目预算调剂自主权、劳务费分配管理自主权、间接费使用管理自主权、结转结余资金按规定使用自主权等。

其二，下放差旅会议管理权限，不再简单套用行政预算和财务管理方法。

其三，完善中央高校、科研院所科研仪器设备采购管理，改进政府采购管理工作。根据《意见》的规定，中央高校、科研院所可自行采购科研仪器设备，自行选择仪器设备评审专家，同时要切实做好设备采购的监督管理。对进口仪器设备实行备案制管理，并继续落实进口科研教学用品免税政策。

其四，完善中央高校、科研院所基本建设项目管理。①

其五，自主规范管理横向科研经费。过去一段时间，不少科研依托单位将管理纵向经费的制度直接适用于横向经费的管理，这不仅违背一般经济学原则（如“付费者决定”原则），② 而且还可能限制横向科研经费委托方出资权的行使。当然，也有一些科研依托单位对横向科研经费管理不管不问，甚至体外循环。因此，横向经费管理既要防止“纵向化”，避免“纵横不分”，又要防止“账外账”，确保规范、安全、有效。按照上述原则，《意见》明确要求，对于科研依托单位以市场委托方式取得的横向科研经费，由依托单位按照课题委托单位的要求或合同的约定管理使用，除了要纳入单

① 参见《〈关于进一步完善中央财政科研项目资金管理等政策的若干意见〉问答》。

② 如《武汉理工大学章程》第116条就规定：“教育发展基金会尊重捐赠方对捐赠资产的使用意愿，接受税务、财务主管部门依法实施的税务监督和财务监督，接受社会公众的查询、监督。”

位财务统一管理以外，不再采取纵向课题经费的管理模式。

（三）改进科研项目经费管理措施，激发科研人员创新创造活力

科研项目经费一般分为直接费用和间接费用。我国科研经费构成中，最大的问题是间接费用比重太低，差旅费、会议费、设备费等直接费用占比较高，经费预算中“见物不见人”问题严重，从而缺乏真正的科研激励机制，也在一定程度上诱发了套取挪用科研经费行为的发生。针对这种情形，按照《意见》的要求，可进行以下几个方面的改革，以激发科研人员的创新创造活力：

其一，将预算编制科目予以简化，下放调剂权限。

科研人员普遍反映的预算编制过细的问题既有进一步完善预算编制方法的问题，也有执行不到位的问题。《意见》在原有基础上进一步简化了预算编制。所谓将预算编制科目予以简化，即将直接费用中的差旅费、会议费、国际合作与交流费等具有相同特征的经费类型合并为一个科目，合并后的费用总额如果不超过直接费用的10%，就不用提供预算测算依据，科研人员在编制这部分预算时也就不用再具体说明开几次会、出几次差了。

所谓下放调剂权限，即下放科研项目预算调剂权。在科研项目预算总额不变的情况下，项目依托单位可以对直接费用中的多数科目预算进行自主调剂，以彻底解决过去饱受诟病的“打酱油的钱不能买醋”的问题。

其二，提高间接费用比重，加大绩效激励力度。

为进一步完善间接成本补偿机制，结合我国实际，《意见》提高了间接费用核定比例。《意见》规定，中央财政科技计划（专项、基金等）中实行公开竞争方式的研发类项目均要设立间接费用。间接费用占直接费用扣除设备购置费的比例上限，分别从20%、13%、10%提高到20%、15%、13%（上述比例分别对应500万元以下、500万~1000万元、1000万元以上部分）。由于项目依托单位的绩效奖励都来自间接费用，因此间接费用占科研经费

比重的提高有利于科研依托单位统筹安排科研奖励并适当提高对科研人员的奖励力度。

其三，重申劳务费不设比例限制并明确劳务费开支范围和标准。

过去我国的科研经费预算中，劳务费比例都有一定的限制，如占比不能超过10%等。过小的比例不能满足科研的实际需要，也不能体现科研辅助人员的劳动价值。此次改革中，明确劳务费占科研经费的比例不得再有限制。

在劳务费开支范围和标准方面，《意见》明确要求，参与课题研究的研究生、博士后、访问学者以及项目聘用的研究人员、科研辅助人员（科研助理）等，都可以开支劳务费。项目聘用人员的劳务费开支标准，参照当地科学研究和技术服务业从业人员平均工资水平，根据其在项目研究中承担的工作任务确定，以突出科研项目经费对“人”的重视和支持。

（四）改进结转结余科研经费的处理方式

科研经费在使用期间存在一定的结余或者短缺现象都是正常的。过去我国对纵向科研经费结余一律收回，对横向科研经费结余没有统一的处理措施等问题，使得科研经费结余问题处理不当，诱发了许多问题。《意见》吸收了外国处理科研经费结转结余问题的有益经验，对以下问题予以明确：（1）关于科研资金的结转问题。科研项目实施期间，年度剩余资金可以结转到下一年继续使用，当年的钱花不完不用收回，从而避免了科研项目在年底突击花钱的现象。（2）关于科研项目的结余资金的问题。项目完成任务目标并通过验收后，结余资金按规定留归单位使用，在2年内可以统筹安排用于科研活动的直接支出；2年后未使用完的，按规定收回。

（五）加大科研经费的激励力度，有效补偿科研人员的劳动价值消耗

结合我国实际，《意见》进一步加大了科研项目经费对科研人

员的激励力度，以充分体现科研人员的劳动价值。

其一，对于参与课题研究的科研人员，包括研究生、博士后、访问学者以及项目聘用的研究人员、科研辅助人员等，都可以开支劳务费，劳务费标准参照当地科学研究和技术服务业人员平均工资水平以及在项目研究中承担的工作任务确定（如北京地区可达 12 万元/年），项目聘用人员的社会保险补助纳入劳务费科目列支。

其二，对于在职在编的科研人员，取消绩效支出比例限制(原来为直接费用扣除设备购置费后的 5%)，项目依托单位可以在核定的间接费用比例范围内统筹安排。因此，对于在编在岗的科研人员来说，绩效支出比例的大幅提升可以在一定程度上弥补不能直接提取劳务费的缺憾。

（六）增强项目预算与执行的灵活性

项目预算的调剂在过去是一个老大难的问题。《意见》明确要求，除了项目预算总额变化、项目依托单位变更等应当按规定程序报项目主管部门（项目发布单位）审批以外，以下预算均由项目依托单位自主决定：

其一，在项目预算总额不变的情况下，直接费用中的材料费、测试化验加工费、燃料动力费、出版/文献/信息传播/知识产权事务费、其他支出的预算，由项目依托单位自行调剂。

其二，会议费/差旅费/国际合作与交流费、劳务费、专家咨询费和设备费支出预算可以调减，不得调增。

（七）调整资金拨付的时间，避免无处花钱和突击花钱现象

针对项目立项滞后影响经费拨付时间这一问题，科技部等相关部门结合科研工作的特点，已调整了工作机制，提前一年组织项目申报和评审，年初即可确定项目预算，为预算按时拨付奠定基础。

自 2009 年起，经全国人大常委会同意，在人大正式批复预算前可以预拨一部分项目资金，并据此建立了科研项目经费年初预拨机制，规定第一季度可按预算数的 1/4 拨付资金。《意见》根据科

研活动规律和特点，继续实行部门预算批复前项目资金预拨制度，保证科研人员及时使用项目经费。

（八）完善差旅费、会议费的管理

我国的一些相关科研经费管理制度曾经规定，中央级非参公管理的事业单位，其差旅费“参照”中央和国家机关差旅费管理办法执行；中央事业单位的会议费“参照”中央和国家机关会议费管理办法执行，同时要求相关科研依托单位结合本单位实际情况制定具体的操作规定。但在实际操作中，大多数科研依托单位都没有制定具体的会议费、差旅费操作规定，而是直接变“参照”为“依照”，即直接依照中央和国家机关差旅费、会议费的标准执行。

针对上述情况，《意见》要求中央高校、科研院所根据教学、科研和管理工作的实际需要，按照实事求是、精简高效、厉行节约的原则，截至2016年年底，务必自行制定会议费、差旅费等的具体管理规定。该管理规定应遵守以下规定：

其一，在差旅费方面，合理确定教学科研人员乘坐交通工具的等级和住宿费标准；对于难以取得住宿费发票的，中央高校、科研院所在确保真实性的前提下，据实报销城市间交通费，并按规定标准发放伙食补助费和市内交通费，解决无法取得发票但需要报销城市间交通费和住宿费等问题。

其二，在会议费方面，业务性会议（如学术会议、研讨会、评审会、座谈会、答辩会等）的次数、天数、人数以及会议费开支范围、标准等由科研依托单位自主确定。因工作需要，邀请国内外专家、学者和有关人员参加会议，对确需负担的城市间交通费、国际旅费，可在会议费等费用中列支。

其三，在会议地点的选定方面，按照中共中央、国务院印发的《党政机关厉行节约反对浪费条例》等规定，开会场所实行政府采购、定点管理。未纳入定点范围，但价格低于会议综合定额标准的单位内部会议室、礼堂、宾馆、招待所、培训中心，也可优先作为本单位或本系统的会议场所。

（九）设立科研助理

当前，科研人员普遍反映，科研经费报销手续繁杂、程序较多、时间过长，“科研人员已被逼成会计”。为解决该问题，《意见》要求科研依托单位建立健全科研财务助理制度，“让专业的人做专业的事”，为科研人员在项目预算编制和调剂、经费支出、财务决算和验收等方面提供专业化服务，把科研人员从烦琐的事务中解放出来。

聘请科研财务助理所需费用可以通过多种渠道解决：对于课题组层面自行聘用的科研财务助理，所需费用可通过该课题组的劳务费安排解决；对于科研依托单位统一聘用的财务助理，所需费用可通过科研项目间接费用、单位日常运转经费等渠道安排解决。

（十）明确项目依托单位的管理责任

为保证科研经费运行机制的有效运转，《意见》出台了一系列简政放权的措施，赋予了科研依托单位较大的自主权限。权力下放后，为确保项目依托单位“接得住，管得好”，《意见》在完善政策、释放活力的同时，还要求科研依托单位务必依法理财、规范管理，切实履行科研经费依托单位的主体责任。具体包括以下几个方面：其一，项目依托单位要“有所作为”，认真落实国家有关政策规定，按照权责一致的要求，强化自我约束和自我规范，制定内部管理办法，落实项目预算调剂、间接费用统筹使用、劳务费分配管理、结余资金使用等管理权限。其二，加强预算审核把关，规范财务支出行为，完善内部风险防控机制，强化资金使用绩效评价。其三，实行内部公开制度，主动公开项目预算、预算调剂、资金使用（重点是间接费用、外拨资金、结余资金使用）、研究成果等情况。

第三节　我国科研经费运行机制的进一步完善

应该说，在国务院《关于改进加强中央财政科研项目和资金管理的若干意见》发布以后，各科研发布单位、科研依托单位都按照该文件规定的精神，对科研经费运行机制进行了相应的改革与完善，一些高校、院所和科研人员从改革中获得了实实在在的好处，科研经费管理中“过细过死”、“重物轻人”等问题有所改善。尽管如此，我国科研经费运行机制中固有的一些矛盾依然存在；一些政策措施在决策层面虽然已经清晰、明确，但仍需要进一步的落实、细化；还有些问题涉及事业单位管理体制改革、收入分配制度改革等深层次体制机制问题，需要统筹规划。

因此，本书在借鉴外国科研经费管理有益经验的基础上，结合我国的实际，针对科研经费运行机制中仍然存在的问题，提出下一步的改革与完善措施：

一、进一步改革完善的原则

实施创新驱动发展战略，建设创新型国家，要求我们必须把科技创新摆在国家发展全局的核心位置，必须对科技体制和科研经费运行机制进行重大变革。改革的总体目标，就是通过深化改革，加快建立适应科技创新规律、统筹协调、职责清晰、科学规范、公开透明、监管有力的科研项目和资金管理机制，使科研项目和资金配置更加聚焦国家经济和社会发展重大需求，基础前沿研究、战略高技术研究、社会公益研究和重大共性关键技术研究显著加强，财政资金使用效益大幅提升，科研人员的积极性和创造性充分发挥，科技对经济社会发展的支撑引领作用不断增强，为实施创新驱动发展战略提供强有力的保障。

为实现上述总体目标，在科研经费运行机制进一步的改革完善中应当坚持以下原则：一是在科研经费运行机制的动力来源方面，坚持激励为先。科研人员是科研活动中的核心要素，科研经费运行机制改革，必须以充分调动科研人员积极性和创造性为出发点和落脚点，强化激励机制，加大激励力度，激发科研人员的创新创造活力。二是在科研经费运行机制的载体方面，坚持以课题制为中心。

课题制是当前世界范围内行之有效、普遍采用的科研活动组织形式。科研经费运行机制改革，必须坚持以课题制为中心，遵循科研活动规律和财政预算管理要求，理顺科研委托单位、科研依托单位和课题组的关系，完善管理政策，优化管理流程，改进管理方式，以充分发挥课题组科研活动组织的中心作用。三是在科研经费运行机制的协调方面，坚持“放管服监”相结合。进一步简政放权，扩大科研依托单位科研项目资金、差旅会议、基本建设、科研仪器设备采购等方面的管理权限，同时强调放管结合、优化服务，加强事中事后监管，寓管理于服务之中，为科研人员潜心研究营造良好环境。四是在科研经费运行机制的保障方面，坚持政策落实落地。细化实化政策规定，加强政策落实督查，打通政策执行中的“堵点”，避免改革措施的“空转”，避免改革措施“原则上肯定，具体措施上否定”，务必保障各项改革措施落到实处。

根据以上进一步改革完善的原则，结合我国现阶段（国务院《关于改进加强中央财政科研项目和资金管理的若干意见》发布后）科研经费运行机制中仍然存在的突出问题，本书提出以下具体的完善措施。

二、进一步完善报销程序，解决报销手续繁、程序多、时间长、难度大等顽疾

国务院《关于改进加强中央财政科研项目和资金管理的若干意见》发布以前，科研人员普遍反映科研经费报销手续繁杂、程序较多、时间过长，“科研人员已被逼成会计”。为解决该问题，《意见》提出了以下解决措施：一是项目依托单位要建立健全科研财务助理制度，“让专业的人做专业的事”，把科研人员从烦琐的事务中解放出来，着力破解一些科研人员反映的“把科研人员逼成会计”的问题。二是项目依托单位要充分运用信息化手段，提高科研管理效率和便利化程度。三是项目依托单位要制定符合科研实际需要的内部报销规定，切实解决野外考察、心理测试等科研活

动中无法获得发票或财政性票据，以及邀请外国专家来华参加学术交流发生费用等的报销问题，更好地服务于科研人员。

但是，国务院《关于改进加强中央财政科研项目和资金管理的若干意见》发布以来的几年时间里，报销程序冗长烦琐的问题仍未解决。笔者通过调研发现，报销制度烦琐、报销占用时间长、报销票据要求不合理等顽疾并未根本改变。

本书结合调研所得资料，对报销程序中存在的问题加以概括，并提出具体的完善措施。

（一）进一步完善公务卡的使用管理规定，在坚持“原则”上使用公务卡的情况下，完善“例外”不使用公务卡的规定，简化“例外”的报销程序

公务卡是信用卡的一种，由财政预算单位工作人员持有，以用于日常公务支出和财务报销业务。公务卡可用于支付差旅费、会议费、招待费和零星消费等，这一点与普通信用卡的授信消费功能具有相通性。同时，公务卡具有与普通信用卡不同的属性，即具有财务管理的独特属性，其能够将财务管理的有关要求与信用卡的授信功能相结合，是一种新型的财务管理工具。在科研经费领域使用公务卡，可以对科研经费支出实时监管，将经费支出纳入有效控制轨道：科研人员在使用科研经费时，直接使用公务卡在发卡银行授信额度内刷卡支付，据此取得发票及刷卡凭证，然后凭借发票和刷卡凭证向单位财务部门申请报销，单位财务审核后将报销款项直接打入该公务卡账户。在整个交易流程中，不使用现金，公务卡的划款信息和公务卡向商户付款的明细信息都可以通过银联网络系统实时向科研单位财务部门反馈，从而做到对科研经费支出的有效监控。

当前，为了规范科研活动支付业务、减少现金结算、强化资金安全、增强透明度、提高资金使用效益，我国开始推行科研项目经费使用公务卡结算制度。财政部、科技部《关于中央财政科研项目使用公务卡结算有关事项的通知》（财库〔2015〕245 号），财政部、外交部《关于印发〈因公临时出国经费管理办法〉的通知》

（财行〔2013〕516 号），财政部、中国民用航空局《关于加强公务机票购买管理有关事项的通知》（财库〔2014〕33 号），财政部、中国民用航空局《关于加强公务机票购买管理有关事项的补充通知》（财库〔2014〕180 号）及政府采购相关制度都规定，科研项目经费必须使用公务卡进行结算。

本书赞同公务卡在科研经费管理中的巨大作用，也赞同在科研经费结算中统一使用公务卡。但是，凡有原则，就应该有例外。当前我国在运用公务卡结算科研经费方面规定的原则是对的，也是切实贯彻了的，但是规定的“例外”太少，而且规定的“例外”也难以执行，致使“原则”上使用公务卡变成了“一律”使用公务卡，从而造成了一系列的矛盾与问题。

举例来说，“一律”使用公务卡至少具有以下几个方面的缺点：（1）不利于没有公务卡的人员（如研究生）等独立开展科研活动。开展科研活动经常需要研究生和其他辅助人员参与调研活动和参加学术会议，因而有必要支出部分科研经费。如果研究生与指导老师（课题组成员，下同）一起参加会议或者调研，则由老师使用公务卡一起支付这些费用，这没有问题。但是在相当一部分情况下，如果需要研究生单独外出开展调研活动，或者分为几组同时开展调研活动，由于研究生没有公务卡，住宿费、会议费、调研费等就无法报销。对此，变通的措施是，或者每次调研活动均由老师带着研究生去，或者让研究生带着老师的公务卡外出调研。但是，这种变通做法显然存在问题：如果研究生每次出去调研都由老师带着，则老师的精力明显不够，也不利于培养研究生开展独立调查研究的能力。如果让研究生带着老师的公务卡外出调研，则明显违反公务卡的使用规则（公务卡作为信用卡的一种，只限于本人使用），也不利于培养社会的诚信意识。（2）不利于到不具备公务卡刷卡条件的地方从事科研活动。当前我国经济发展水平差异很大，还有不少县级区域公务卡刷卡设备不完善。一些领域的科研活动，如农业领域、地质矿产领域、海洋科考领域等特殊领域，需要到偏僻的地方或者野外从事科研活动，刷卡设施不健全，甚至没有刷卡设备。在这些地方从事科研活动，显然无法使用公务卡。虽然《意见》规定对于这种特殊情况可以不使用公务卡。但是，对于不使用公务卡的情形，科研依托单位为了避免承担责任，通常就会制定严苛的审批程序，导致科研人员尽量避免到这些地方从事科研活动，从而有可能影响科研活动的质量。（3）不利于应付各种突发的情况。是人总会犯些“迷糊”，如有的科研人员出差后才发现忘记带公务卡；是机器也总会出现“错误”，如有的地方本来可以刷公务卡的，但结账那天碰巧刷卡机坏了。一律要求使用公务卡进行结算，岂不难坏了这些科研人员。因为只要一张发票没有使用公务卡，就足以导致全部的差旅费无法报销。

笔者认为，国务院《关于改进加强中央财政科研项目和资金管理的若干意见》对科研经费结算要求使用公务卡本身并无不妥，问题主要出在科研依托单位坚持了“原则”而忽视了“例外”。因此，具体的完善措施也应该针对这种“例外”而展开。（1）既然“例外”是不可避免的，科研依托单位就应该承认“例外”情形的存在，制定针对“例外”情形的补救措施。例如，针对在不具备刷卡条件的地方从事科研活动的，应当免除使用公务卡；针对科研人员偶尔出现的由于忘记带公务卡而无法刷卡等特殊情形，应当允许使用其他信用卡来代替；等等。（2）积极寻求公务卡的替代措施，允许使用其他银行卡、信用卡或者第三方支付工具进行支付。公务卡确实具有监控科研经费使用的职能，但是也不应将其功能过于神化。事实上，在现代的网络信息条件下，公务卡的现有职能，普通的信用卡乃至普通的银行卡都足以担当。在科研经费支出时，使用银行卡、信用卡一样可以起到监督科研经费的流向、保证其不被滥用等作用。进而言之，现在的网络支付工具（如微信、支付宝等第三方支付工具）也足以起到公务卡的监督职能。科研经费管理中不能因循守旧，抱着公务卡的“大腿”不放。（3）简化“例外”的报销程序。既然强调以课题组为中心，科研依托单位就不应过分“为难”科研人员，要尽量简化“例外”的报销程序。科研依托单位不用担心简化“例外”报销程序所带来的负面效果，毕竟课题组负责人才是科研经费使用的第一责任人，出了问题首先由课题组负责人来承担责任。

（二）完善对报销票据的要求，剔除一些对票据报销的不合理规定

票据是科研经费支出的基本凭证。科研人员在报销时应当提供完整的、合法的支出票据，这一点当无异议。问题是很多科研依托单位对于报销票据完整性、合法性的要求达到了吹毛求疵的程度，致使科研人员叫苦不迭。

举几个例子：其一，报销差旅费时，要求交通费票据必须达到完全闭合状态。例如，从北京到郑州出差，必须有北京到郑州和郑州回北京的车票，以形成火车票的闭合系统。如果出现火车票的遗失（这种现象并不是不可能发生），则整个差旅费都不能报销。这对于科研人员显然是不公平的。其二，错开了增值税专用发票或增值税普通发票导致整个发票都无法报销。我国税制改革后，增值税发票分增值税专用发票与增值税普通发票，区别在于是否能够抵税。在科研项目中，有的支出可以抵税，因此最好用增值税专用发票；有的支出不能抵税，因此用增值税普通发票就可以了。但是，到底哪些支出项目能够抵税，哪些项目不能抵税，科研人员也搞不清楚。于是，该开增值税专用发票的开成了普通发票，而该开普通发票的却开成了专用发票。课题依托单位对此一概不予报销，从而给科研人员造成损失。其三，我国税制改革后，开具发票时不但要开具单位名称，还要开具纳税人识别号以及其他一系列的代码。单位名称不能错一个字，纳税人识别号等也不能错一个符号，否则无法报销。这种发票开起来极为麻烦，因为几十位的代码、符号，错一个都不行。即使只有几十元的消费支出，仅仅开具发票就需要十多分钟，还担心万一开错了。所以，部分科研人员为避免麻烦，对于小额的支出干脆就不再开具发票。不开发票的支出积少成多，对

于科研人员自然也是一种损失。

本书认为，科研依托单位对报销单据的不合理要求是违背《意见》的精神的。因此，应当将《意见》简化报销程序、剔除不合理规定的要求落到实处：其一，要求差旅费必须达到闭合状态极不合理，应当完善。在科研人员丢失火车票的时候，只要能提供火车票的订单（如从铁路订票网上订票的记录）就应该允许报销；如果行为人乘坐其他交通工具，如搭乘顺风车，由此而节省了交通费的，只要提供了证明，也应当允许报销。其二，关于将增值税专用发票与普通发票开错的情况，应当采用就低不就高的原则予以报销。所谓就低不就高，是指应该开具专用发票而开成了普通发票，由于该发票不能用来抵税，因此可以选择只报销部分金额的方法；同样，应该开具普通发票而开成了专用发票的，则可以直接使用专用发票予以报销。无论如何，不应该在发票开混的情况下不允许报销。其三，至于其他方面的发票开具的问题，涉及整个发票管理制度的改革问题，由此造成的难题，在科研经费问题上难以取得实质性的突破（笔者本人也经常面临发票开错的窘境）。不过，有一点可以肯定的是，在发票问题上，科研依托单位与科研人员应该建立一种“友好型”的科研协同关系，充分理解、高度重视科研人员的难处，而不是以管理者自居。

（三）简化报销程序，提高报销效率

《意见》也明确提出简化报销流程，提高报销效率的问题。然而，遗憾的是，这一点在现实中落实得很差。在调研中，大多数受访者都反映现在的报销程序更加苛刻，效率更低了。

根据笔者调研得到的资料，现举两个例子加以说明：

(1) 报销中需要层层签字，致使程序拖沓、效率低下。

根据某科研单位的报销流程，以差旅费的报销为例，科研人员在调研结束后，将所有票据准备好（差旅费中最基本的是火车票、住宿费发票以及附属票据。除了火车票外，还需要提供购买火车票的证明，即公务卡的刷卡记录。住宿费发票必须区分是专用发票还是普通发票，以及住宿时的 POS 机刷卡记录。如果有一份票据缺失或者不合格，就无法报销），先找本单位两位同事签字证明，财务人员签字，然后再找主管科研的副院长签字，加盖主管财务的院长的印章。在这个流程中，即使只报销几百元的差旅费，也必须经过六个人的签字确认（科研人员、两位同事、财务人员、主管财务的院领导、主管科研的院领导）。如果相关人员尤其是主管院领导出差，就只能往后延迟。

上述层层签字的程序显然是不合理的：其一，就两位同事的签字而言，颇有些“连坐”的味道。同事如何证明你是否出过差？如何证明你是否从事了科研活动？如何证明你从事的科研活动与拟报销的科研项目有关系？如果同事是“老好人”，给科研人员签字确认，出了问题谁来承担责任？看似权责明确，实则谁都不负责，也都无法负责。其二，主管院领导签字也不合理。因为院领导根本不知道科研人员到底出差了没有，项目中到底有没有这个预算，科研人员到底有没有实施调研活动。① 在这样的体制下，有的主管院领导就把签字权当作一种权力，在报销的时候卡一下，致使课题制名存实亡；有的院领导不愿意揽权，对于科研人员层报的报销单据一概签字确认，致使监管流于形式。

（2）小额经费支出报销成本过高。

在科研经费支出中，既有科研设备如电脑等比较大额的支出，也有出租车发票等小额的支出。现有科研经费管理规定中，对于小额的经费支出同样要求履行复杂的报销程序，致使报销成本过高。

根据调研所得数据，现以出租车发票报销为例加以说明。在报销出租车发票时，除了发票本身以外，另外需要附上说明，即乘坐

---

① 在现有的体制下，主管院领导都是兼职，自身还有繁重的教学、科研任务，根本不可能对本单位每一位科研人员的科研活动和科研经费使用情况完全了解。有的单位要求科研人员每次出差都要报批，实践中也是做不到的。

出租车发票的具体时间（精确到几点几分）、去何处调研、证明人员等，然后再履行上述的层层签字手续。一张出租车发票不过几十元钱，按照一位科研人员的测算，报销这种发票可能耗费的时间就要一上午。这简直就是浪费时间。除了出租车发票以外，报销邮寄费、书费等小额的科研支出都存在报销成本远远超过报销所得价值的问题。因此，这一类的花费，很多科研人员干脆就自己承担，不再报销了。

要解决上述问题，本书认为，关键是做到以课题组为中心，合理分配各个监管主体的权利义务，赋予课题组负责人更大的权力以使其充分履行主体义务，尽量简化报销程序，把科研人员从烦琐的科研报销中解脱出来。其一，在报销的签字程序上，可以考虑取消两位同事以及主管院领导的签字手续，只保留课题组负责人和财务人员的签字手续即可。事实上，同事以及主管院领导的签字手续既无必要，也不可能阻止科研经费的滥用，徒增科研报销手续。既然我们选择了课题制这种世界范围内通行的科研活动组织形式，就应该充分发挥课题制的优势，以课题组为中心构建科研经费的运行机制，让课题组负责人行使签字权并承担签字的主体责任，以建立权责相统一的责任承担方式，而不是现行的“谁都签字，谁都不承担责任”的尴尬状态。其二，在小额经费的报销问题上，尽量取消烦冗的规定，或者建立小额经费的总额控制制度。例如，书费控制在一定的总额内、邮政费限制一定的总额，在总额内只要提供发票就可以，不再履行层层审批手续，也不要写那么多的“情况说明”。①

（四）规范科研助理制度，防范化解科研助理制度的潜在风险

为了做到“让专业的人做专业的事”，《意见》提出增设科研助理制度，为科研人员在项目预算编制和调剂、经费支出、财务决算和验收等方面提供专业化服务，把科研人员从烦琐的事务中解放出来。

但是，从调研中反馈的情况来看，科研助理制度存在以下问题：其一，科研助理制度推进没有达到预期，需要总结原因并完善该制度。在两年多的时间里，大多科研单位并未真正实行科研助理制度，大部分未结项目没有安排科研助理的经费，聘用的科研助理也不熟悉科研报销流程，科研人员主要还是依靠自己的学生或者亲自从事报销活动。其二，科研助理定位不清，存在潜在的风险。由于大多数单位并未对科研助理的职能进行明确界定，如果是课题组自行聘请的科研助理（当然，这种情形下科研助理的收入来源于课题组），自然不愿违逆课题组负责人的意思，无法对科研经费使用的合法性、合理性进行监管，甚至会利用一些专业技能，协助课题组负责人从事一些套取挪用科研经费的行为，或者会协助课题组负责人把有些灰色支出合法化。当然，如果是科研单位统一聘请的科研助理，由于其不专属于某个课题组，其收入来源也与课题组没

---

① 在该问题上，有关国家的财务包干制可以为我们提供借鉴。如美国对于外交人员出差就有财务包干制度，按照商务舱标准统一核定总费用标准，出差时直接领取该笔费用，节省下来的归自己所有。美国前驻华大使骆家辉先生第一次到中国赴任，就乘坐了经济舱，从而节省了商务舱的费用。我国可以考虑建立这种财务包干制度。例如，开展科研活动需要从北京到广州出差 4 天，根据正常的往返飞机票票价、住宿费、伙食补贴、市内交通费，确定一个包干的经费额度（如 6000 元），那么不管其是否乘坐了飞机、住了酒店，是否有相应的发票，只要他能提供确实去广州出差的证明，就应该将 6000 元直接支付给该科研人员。

有直接关系，因而科研助理的职责可能会形成事实上的行政权力，即科研助理事实上领导课题组，决定哪些经费可以报销、哪些经费不能报销，从而动摇课题制的根基。结合我国课题制中本来就存在的根深蒂固的行政化现象，担忧科研助理成为课题组的领导、科研人员再次沦为行政管理的“小媳妇”的情形并非空穴来风。

针对科研助理制度实施中存在的问题，本书提出以下建议：其一，科研单位根据情况自行决定是否推行科研助理制度以及进度，而不应由有关部门强力推动。从现实情况来看，各个科研单位科研项目多少不一、经费来源不同，并非所有的科研单位均需要科研助理，对于经费规模小、科研人员少的单位可以不设立科研助理。科研单位既可以根据需要设立科研助理制度，也可以根据需要废除科研助理制度（如本年度科研项目少、经费规模小等）。其二，科研助理设立方式应具有灵活性，既可以由课题组直接设立，也可以由科研单位设立。课题组可以选择设立专职的科研助理，也可以聘用研究生兼职担任科研助理。同样，科研单位可以设立专职的科研助理，也可以聘请临时的科研助理。其三，就科研助理制度所需经费而言，遵循“谁聘请，谁付费”原则。如果是科研单位聘请科研助理，可以从科研单位行政经费中支出，也可以从科研单位课题经费统筹费用中支出；如果是课题组自行聘请的科研助理，所需经费由课题组从科研经费中支出。其四，就科研助理制度的规范而言，国家有关科研主管部门应当尽快结合世界其他国家科研助理制度的经验和我国的实际，制定出科研助理制度的指导性意见，下发给各科研依托单位，并要求科研依托单位根据指导意见的精神制定具体的实施细则，以明确科研助理的职能、费用来源、权利义务、聘任及解聘程序等问题。其五，就科研助理的基本职能而言，本书的初步意见是，既然是“助理”，当然首先是课题组负责人的助理，而不是科研单位的助理，主要职能就是协助课题组进行科研经费的报销、预算、决算等事务。也就是说，其合理定位应当是协助课题组，而不是管理、监督甚至领导课题组开展科研活动，进行经费报销。至于这种定位有可能带来的风险，即协助课题组负责人从事套取挪用科研经费的风险，应当明确该风险和责任应由课题组负责人承担，这也是由课题制这种科研活动组织形式的特征决定的。

需要特别强调的是，在任何国家和地区，违法犯罪现象都是不可能完全杜绝的。即使是在科研经费运行机制较为顺畅的美国等发达国家和地区，套取挪用科研经费的现象也时有发生。针对违法犯罪行为，有关部门要做到违法必究，即发现一起查处一起就足以应对科研经费领域的违法犯罪现象。千万要避免的是：由于发生了少数人的违法犯罪行为，管理部门就因噎废食，对科研经费的报销制定了越来越严苛、越来越复杂的规则，以此来“惩罚”所有的科研人员。[①] 这种“一人得病、全家吃药”的治理科研经费违法犯罪问题的模式本质上还是一种运动化的犯罪治理模式，在严格控制少部分人的违法犯罪的同时，会严重挫伤所有科研人员的科研热情，严重危害创新型国家的建设，从而也是一种得不偿失的治理模式。

---

① 例如，有学者提出建议，“科研机构加大对科研经费的监管审查力度，力求每一笔经费的用途和去向都审查清楚；同时加大对课题组负责人滥用和挪用科研经费的问责力度”，参见刘武俊：《“桃色新闻”曝科研经费监管之失》，载《法制日报》2011 年 7 月 16 日第 7 版。本书认为，“建议科研机构加大对科研经费的监管审查力度”是对的，但要求“力求每一笔经费的用途和去向都审查清楚”是不可能的。因为从科研经费运行机制的根本目标出发，提高科研经费的使用效率既包括产出最大化，也包括投入最小化。科研经费用途广泛、零碎，要求查清每一笔去向在现实中并无可能。“课题组负责人对科研经费中的所有违法犯罪问题负全责”也是过于苛刻的。实际上，科研经费运行机制中涉及多方主体，问题非常复杂，有些问题是课题组负责人难以控制的，如部分课题组成员使用假发票等，这些问题课题组负责人难以发现，让其负完全责任显然是不公平的。正确的做法是考虑各自的职能定位，合理划分课题组负责人和课题组成员之间的职责权限，各负其责。

三、改革和完善科研人员劳动补偿机制

国务院《关于改进加强中央财政科研项目和资金管理的若干意见》发布以前，我国科研经费运行机制中存在的根本性缺陷就是在预算中缺乏科研人员的劳动报酬，无法有效补偿科研人员的劳动价值，这既是饱受学术界诟病的焦点之一，也是本书强烈主张对套取挪用科研经费行为予以出罪处理的根本原因。

《意见》吸收最新的研究成果，结合我国实际，在科研人员劳动价值补偿问题上予以分类解决：（1）对于课题组承担科研任务的科研人员，通过提高间接费用比重、加大绩效激励力度的办法解决。《意见》规定，中央财政科技计划（专项、基金等）中实行公开竞争方式的研发类项目均要设立间接费用。间接费用占直接费用扣除设备购置费的比例上限，分别从 20%、13%、10% 提高到 20%、15%、13%（上述比例分别对应 500 万元以下、500 万～1000 万元、1000 万元以上部分）。由于项目依托单位的绩效奖励都来自间接费用，因此间接费用占科研经费比重的提高有利于科研依托单位统筹安排科研奖励并适当提高对科研人员的奖励力度。（2）对于课题组中没有工资性收入的辅助人员以及其他辅助人员，通过重申劳务费不设比例限制并明确劳务费开支范围和标准的方式予以完善。《意见》明确要求，参与课题研究的研究生、博士后、访问学者以及项目聘用的研究人员、科研辅助人员（科研助理）等都可以开支劳务费。项目聘用人员的劳务费开支标准参照当地科学研究和技术服务业从业人员平均工资水平，根据其在项目研究中承担的工作任务确定，以突出科研项目经费对“人”的重视和支持。（3）对于横向课题中课题组成员和其他辅助人员的科研劳动价值补偿问题，强调由科研依托单位自行解决，并明确不再套用纵向科研经费的管理规定。《意见》明确要求，对于科研依托单位以市场委托方式取得的横向科研经费，由依托单位按照课题委托单位的要求或合同的约定管理使用，除了要纳入单位财务统一管理以

外，不再采取纵向课题经费的管理模式。

本书认为，横向课题经费中科研人员、科研辅助人员的劳动价值补偿问题和纵向课题经费中科研辅助人员的劳动价值补偿问题虽然在国务院《关于改进加强中央财政科研项目和资金管理的若干意见》颁布以前就存在，但不是很突出，在本文件颁布以后，经过《意见》的规定和重申，从调研中反馈的情况来看，基本上也已得到解决。因此，目前值得研究的还是纵向课题经费中科研人员的劳动价值补偿问题。下文所称劳务费问题，就是指纵向科研项目中科研人员以劳务费体现出来的劳动价值补偿问题。

《意见》没有明确规定科研人员可以提取劳务费，而是通过提高间接费用比重、加大绩效激励力度的途径解决。从我们调研得到的情况来看，科研依托单位发放绩效奖励的程序是：以国家社科基金项目为例，申请获批后，总共20万元（不同项目种类的经费总额不同，本书假定20万元）的科研经费由国家哲学社会科学规划办公室（课题发布单位）打入课题依托单位（如A大学）账户，成为纵向课题经费。A大学根据自己的财务管理制度，从该20万元科研经费总额中提取不超过20%，即4万元的科研经费作为间接费用。该部分费用将用于支付项目管理费，学校、院系科研经费提成，其中学校提成的科研经费中将拿出一部分用于科研人员的绩效奖励（以年终奖或者其他形式发放给科研人员，主要是课题组负责人）。

国务院《关于改进加强中央财政科研项目和资金管理的若干意见》发布以后，我国各省市科研管理机构相继依据该文件的精神，完善了科研经费管理机制，其中涉及科研人员劳动价值补偿问题的，一般都是以劳务费的名义解决：（1）上海市《科研计划专项经费管理办法》（2016年1月1日施行）提高了科研经费中劳务费的比例和标准，将劳务费占资助总额的比例由原来的20%提高至30%，对基础类项目的劳务费资助比例由20%提高至50%；将科研人员个人的劳务费资助标准较之前提高60%，具体发放标准由项目或课题承担单位根据科技创新工作实际需要自行确定；劳务费不再按职称设定上限，而是由课题组负责人在不超过统一上限的情况下，根据实际贡献大小确定课题组每个人的劳务费金额。劳务费显著提高后，可以成为科研人员收入的一个重要来源，弥补一些单位薪酬不高的缺憾①，充分尊重科研人员的创造性劳动。(2) 重庆市着眼于加快新常态下经济发展的动力转换，对科研项目与科技经费管理在全国范围内率先进行大胆改革，探索推出了七项制度性成果。其中之一是科研项目人力资源费比例提高到政府资助经费的30%，决策咨询与管理创新研究项目和软件开发项目人力资源费最高可达60%，实行签字领取，不再简单地用发票衡量科研人员的创造活动和智力成果。② (3) 湖北省发布《关于推动高校院所科技人员服务企业研发活动的意见》（以下简称“新九条”）。按照“新九条”的规定，湖北将提高科研人员科研劳务收入比重，高校和院所科研人员除工资收入外，还将获得科研劳务收入、科技部门的项目奖励等多项收入。高校院所科研人员的科研劳务收入将按照单项劳务报酬计缴个人所得税，不纳入调控的绩效工资总额，即按每次20%的比例缴纳个人所得税。

《意见》中的绩效奖励制度虽然与国外通行的科研人员从科研项目中获得劳务费的名义不同，但是从实质上看，科研人员从科研活动中实实在在地获得了好处，上海市、重庆市等省市则直接规定科研人员可以从纵向科研项目中获得劳务费。因此，无论是提取绩效奖励，还是提取劳务费，与原来不能从纵向科研项目中领取任何报酬毕竟完全不同。在国务院《关于改进加强中央财政科研项目和资金管理的若干意见》发布以后，科研人员的劳动价值得到了

---

① 参见俞陶然：《上海经费新规为啥让科研人员“感动”》，载《解放日报》2016年1月9日。

② 《推出科研项目与科技经费管理“七条新政”》，载国家科技成果网，2016-04-07。

一定的补偿，生活有所改善，这都是值得肯定的地方。

尽管“要从根本上解决科研人员反映的收入待遇偏低问题，关键在于完善收入分配制度，加快推进中央级事业单位绩效工资改革”①，但是在科研人员的劳动价值补偿问题上，仍有一些问题需要进一步研究如何改进和完善。

其一，如何做到有效衔接？

由于国家社科基金、自然科学基金尤其是一些基础研究项目，实施周期一般都在3年乃至5年。这些课题是否能够提取这种奖励性支出，如何提取，并不明确。为做好政策衔接工作，《意见》规定，对于国家科技计划（专项、基金等）在研项目适用新政策的问题，区分以下两种情况：一是文件发布时，项目执行期已结束，进入结题验收环节的项目，按照原政策执行，不做调整。二是尚在执行期内的项目，由项目承担单位统筹考虑本单位实际情况，并与科研人员充分协商后，在项目预算总额不变的前提下，自主选择在研项目间接费用和绩效支出安排、预算科目调剂等是否执行有关新规定。如执行新规定，需履行单位内部有关调整审批程序，并符合预算调剂的有关规定。特别是对于原未设立间接费用的在研项目，如要新增间接费用，承担单位要在逐一征求项目负责人意见的基础上，按照有关管理规定将项目资金分解为直接费用和间接费用。②然而，据调研了解，各个科研依托单位操作方法不一，程序的复杂程度不一。为了避免麻烦，大多数的科研项目并未进行调整。由此造成的劳务费比例及其提取、经费预算调剂、课题结余经费的处理等，到底是按照老政策执行，还是按照新政策执行，抑或是一会执行老政策一会执行新政策，模糊不清。

---

① 财政部：《〈关于进一步完善中央财政科研项目资金管理等政策的若干意见〉问答》。

② 财政部：《〈关于进一步完善中央财政科研项目资金管理等政策的若干意见〉问答》。

其二，如何保障课题组其他成员的绩效奖励？

在比较规范的提取劳务费制度下，每个科研项目大约需要多少名教授（副教授、讲师），每位教授（副教授、讲师）需要耗费多少工时，每位教授（副教授、讲师）的日报酬等都可以准确地计算出来（如需要 5 名教授，每名教授分别工作 30 天，每天的报酬是 500 元，据此计算的劳务费合计 75000 元，清晰而明确）。课题组负责人和参与成员都能拿到合理的报酬。但是，在现行的绩效考核制度中，绩效奖励直接奖励给了课题组负责人，那么课题组的其他参与人的劳动价值如何补偿？在人文社会科学项目中这个问题不太突出，因为这类课题经费少、人员少，课题组负责人“单打独斗”的居多。但是在理工科项目中，问题就比较突出，理工科项目经费数额大，人员众多，如果绩效奖励直接给了课题组负责人，那么绩效奖励如何做到在课题组参与人员中的合理分配，是否需要一个比较合理的分配机制来解决该问题尚需要研究。

其三，如果存在课题被撤销等不正常情况，绩效奖励能否撤销？

在科研过程中，课题由于种种原因而被撤销的情形并不少见。从绩效奖励性支出的执行实际来看，都是在课题完成前就已经支出。这就产生一些问题，如果课题最终无法完成怎么办，能否依法追回奖励性支出？该问题还需要进一步制定详细的规则来解决。

其四，提高现行的绩效奖励标准。

此外，各个科研依托单位在落实绩效奖励的具体政策时制定的绩效奖励标准过低也是一个令人担忧的问题。根据《意见》要求，间接费用的标准提高以后，一部分可以用来发放绩效奖励。但是，其中绩效奖励的比例有多大《意见》并未规定，而是授权各科研依托单位来决定。笔者通过调研得知，不少大学绩效奖励的比重为 5%（分为两部分，项目经费到账后下发 3.5%，项目完成后再下发 1.5%）。按照这个标准，即使是一个 20 万元的国家社科基金，其绩效奖励最多也只有 1 万元，还是税前的奖励。如果该科研项目需要5位科研人员耗时3年完成，那么分到每位科研人员头上，其每年可得的科研奖励只有600元！无怪乎有的科研人员说："就别提绩效奖励了，还不如没有。"① 显然，如果坚持采用以科研奖励代替劳务费制度的解决思路，就必须提高科研奖励的力度，使得科研人员的劳动付出与其贡献基本相匹配。

四、遵循"付费者决定"原则，完善横向科研经费管理模式

当前，在横向和纵向科研经费管理模式方面，存在明显的两极分化的现象。对纵向科研课题的经费管理，我国有关部门已经制定了比较明确的、可操作的指导性文件，各课题依托单位也都依据该指导性文件制定了实施细则，管理比较规范（至于如此细致的规范是否合理，上文已进行过探讨）。但是，对于数额远大于纵向课题经费，而且名目繁多的横向课题经费，至今没有制定统一的指导性文件，各个依托单位也很少有详细的管理规范。在这样的情况下，有的课题依托单位财务、科研管理部门对于横向课题经费的管理严格参照纵向科研经费的管理模式，给科研人员过多的干预限制，影响了科研人员争取横向课题的积极性，不利于科研单位服务于社会的功能发挥。有的科研单位则走向另一个极端，为了多争取横向科研经费，或者"以横养纵"，弱化科研依托单位应有的监管职责，对横向科研经费的管理不重视，导致经费支出存在无序性和随意性。②

---

① 因为没有科研奖励的时候还可以落个为国家免费作贡献的好名声。

② 参见李艳霞：《高校横向科研经费管理研究问题与对策》，载《山西财经大学学报》2012年第1期。

针对上述现象，首先需要明确的是，弱化科研依托单位对横向科研项目应有的监管职责，对其放任不管显然是错误的。也许有人认为，横向科研项目主要是科研人员自己争取回来的，经费怎么用、课题质量如何，都是科研人员和课题委托单位的事情，课题依托单位不应干涉。这种看法显然是不正确的，理由是：（1）课题组成员都是课题依托单位的工作人员，都是以依托单位的名义而不是以个人的名义去承接项目的，科研依托单位才是科研合同的真正主体（另一主体是课题委托单位）。如果课题质量不高，不能有效解决委托单位的问题，会严重影响科研依托单位的学术声誉，进而影响该单位其他科研人员的社会评价和承接其他科研项目的机会；同时，如果存在滥用科研经费的问题，科研依托单位可能还要承担赔偿责任。（2）科研人员在从事横向科研项目的过程中，需要使用依托单位的办公室、仪器设备和其他资产，这一块也需要从横向科研经费中予以补偿。正是基于此，《意见》明确要求，对于科研依托单位以市场委托方式取得的横向科研经费要纳入单位财务统一管理。

其次，把横向科研经费纳入单位财务统一管理，并不意味着对横向科研项目要参照纵向科研项目管理。就法律性质来说，科研依托单位与科研委托单位就横向课题建立的法律关系是平等主体之间的承包合同关系。遵循经济学上“付费者决定”的基本原则，在不违背国家强制性法律规范的情况下，横向课题经费的管理规则应当由课题依托单位和委托单位协商确定，并以合同的形式确定下来。在该合同中，应当充分尊重课题委托单位的意见，课题依托单位不应在委托单位的相关规定以及合同约定之外对科研经费附加更加苛刻的限制条件，尤其是不应把用于纵向课题经费的管理规定直接套用到横向课题经费管理中。

对于横向科研项目管理上的纵向化，从我们的调研中得知，科研人员反映比较强烈的有：（1）在差旅费报销标准上，套用纵向科研项目的标准，而纵向科研项目的报销标准又套用公务员的差旅费标准，从而横向科研项目的差旅费标准在事实上套用了公务员的差旅费标准。例如，高校的副教授以下人员在出差时只能乘坐高铁二等座，坐卧铺时只能乘坐火车的硬卧，不能乘坐软卧，住宾馆时只能选择三星级以下的宾馆等。但事实上课题委托单位的相应级别的工作人员都可以坐一等座、坐软卧等，从而造成课题组成员与课题委托单位工作人员一起出差时的不平等待遇。（2）在差旅费报销手续上，要求一概使用公务卡，造成很多不便。关于公务卡使用中的种种不便，前已述及。问题是如果纵向科研项目中国家基于控制科研经费的滥用以及其他目的，要求使用公务卡具有一定的合理性，而在横向科研项目中也要求使用公务卡就不再具有合理性了。[①]（3）严格限制课题组劳务费、招待费、调研费、设备费等的比例和报销程序，执行中比较僵化。例如，招待费中限制招待人数与人均消费（如 50 元），购买设备时要求必须使用政府采购渠道等。限制人均消费数额与前述限制差旅费标准一样，看似为委托单位节约了经费，但委托单位并不领情，尤其是一些注重企业形象的高技术企业；必须使用政府采购渠道，不但大大增加了采购成本，也由于手续烦琐而延误科研进程，科研人员不满意，委托单位更不满意。

因此，尊重科研规律，尊重“付费者决定”原则，就应该在不违背国家强制性规定的情况下，在横向科研项目中按照科研合同的约定来管理使用科研经费。[②] 换句话说，经费报销是否需要主管副院长、院长批准，是否限制劳务费的最高标准、差旅费的报销标

---

① 虽然有观点主张“不论纵向科研项目，还是横向科研项目，经费支出均应采用公务卡结算”（参见羊春乔：《常给科研殿堂掸掸灰》，载《检察风云》2013 年第 12 期），但这是不了解纵向项目与横向项目不同的法律关系、没有正确区分设立课题者的不同意志基础上的“建议”，不具有合理性。

② 全国政协委员贾康在 2016 年“两会”上的提案：《关于尊重科研规律，在横向课题经费管理中去行政化的提案》，http：//www.71.cn/2016/0302/867450.shtml，2017 年 12 月 31 日访问。

准、设备采购的渠道等问题，应该尊重委托方的意见，而不是科研依托单位的意见，更不应直接套用纵向科研项目的管理规定。这一点也符合《意见》的精神。[①]

---

① 《意见》明确要求，对于科研依托单位以市场委托方式取得的横向科研经费，由依托单位按照课题委托单位的要求或合同的约定管理使用，除了要纳入单位财务统一管理以外，不再采取纵向课题经费的管理模式。

参考文献

一、专著

1. 王名扬著：《法国行政法》，中国政法大学出版社 1989 年版。

2. 赵秉志主编：《新刑法教程》，中国人民大学出版社 1997 年版。

3. 贾济东著：《渎职罪构成研究》，知识产权出版社 2005 年版。

4. 林钰雄著：《刑事诉讼法》（下），中国人民大学出版社 2005 年版。

5. ［德］施特拉腾韦特、库伦著：《刑法总论Ⅰ——犯罪论》，杨萌译，法律出版社 2006 年版。

6. 张军著：《非公有制经济刑法规制与保护论纲》，中国人民公安大学出版社 2007 年版。

7. 廖福田著：《受贿罪纵览与探究——从理论积淀到实务前沿》，中国方正出版社 2007 年版。

8. 张明楷著：《刑法分则的解释原理》，中国人民大学出版社 2004 年版。

9. 王作富主编：《刑法学》，中国人民大学出版社 2011 年版。

10. 高铭暄、马克昌主编：《刑法学》，北京大学出版社、高等教育出版社 2011 年版。

11. 周光权著：《刑法各论》，中国人民大学出版社 2011 年版。

12. 阮齐林著：《刑法学》，中国政法大学出版社 2011 年版。

13. 孙国祥著:《贿赂犯罪的学说与案解》,法律出版社 2012 年版。

14. [日] 西田典之著:《刑法各论》,日本弘文堂 2012 年版。

15. 刘士心著:《美国刑法各论原理》,人民出版社 2015 年版。

16. 张明楷著:《刑法学》,法律出版社 2016 年版。

17. 金昌俊著:《韩国刑法总论——延边大学朝鲜韩国研究论集》(第 IX 集),社会科学文献出版社 2016 年版。

二、学术论文

1. 樊洪业:《科研作伪行为及其辨识与防范》,载《自然辩证法通讯》1994 年第 1 期。

2. 叶必丰:《公务论研究》,载《中国行政法新理念》,中国方正出版社 1997 年版。

3. 江礼华:《论国家工作人员范围的界定》,载《中央检察官管理学院学报》1998 年第 2 期。

4. 阮丹生、杨正彤:《贪污罪主体认定中的几个疑难问题》,载《国家检察官学院学报》2000 年第 1 期。

5. 唐世月:《贪污罪犯罪对象研究》,载《中国法学》2000 年第 1 期。

6. 阮方民:《"国家工作人员"概念若干问题辨析》,载《浙江大学学报》2000 年第 2 期。

7. 储槐植、张永红:《善待社会危害性观念——从我国刑法第 13 条但书说起》,载《法学研究》2002 年第 3 期。

8. 何赖杰:《缓起诉处分要件及撤销》,载《法学讲座》2002 年第 5 期。

9. 刘波:《基于"课题制"的大学科研经费管理——与美国的比较研究》,载《科研管理》2003 年第 1 期。

10. 李昕:《现代行政主体多元化的理论分析》,载《行政法论丛》,法律出版社 2003 年版。

11. 周光权：《论刑法的公众认同》，载《中国法学》2003 年第 1 期。

12. 张九庆：《科研越轨行为的界定与表现形式》，载《企业技术开发》2003 年第 2 期。

13. 储槐植、张永红：《刑法第 13 条但书的价值蕴涵》，载《江苏警官学院学报》2003 年第 2 期。

14. 梁根林：《刑事政策视野中的安乐死出罪机制》，载《政法论坛》（《中国政法大学学报》）2003 年第 4 期。

15. 毛建平、段明学：《暂缓起诉若干问题研究》，载《人民检察》2004 年第 6 期。

16. 殷文静等：《课题费怎么成了“私房钱”?》，载《江南时报》2005 年 2 月 2 日。

17. 涂学华：《试论侵犯商业秘密行为入罪与出罪的界限》，《江汉大学学报》（社会科学版）2006 年第 3 期。

18. 夏勇：《试论“出罪”》，载《法商研究》2007 年第 6 期。

19. 姜涛：《我国刑事政策的实施机制研究》，载《法商研究》2008 年第 3 期。

20. 车浩：《行政许可的出罪功能》，载《人民检察》2008 年第 15 期。

21. 潘晴燕：《论科研不端行为及其防范路径探究》，复旦大学 2008 年硕士学位论文。

22. 于晓娜、王园：《高校横向科研课题经费管理浅谈》，载《长春工业大学学报》2008 年第 2 期。

23. 劳东燕：《责任主义与违法性认识问题》，载《中国法学》2008 年第 3 期。

24. 梁根林：《现代法治语境中的刑事政策》，载《国家检察官学院学报》2008 年第 4 期。

25. 刘艳玲：《论横向科研项目经费管理的“松”、“紧”度》，载《湘潭师范学院学报》（自然科学版）2009 年第 4 期。

26. 甘添贵:《新修正刑法公务员的概念》,载《刑法公务员概念的比较研究》,社团法人台湾刑事法学会 2010 年版。

27. 于志刚:《二元制刑事立法模式引发的司法尴尬》,载《公民与法》2010 年第 4 期。

28. 刘仁文:《刑法中国家工作人员概念的立法演变》,载《河南大学学报》2010 年第 6 期。

29. 陈洪转、刘思峰、方志耕等:《科技工作者视角下的高校科研经费使用问题与对策研究》,载《科技进步与对策》2010 年第 21 期。

30. 陈琳琳:《科研不端行为的刑法规制》,载《山东科技大学学报》2011 年第 4 期。

31. 汤贺凤:《高等学校科研经费管理存在的问题及对策》,载《中国集体经济》2011 年第 7 期(下)。

32. 胡志斌、刘紫良、孙超:《学术不端行为的刑法规制研究》,载《学术界》2011 年第 10 期。

33. 杨秋波、钟鸣:《遏制科研腐败亟须完善立法规定》,载《检察日报》2011 年 11 月 1 日第 3 版。

34. 徐英军:《我国科研合同责任的立法不足及其完善》,载《中州学刊》2012 年第 1 期。

35. 李艳霞:《高校横向科研经费管理研究问题与对策》,载《山西财经大学学报》2012 年第 1 期。

36. 林东茂:《不实的研究经费核销,成立什么罪?》,载《台湾法学杂志》2012 年第 204 期。

37. 李俊杰、周震:《高校人文社科科研经费管理的问题成因及对策分析》,载《高教探索》2012 年第 4 期。

38. 陈志武:《科研经费:由谁出?如何出?》,载《南方周末》2012 年 6 月 14 日 E31 版。

39. 王胜华:《违法性认识错误避免可能性的判断》,载《西部法学评论》2013 年第 5 期。

40. 王永益:《科研课题制与科研经费管理制度改革研究》,载《科学管理研究》2013年第6期(下)。

41. 林茜:《文科院校横向课题经费管理探析》,载《管理视野》2013年第6期。

42. 吴杭民:《暧昧监管令染指科研经费升级》,载《法制日报》2013年7月30日第7版。

43. 财政部“政府科研经费管理制度改革和创新研究”课题组(执笔刘军民):《科研管理制度“重创”国家创新力》,载《社会科学报》2013年9月12日第1版。

44. 羊春乔:《常给科研殿堂掸掸灰》,载《检察风云》2013年第12期。

45. 李柯勇、李亚楠、陈刚、席敏、叶前:《审计报告上“花样百出”的科研腐败》,载《21世纪报道》2013年第11期。

46. 孙国祥:《论刑法中的国家工作人员》,载《人民检察》2013年第11期。

47. 严州夫:《不务正业的科研经费》,载《检察风云》2013年第12期。

48. 宋蕾、谢望原:《刑法中国家工作人员的范围辨析》,载《人民检察》2013年第17期。

49. 熊丙奇:《行政放权是治理科研经费腐败的第一步》,载《东方早报》2013年10月15日A15版。

50. 王多:《“学术原罪”是块遮羞布》,载《解放日报》2014年2月13日第11版。

51. 陈兴良:《刑法教义学彰显对法条的尊崇》,载《检察日报》2014年7月31日第3版。

52. 陈兴良:《但书规定的法理考察》,载《法学家》2014年第4期。

53. 肖中华:《科研人员不当套取国家科研经费不应认定为贪污罪》,载《法治研究》2014年第9期。

54. 郎雨竹、肖中华：《科研人员假借他人名义套取课题经费的行为性质辨析》，载《中国检察官》2014 年第 9 期。

55. 聂常虹：《科研经费，各国如何监管?》，载《人民日报》2015 年 1 月 16 日第 23 版。

56. 高诚刚：《我国经济犯罪司法认定中的出罪事由》，载《青海社会科学》2015 年第 4 期。

57. 刘科：《套取国家财政拨款科研经费行为定罪中的疑难问题》，载《法学杂志》2015 年第 7 期。

58. 谢煜伟：《论授权公务员概念》，载《台大法学论丛》2015 年第 3 卷。

59. 陈娟丽：《中美高校科研经费管理比较与启示》，载《中国管理信息化》2015 年第 19 期。

60. 俞陶然：《上海经费新规为啥让科研人员"感动"》，载《解放日报》2016 年 1 月 9 日。

61. 《科研体制改革要从允许课题组成员获得劳务费开始》，载《南方周末》2016 年 1 月 11 日。

62. 李志民：《到底谁在浪费科研经费》，载《中国青年报》2016 年 1 月 26 日。

63. 孙国祥：《套取并占有科研经费的刑法性质研究》，载《法学论坛》2016 年第 2 期。

64. 高旭军：《现行科研经费属于逼良为娼，制度层面对科研人员的不信任须尽快改革》，载《文汇教育》2016 年 3 月 17 日。

65. 赵秉志：《略谈最新司法解释中贪污受贿犯罪的定罪量刑标准》，载《人民法院报》2016 年 4 月 19 日第 3 版。

66. 肖中华、刘科等：《高校科研人员套取科研经费的性质认定》，载《人民检察》2016 年第 15 期。

67. 高贺：《套取科研经费行为犯罪问题研究》，北京师范大学 2017 年硕士学位论文。

68. 姜涛：《科研人员的刑法定位：从宪法教义学视域的思

考》，载《中国法学》2017 年第 1 期。

69. 孟建柱：《民营企业经营不规范导致的问题，不盲目翻旧账》，载《人民日报》2017 年 2 月 15 日。

三、网络资料

1. 《7 名教授套取科研资金 2500 万被查 2 人已被判刑》，载中国教育网络电视台，http：//www. centv. cn/news/world/2014/10/2014-10-1292558. html。

2. 何欣：《北京师范大学一教授三年套取科研费 70 余万》，载腾讯网，http：//news. qq. com/a/20141219/004887. html。

3. 《山大一处级干部骗取科研经费获刑》，载网易新闻，http：//news. 163. com/15/0611/11/ARQVNGI700014Q4P. html。

4. 《学者揭开国家科研经费使用黑幕，曝光六大洗钱方式》，http：//www. cnr. cn/news/t20060414_ 504193987. html。

5. 陈志贤：《教授假发票案，检定调坦白从宽》，http：//www. chinatimes. com/newspapers/20141004000377-260106。

6. 《重庆师范大学公开选聘数学学院院长公告》，http：//www. shifansheng. cc/zhongqingjiaoshizhaopin/20100417/48823. html。

7. 黄琪：《“危险”的科研经费》，http://www. instrument. com.cn/news/20130923/109864.shtml。

8. 邓曦泽：《学者能否从科研经费中获利?》，http://www. stdaily.com/ruidongyuan/rdy/2016-08/08/content_77171.shtml。

9. 孙宪忠：《关于“建立科研友好型经费使用管理制度”的建议（征求意见稿）》，http://blog. sina. com. cn/s/blog_6216a1750102wd0u. html。

10. 《对话复旦大学李辉：高校如何“拍苍蝇打老虎”》，http://jwch. hbwgydx. com/show. asp? id=2069。

11. 《2014 年国民经济和社会发展统计公报》，http://www. stats. gov. cn/tjsj/zxfb/201602/t20160229_1323991.html。

12. 《2014 年全国科技经费投入统计公报》，http://www.stats.gov.cn/tjsj/tjgb/rdpcgb/qgkjjftrtjgb/201511/t20151123_1279545.html。

13. 财政部“政府科研经费管理制度改革和创新研究”课题组：《科研管理制度“重创”国家创新力》，http://www.shekebao.com.cn/shekebao/2012skb/bqjj/userobject1ai6370.html。

14. 《韩最高法院维持黄禹锡案原判》，载人民网，http://scitech.people.com.cn/n/2014/0303/c1007-24513191.html。

15. 全国政协委员贾康在 2016 年“两会”上的提案：《关于尊重科研规律，在横向课题经费管理中去行政化的提案》，http: //www. 71. cn/2016/0302/867450. shtml。

16. 《黄禹锡也是 门科学》，http: //biz. chosun. com/site/data/html_ dir/2014/01/16/2014011603248. html。

17. 《黄禹锡案件始末》，https: //ko. wikipedia. org/w/undefined? action=edit§ion=5。

18. 《全国万亿科研经费 60%用于开会出差？官方辟谣：会议差旅费仅占 10%》，http://www.guancha.cn/Education/2016_01_07_347226.shtml。

19. 孙宪忠：《关于建立“科研友好型”经费使用管理制度的建议（征求意见稿）》，http://www.doc88.com/p-0744870453683.html。

20. The Daily Northwestern. Lawsuit. https://dailynorthwestern.com/2013/08/05/campus/charles - bennett - feinberg - school - of - medicine-cancer-research-fraud-lawsuit/.

21. Northwestern University. Information and clarification regarding recent legal settlement [EB/OL]. https: //news. northwestern. edu/stories/2013/08/message - from - northwestern - university - president - morton - schapiro - provost - dan - linzer - and - feinberg - school - of - medicine-dean-eric-neilson/.

22. UNITED STATES DISTRICT COURT, NORTHERN DISTRICT

OF ILLINOIS, EASTERN DIVISION. SETTLEMENT AGREEMENT [EB/OL]. https://www.justice.gov/sites/default/files/usao-ndil/legacy/2015/06/11/pr0730_01a.pdf.

23. Offices of United States Attorneys. Department of Justice [EB/OL]. https://www.justice.gov/usao-ndil/pr/northwestern-university-pay-nearly-3-million-united-states-settle-cancer-research-grant.

24. The Cancer Letter. Bennett, Federal Prosecutors Reach $475,000 Settlement [EB/OL]. https://cancerletter.com/articles/20141031_5/, 2014-10-31.